中小学培育和践行社会主义核心价值观

行有示范

案例篇

中国教育科学研究院 ◎ 编

教育科学出版社
·北 京·

编 委 会

主　　任：崔保师　殷长春

委　　员：高宝立　史习琳　马　涛　陈如平　邓友超
　　　　　　王小飞　李　东　郑豪杰　孟万金　张宁娟
　　　　　　马万成

本册主编：张宁娟

编 者 按

　　历史发展表明，一个国家、一个民族不能没有共同的价值追求和思想灵魂。对于我们这样一个有着13亿多人口、56个民族的大国来说，社会主义核心价值观就是全国各族人民价值观的"最大公约数"，就是全国人民共同的思想道德基础和各民族赖以维系的精神纽带。自党的十八大以来，习近平总书记明确提出要"把培育和弘扬社会主义核心价值观作为凝魂聚气、强基固本的基础工程"，并多次做出重要指示，要求"从娃娃抓起、从学校抓起，做到进教材、进课堂、进头脑"。教育系统牢记使命，勇担重任，围绕立德树人根本任务，先后出台了一系列文件，对培育和践行社会主义核心价值观进行了全面系统的部署，各地各校积极贯彻落实，社会主义核心价值观教育取得明显成效。

　　作为教育部直属的综合性科研机构，中国教育科学研究院近年来持续认真学习贯彻落实习近平总书记重要指示精神和教育部党组部署要求，高度重视中小学培育和践行社会主义核心价值观的理论研究和实践探索，聚焦立德树人落实机制、德育一体化设立重大课题开展协同研究攻关；充分借助《教育研究》《中国德育》等学术刊物，指导地方和学校创新开展社会主义核心价值观教育；立足北京市海淀区民族小学等一批实验学校，围绕学习贯彻总书记"记住要求、心有榜样、从小做起、接受帮助"的总要求，加强方法和路径研究，切实把培育和践行社会主义核心价值观落细落小落实。通过多年的努力，初步形成了系列理论和实践成果。

　　中小学培育和践行社会主义核心价值观系列图书是中国教育科学研究

院精心策划、用心编写的一套图书，分为"思有领航（理论篇）""行有示范（案例篇）""心有榜样（人物篇）"3 册。

"思有领航（理论篇）"以"名家名刊名篇"为选文标准，以权威性、科学性、先进性和可靠性为评审原则，最终选取了 17 篇国内权威德育专家在重要报纸和核心期刊发表的对培育和践行社会主义核心价值观实践具有引领性作用的学术论文，以期在意义、原理、实践等各方面引发读者思考，带给读者启示。

"行有示范（案例篇）"以《中国德育》杂志以及全国各类德育评选中的优秀案例为基础，通过与案例入选学校共同打磨，呈现了 40 个培育和践行社会主义核心价值观的教育教学案例。案例的呈现既突出了示范性的经验，又增加了专业性的点评，帮助读者在吸收可借鉴的做法的同时，反思可完善的方向。

"心有榜样（人物篇）"选取了总书记多次提及的 30 位对青少年成长富有感染力和积极影响的榜样人物。书中的榜样故事短小耐读，考虑了学生的年龄特征，榜样故事后的链接形式多样，提供了丰富的教育空间。

中小学培育和践行社会主义核心价值观系列图书是中国教育科学研究院探索立德树人落实机制、推进社会主义核心价值观教育的一次有益尝试。希望这套图书能够从理论、实践、方法等方面，为中小学培育和践行社会主义核心价值观提供支持和助力，真正让社会主义核心价值观在中小学落地生根、开花结果！

中国教育科学研究院

2019 年 6 月 30 日

前　言

　　时值习近平总书记在北京市海淀区民族小学就少年儿童培育和践行社会主义核心价值观发表重要讲话五周年之际，为配合中国教育科学研究院主办的"中小学培育和践行社会主义核心价值观研讨会"，我们以习近平总书记对全国少年儿童提出的16字要求"记住要求、心有榜样、从小做起、接受帮助"为指导，对《中国德育》曾刊发的学校案例，2015年、2017年全国中小学德育工作优秀案例以及《2018年全国中小学德育工作典型经验》进行认真研读，最终选择了40个培育和践行社会主义核心价值观的典型案例结集成书。本书的出版主要有三个目的：第一，集中展现全国中小学校五年来在社会主义核心价值观教育方面的不俗成绩。第二，为进一步推进社会主义核心价值观在全国中小学校落地生根提供可推广复制的经验。因此，为避免大多数中小学校"望而生畏"，难以助推社会主义核心价值观在全国最广大的中小学校进一步落地生根，本书案例的选择没有刻意地瞄准百年老校、名校的相关做法。第三，更重要的是我们想在具体中发现一般，在个案中发现规律，概括出社会主义核心价值观落实机制的主要经验和一般规律。

　　学校如何能够将这本书用准、用好、用透？作为编者，我们提供如下三种思路。

　　一是研读案例。书中的每个案例皆是基于学校具体做法，经过编者和学校一同精心打磨而成的，具有一定的示范性，值得读者认真研读。特别是本书通过案例点评将一些最可学的地方拎出来、讲透彻，便于同类学校更加高效、科学地借鉴。同时，案例点评还通过第三方的专业视角，客观地指出一些做法中尚待完善的方向，使得其他学校在学习时能够扬长避短、有的放矢。

二是品读经验。学校不仅可以研读每一个案例，还可以在每一组案例的基础上，品读经验。编者通过研究案例，发现一些案例在教育经验上具有相似性，于是将这些案例分成一组，并总结出该组案例的共性，最终提炼出了14条经验。这些经验的提炼，比案例本身更具有示范性。如果通过对经验的品读，明白案例学校为何成功的基本原理，就能够通过借鉴经验（而非某一具体案例的做法）来落实社会主义核心价值观。

三是反思规律。编者基于对14条经验的分析，结合深入学习习近平总书记的16字要求，最终发现社会主义核心价值观落实机制的一般规律：知意、动情和践行三个要素缺一不可。其中，践行乃是最为关键的要素。除此之外，这一规律的应用还需要保障，即学校在人员、目标、内容、技术方面提供专业支持和帮助。

最后，希望此书能给全国中小学校以启迪和帮助，也期待有更多优秀的学校案例继续涌现出来。

目　录

记住要求

习近平总书记对少年儿童说："记住要求，就是要把社会主义核心价值观的基本内容熟记熟背，让它们融化在心灵里、铭刻在脑子中。由于大家还在学习阶段，社会阅历不多，对社会主义核心价值观的涵义不一定能理解得很深，但只要牢记在心，随着自己年龄、知识、阅历不断增长，会明白得更多、更深、更透。在成长过程中，要结合学习和生活等实践，不断想想所记住的这些要求，不断加深理解。古往今来，大凡很有作为的人，都是在少年时代就能够严格要求自己。"*

让社会主义核心价值观融化在心灵里、铭刻在脑子中，首先当然是指学生能够熟记熟背 24 个字，但比背诵更为关键的在于：知意。如果学生只是记住了概念，却没有理解概念的内涵，这些记忆终究会淡去，并不能转化为他们的实际行动。学生只有真正理解了概念的内涵，才能够记得准、记得牢，在面临价值冲突的时候，毫不犹豫地选择社会主义核心价值观。

然而，知意并非易事。如果从建构主义的学习观来看，价值学习同其他类型的学习一样，也需要学习者以自己原有的经验系统为基础，对新的信息进行编码，从而建构新的理解。教育者希望增加学生的经验，从而丰富学生的理解，就需要在新给予的经验上下功夫。只有学生能够自觉自愿地将这些经验纳入已有的经验系统，社会主义核心价值观的内涵才能够被更加深入地理解。

---

* 本书篇章页部分引用的习近平总书记的话均来自外文出版社有限责任公司 2018 年出版的《习近平谈治国理政（第一卷）》。

1 把握成长规律，让学生乐于记住要求

　　社会主义核心价值观是对社会主义核心价值体系的根本性质和基本特征的高度凝练和集中表达，无论从认知的高度还是理解的深度上，都与中小学生的实际有较大距离。中小学生常常觉得这些"高大"的价值观离自己很遥远。因此，教育者要努力缩短这二者之间的距离，一个好办法就是用儿童化的经验来使社会主义核心价值观更加易于亲近，让学生愿意了解它，乐于记住它。"儿童化"的实质就是要把握学生成长阶段的心理发展规律，以学生的视角设计学生的价值学习活动，而非以教育者的经验取代受教育者的体验。

　　以下三个案例分别通过游戏乐园、童谣、"蓬莱小镇"对社会主义核心价值观教育进行了游戏化的改造。这种游戏化改造之所以能够得到学生的青睐，收获良好的教育效果，主要是因为：1. 游戏中的价值学习具有自主性。因为游戏具有自由的特征。学生不是为了某种其他的目的而进行游戏，游戏便是其展开游戏的目的。这种自成目的性能够使学生愿意且能够成为游戏的主人，学生的主体性能够最大程度地发挥。2. 游戏与

价值学习具有同时性。三所学校将价值内涵融入游戏之中，使得学生只要参与游戏，就必然识得价值——对于北京市海淀区民族小学的学生而言，只要进入七彩乐园，就必须遵守乐园的规则；对于三明市三元区东霞小学的学生而言，吟诵童谣的同时，社会主义核心价值观也就脱口而出了；对于上海市黄浦区蓬莱路第二小学的学生而言，"小镇居民"必须依照职业规则来"养活自己"，遵循镇民守则来与人交往。由于游戏与价值学习具有同时性，所以，在游戏化的价值学习中，学生的主体性也大大增强。这就是在七彩乐园中，学生不仅自己遵守规则，还能够监督其他同伴遵守规则，在童谣化教育模式中，学生不仅喜欢吟唱体现社会主义核心价值观的童谣，而且还主动创作与社会主义核心价值观相关的童谣，在"蓬莱小镇"中，学生不仅自身遵守规则，而且还能用镇民守则来处理人与人之间的关系的根本原因——因为学生在价值学习中获得了真正的乐趣。

七彩乐园：
在游戏中学习价值

北京市海淀区民族小学

马万成校长提出："要把有意义的事情变得有意思，让有意思的事情变得有意义，将社会主义核心价值观融入学生生活，耕耘学生心灵，浸润学生成长。"

北京市海淀区民族小学的游戏乐园是孩子们游玩的主要场所，但孩子们在里面快乐玩耍的过程中偶尔会发生一些安全问题，这成为老师们的心头大患。经过长期观察和思考，我们认识到安全隐患是由于学生缺乏规则意识、团体意识和安全常识引起的。于是，我们结合培育和践行社会主义核心价值观的要求，规范入园制度，重建乐园，形成了一套完善的管理体系，共同将游戏乐园打造成了一个魅力十足的规则乐园。

我们将游戏乐园取名"七彩乐园"，一方面取七色彩虹的美好象征，另一方面我们赋予七种色彩不同的意义：责任、权利、义务、礼仪、规则、自律、制度。这成为乐园的七彩精神，记录在门口的七色标识牌上。

一、七彩乐园，我们这样来管理

学校借助游戏乐园创造时机，让孩子们在收获快乐心情的同时，明白社会中的规矩，体验交际中的原则，感知社会主义核心价值观的丰富内涵，养成良好品格。

1. 入园须考核，持证乐趣多

不以规矩，不能成方圆。打造文明有序的游玩环境，我们必须制定相关规则。从考驾照、考深水合格证，我们得到启发：要想获得某项权利，就要经过学习、考核，有能力的人才可以获得相应资格。于是，我们的乐园在全面公开的基础上，制定入园守则和入园资格证考核制度。学生只有获得自由通行证才可以入园游玩。

2. 规则齐制定，人人来遵守

入园规则不是由学校或者某位老师制定的，而是由各班的学生代表共同商讨，最终达成一致意见。最终形成的入园规则是："安全规则，熟记于心；进入乐园，遵守秩序；自觉刷卡，持证入园；有序排队，文明礼让；快乐玩耍，人人参加；保护乐园，人人有责。"

在民主商讨的基础上，集全体师生的智慧，我们对"责任、权利、义务、礼仪、规则、自律、制度"的七彩精神进行诠释，形成了"七彩妙语"。

责任——保护自己，注意安全；面对问题，勇于承担。

权利——获得证书，自由入园；快乐游戏，人人参与。

义务——保护设施，爱护花草；不当行为，及时制止。

礼仪——相互谦让，有序等待；文明用语，相互帮助。

规则——入园规则，熟记于心；遵守规则，记住要求。

自律——自我认识，自我监督；自我克制，自我改正。

制度——通过考核，获取资格；违反纪律，取消资格。

为使学生清楚乐园内的游戏设备的玩法，并提醒他们注意纪律规则，我们在每个游戏设备的旁边都用童谣的方式设有温馨提示，学生看得懂记得清，很快便将这些规则熟记于心，倒背如流了。例如，"吊桩"的温馨提示如下。

一座小桥晃悠悠，

双手紧握俩绳索。

一脚踩稳再移动，

排成队伍向前行。

不能故意猛晃动，

加油鼓劲好朋友。

3. 竞选小助手，争当管理员

七彩乐园采用学生自主管理的模式运行，老师负责组织，各年级推选出的"自律之星"直接获得自由通行证。学生也可以通过面试成为七彩乐园管理员。通过面试的学生成为入园资格考核的考官，并志愿负责乐园的相关管理事务。

4. 按时申报考核，通关赢得资格

想获得入园资格的学生，需要自主向班主任申报。各班结合申报学生的日常行为表现进行评估，决定是否给予考核的资格。班级审核通过的可获得资格考核表，并由班主任亲笔签字推荐。

学校每月在固定时间、固定地点安排入园资格考核。我们将七彩规则和具体玩法，做成一张张考核抽签用的卡片。学生从中抽签答题，两关通过即合格。考核通过的学生接受现场培训和说明，并签署承诺书。

5. 完善评价体系，促进自我教育

入园资格证并非终身制的，小学阶段的孩子自制力比较弱，游戏过程中常会出现违反规则的情况。获得入园资格的同学在游戏过程中一旦被发现没有遵守相应的规则，将接受相应的惩罚。

首次提醒，及时改正。学生在游戏过程中第一次出现违反规则的情况，园长或者管理员给出提醒，督促其及时改正。经提醒未改正的学生，园长或管理员将查看他的资格证，记录班级姓名，经核实取消其自由资格

证。学生可在一个月之后再次申请参加考核。

二、七彩乐园，让有意思的事情变得更加有意义

学生们在七彩乐园中快乐地玩耍，没有安全隐患，在游戏中获得快乐，在规则中体验成长。他们将要求、规则内化于心，外化于行，在游戏中体会了社会主义核心价值观的内涵，并在生活中不断践行。

1. 群策群力，体现民主

七彩乐园的入园规则与要求是学生代表与老师共同商讨制定的，入园的考核由学生担任小考官，乐园的整个建设与运行过程都充分考虑了学生的意见，征集了大家的想法，群策群力，体现了民主的原则。学生在参与过程中理解了民主的含义。

2. 明确要求，感受法治

入园要佩戴入园自由通行证，上面有班级和姓名信息。大家可以相互监督，如果获得自由通行证的人出现了反复违反规矩、玩危险游戏等现象，就可以"吊销"他的自由通行证，取消其自由进出的资格。这让孩子们懂得，如果违反规则，就要受到惩罚，从而培养孩子们的法治意识。

在我们的七彩乐园周围，除了入口、出口外，其他地方没有围墙，只是用很矮的绿植与道路隔离开。但是，没有学生随意越过绿植进入乐园玩耍。他们懂得只有获得入园资格，光明正大地进去才光荣。这种遵守规则自觉自律的法治精神在每个孩子心中都生根了。

3. 文明游戏，共促和谐

入园资格考核体系运行以来，乐园内的游戏氛围变得更加和谐。学生们相互推着秋千，却不再有学生把秋千荡得老高，他们懂得了安全常识；滑滑梯的学生，小声说笑着，不再大声嚷嚷，也不会你争我抢了，他们学会了谦让；等着玩游戏的学生，有序排队，没有抱怨催促，他们学会了耐

心等待……人人讲文明，共同营造了和谐的氛围，并一起享受这份美好。

4.互帮互助，诚信友善

学生获得入园自由通行证后，要签署一份"承诺书"，保证自觉自律，遵守七彩乐园的规则，做个诚信、自律的孩子。这有助于培养学生的诚信意识。乐园中不设立老师的监督岗，靠的就是自觉自律。学生在一起玩耍的过程中，相互帮助，共同合作，从而掌握了与人交往的一些技能，学会了友善待人，互帮互助。

七彩乐园为社会主义核心价值观进校园提供了一条可行的途径，将具体要求融入学生的生活实际，落细、落小、落实。学生在游戏中感知、领悟、接受，并自觉奉行，在日常生活中践行，让社会主义核心价值观如空气萦绕左右，使教育如呼吸一样自然发生。

▶ 案例点评

七彩乐园最大的亮点在于：为学生制造了一种价值需要。心理学研究表明，小学生虽然对社会中的价值现象开始产生兴趣，但还没有形成价值观。价值观的学习要付出努力，价值观的形成要经过时间积累，如果没有来自学生内在的价值需要作为动力系统，就不可能调动学生的主动性，维持他们的积极性。七彩乐园通过设置入园通行证，将社会主义核心价值观的诸多要求融入入园资格考核中。学生们因为有进入乐园玩耍的需要，所以他们自然而然地将入园要求的学习也当作了自己的需要。当入园要求成为他们的真实需要，那些要求中所包含的自由、平等、公正、诚信、友善，也就成为他们的真实需要。

其他学校在借鉴这一案例时需注意：不能只用趣味性吸引学生的注意力，价值观的要求必须内含于教育过程的各个环节，否则就只是迎合了学生的游戏需要，而不是引导他们产生价值需要。趣味性只是七彩乐园的特征，教育性才是七彩乐园的实质。换句话说，每所学校都能在自己的校园中建成一座五彩缤纷、引人入胜的乐园，但如何通过教育智慧，让孩子在玩乐时也受到社会主义核心价值观教育，才是学校需要用心用力之处。譬如，从入园规则的制定、管理员的申请和考核、资格证的取消和再申请，北京市海淀区民族小学规范了每一个环节的程序，将价值学习融入每一个细节。而规范程序并不意味着规则死板，恰恰相反，学校设计了灵活的入园规则。即使学生违规，失去资格，还能通过改正错误，再次争取入园。

校园童谣：
在吟唱中识意价值

三明市三元区东霞小学

"东霞小学有特色，校园童谣一册册。唐有诗歌三百首，我有童谣九百个。你会编，我会唱，唱出东霞新风尚。你会演，我会画，画出东霞新形象。"这是东霞小学的一首校园童谣，它集中概括了学校童谣化教育模式的丰硕成果。也正是依托学校这一教育品牌，社会主义核心价值观以孩子们最喜欢的方式走入他们心间。

三明市三元区东霞小学抓住童谣有趣好玩、易于掌握的特点，引入童谣，以童谣为载体持之以恒地开展活动，使得社会主义核心价值观教育在声声传唱中自然走入人心。

一、唱童谣，识礼仪

东霞小学"庄孝谦劳模创新工作室"（校园童谣工作室）从多年的童谣教育活动中发现童谣与小学生年龄特征的密切关系，提出了创建学生管理制度童谣化教育模式——把枯燥无味的学生日常管理制度改编成容易识记的童谣，运用童谣来管理和教育学生的一种特有形式。

学生管理制度童谣化教育模式的内容包括两个方面：一是学生一日学习、生活制度；二是学生一日礼仪规范。"庄孝谦劳模创新工作室"把学生一日学习、生活制度和一日礼仪规范改编成童谣，整理编印成《学生学习生活礼仪歌》，全校师生人手一册。内容包括学习生活和礼仪规范两部分。学习生活包含起床、上学、值日、早读、升旗、广播操、眼保健操、上课、下课、放学、排路队、写字、作业、集会、读课外书、睡觉 16 项内容，礼仪规范包含家庭礼仪、着装礼仪、上学礼仪、乘车礼仪、课堂礼仪、课间礼仪、办公室礼仪、集会礼仪、交往礼仪、待客礼仪 10 项内容。

学生管理制度童谣化教育模式的实施分为四个层面：一是进课堂，把《学生学习生活礼仪歌》的学习排入校本课程，安排教师教学，建立童谣化教育活动主渠道；二是把《学生学习生活礼仪歌》上墙，创建童谣化教育活动大环境；三是录制《学生学习生活礼仪歌》并刻盘，在广播室播放，营造童谣化教育活动氛围；四是成立"校园童谣说唱队"兴趣小组，开展《学生学习生活礼仪歌》说唱表演活动。

学生们通过背诵这些童谣，将礼仪规范内化于心。当他们真正身处特定情境时，文明礼仪的具体要求就会随着童谣一同出现在他们脑海。如课间，他们便会想到《课间礼仪》这首童谣："下课铃声叮叮响，不乱冲跑不乱嚷。碰到别人对不起，被人碰到没关系。不打闹，不生气，课间礼仪要牢记。"再如，放学回家乘车的时候，他们会回忆起《乘车礼仪》这首童谣："乘车礼仪要记牢，先下后上秩序好。上到车上不喊叫，主动投币或买票。有座位，不争抢，礼让他人好思想。下车时，不推挤，文明乘车人人喜。"

二、写童谣，话价值

东霞小学的学生们不仅会唱童谣，爱唱童谣，而且会写童谣，爱写童谣。很多他们爱唱的童谣，正是出自他们自己的手笔。孩子们并不是天然的创作者，学校为了让他们学会写童谣采取了一系列教育手段。

首先，学校设立了专门课程。东霞小学把校园童谣定为校本课程列入课程计划，安排专职老师教学。把每周二下午的第三节班会课作为校园童谣活动课，即单周为班会课，双周为童谣活动课。

其次，开展全校性校园童谣创编活动。对于小学生来说，改编一首童谣比创造一首童谣容易许多，于是，学校形成老师、学生、家长共同参与的良好氛围。在2009—2010学年开展的学生管理制度童谣改编活动中，从一年级到六年级，从老师到家长都有积极参与者，他们编出了许多有价值的童谣（《学生学习生活礼仪歌》78首）。在改编过程中学生能抓住要点，结合学校实际，合理运用学过的押韵知识进行改编。例如庄雨辰同学创编的童谣《排路队》："放学了，排路队，不推不挤不离队。走到楼梯靠右行，不停不闹慢慢行。走到操场不乱跑，出了校门不回跑。路队歌，要记牢，安全离校拍手笑。"既抓住了《排路队》原文要点，又结合了本校实际情况进行编写，加上正确的押韵，《排路队》就朗朗上口，好读易记了。

最后，学校还设立了学生社团，专门有教师负责指导社团中的学生创作童谣。"校园童谣创作班"兴趣小组源源不断地为学校贡献着优秀的童谣作品。许多童谣充分体现了社会主义核心价值观要求，在学生中传唱度很高。如林杰同学写的《美丽祖国看不厌》："火车汽车嘟嘟叫，载我东西南北跑。跑到东海看台湾，跑到西藏爬雪山。跑到海南看渔灯，跑到北京逛长城。大江南北都跑遍，美丽祖国看不厌。"体现出了创编者强烈的爱国情怀，也感染着同学们的爱国之心。又如欧思瑶同学写的《诚实守信》："小学生，要诚实，凡出言，必守持。说得出，做得到，不学寒号放大炮。"这首童谣引入寒号鸟的故事，生动有趣，充分体现了"诚信"价值观。同学们在说唱《诚实守信》的过程中，潜移默化地受到陶冶教育，从而形成诚实守信的品质。再看吴樾同学编创的《小鸡和小鸭》："小鸡小鸡叽叽叽，想吃小鱼不会水。小鸭小鸭嘎嘎嘎，爱吃小虫不会抓。小鸭捉鱼给小鸡，小鸡捉虫送小鸭。互帮互助好朋友，小鸡小鸭乐开花。"吴樾同学借助熟悉的小动物生动地表现了人与人之间互相帮助、友好相处的美好行为，传递出了"友善"价值观，同学们说唱这首童谣，就会明白每个人都有长处和短处，需要互相帮助、友好相处的道理。

三、赛童谣，传精神

学校为引导学生创作和传唱能够培养他们积极向上价值观的童谣，举办了诸多受到学生们欢迎的活动。学校每年举办童谣创编比赛，选择与学生贴近的价值观作为创作主题，如 2017 年校园童谣文化艺术节童谣创编比赛就是以身边熟悉的事物编童谣，表现团结互助主题。参赛学生思维活跃，构思巧妙。比如简华仁同学以大雨把蚂蚁的家毁了，蚯蚓、蚂蚱都来帮忙，帮助蚂蚁修建了一个新家的故事，采用"一韵到底"的押韵形式写出了《蚂蚁的新家》：

> 大雨毁了蚂蚁家，
>
> 大家一起帮助他。
>
> 蚯蚓姐姐把洞挖，
>
> 蚂蚁哥哥运土沙。
>
> 蚂蚱叔叔扎篱笆，
>
> 蚂蚁有了新的家。

还有学生写《蚂蚁搬米》……一首首生动有趣的童谣传递着团结互助的价值观，为东霞小学增添了校园童谣文化气息。东霞小学校园童谣还走向全国，在《三明日报》《三明广播电视报》《福建新童谣》《三明新童谣》上发表童谣 161 首。这累累硕果进一步地调动了学生的积极性，激励他们创编出了 900 多首优秀童谣，涵盖了社会主义核心价值观的方方面面。

四、展童谣，育文化

走进东霞小学，处处可以见到校园童谣。操场右侧的百米童谣墙上和教学楼的横梁上、走廊中，皆是师生自编自创的童谣。为了让学生课间能在童谣中了解国家大事，教师们特意选择了一些与时事紧密联系的童谣，如《美丽中国我来画》："十九大，喜召开，商谈国事谋未来。大手笔，绘蓝图，人民走上幸福路。小朋友，心向党，和谐家园共成长。歌颂党的十九大，美丽中国我来画。"再如《巨龙腾飞》："改革开放四十年，丰衣足食笑开颜。高楼大厦平地起，百年奥运梦已圆。载人飞船上太空，科技实力立新功。改革开放政策好，巨龙腾飞展雄风。"学生们在一边玩耍一边念唱童谣时，就能够对日新月异的社会发展有所了解，在幼小心灵中渐渐形成新时代中国的美好印象。

展示是创编的动力。东霞小学十分注重校园童谣的展示活动，积极创造条件展示校园童谣，推动校园童谣特色氛围的形成。一是编印校园童谣小报和校园童谣专辑，大容量收集学生童谣作品。二是创建百米童谣墙、童谣文化廊、班级童谣角，全方位展示学生童谣作品。三是设立"一节一月"（5月校园童谣文化艺术节，11月校园童谣说唱月）活动，大范围开展童谣说唱、编、演、画活动。在"一节一月"活动中，低年级学生在老师和家长协同合作下完成童谣选择、节目编排、表演等工作。高年级学生发挥自身特长自编自创节目。正是在多渠道、多形式的展示活动中，学生们自己创编的社会主义核心价值观童谣得到了广泛传播，校园中自然形成了活泼向上的文化氛围，潜移默化地影响着学生们良好价值观的形成。

⊙ **案例点评**

　　东霞小学之所以能够通过童谣将社会主义核心价值观教育落细落实，乃是因为童谣已浸润了学生的整个学校生活。无论是在上学、值日、早读、做操过程中，还是在其他重要校园生活事件中，他们都能够想起童谣，意识到童谣中讲的道理，并按照正确的价值行事。由于还要编创和展示童谣，所以他们逐渐认识到，唯有内含正能量的童谣才能够得到广泛传唱，于是，他们不断主动内化向上的价值观，逐步从热爱歌唱社会主义核心价值观向喜欢践行社会主义核心价值观过渡。

　　学校接下来可进行的工作是，创造更多的机会、更好的氛围来实现这种过渡——帮助学生不仅在行事时想起童谣，而且能够意识到童谣背后的价值原则，最终根据价值原则来进行实践。换句话说，童谣活动要更加凸显价值观教育的意味，避免沦为一种语言教学的游戏化手段。

"蓬莱小镇"实践活动：
落细落实社会主义核心价值观

上海市黄浦区蓬莱路第二小学

每周五下午，学校就变身为一座欢乐的小镇，5 个年级变身为 6 个社区，45 个教室变身为邮局、医院、银行、超市、警察局……师生变身大小镇民，每个镇民拥有小镇护照、货币和存折，在模拟的微型社会中进行职业体验、人际交往和团队合作。

如何有效地培养未来的社会人？如何让社会主义核心价值观教育与学生的生活实际相结合？如何让中小学生守则化为学生的行为自觉？创设一个真实的社会场景，让孩子们"做中学"，更有助于将教育要求内化为学生成长需求。这就是上海市黄浦区蓬莱路第二小学"蓬莱小镇"成立的初衷。学校把象征微型社会的"小镇"概念搬进校园，打造了以"蓬莱小镇"命名的校本拓展型课程。在"蓬莱小镇"这个模拟的微型社会中，各种角色和职业的行为规范互相配合，有机地组成一个社会规范体系，调整着"小镇民们"（学生）各个方面的社会行为。在实践中，学生逐步地、无痕地将行为规范内化成个人意识，初步形成未来社会人的行为规范。

一、创设社会化实践情境，在职业体验中将行为规范内化于心

学校搭建信息化网上选课系统，让学生自主选修。每个学生每学期可以在自己年级所在社区或自由社区选修 2 门课程，一年可以选修 4 门课

程，以跑班的形式参与课程。学生在小镇情境中获得尽可能多的直接的社会经验，作为社会主体在小社会中实现自我约束和自我改变。下表是"蓬莱小镇"课程基本框架。

"蓬莱小镇"课程基本框架

板块	第一社区	第二社区	第三社区	第四社区	第五社区	自由社区
我和自己	牙病防治所	五官科医院	小镇美发厅	印染小作坊	魔方体验店	WOW实验室、超能维修站、小算盘银行、TIA情报局、电子实验室
	彩泥俱乐部	沪语小学堂	快乐小舞台	服装设计室	咔嚓照相馆	
我和社会	星星邮电局	超人魔术团	便利小超市	正义小法庭	茶艺工作坊	
	每日鲜菜场	美味中餐馆	镇健身中心	趣味棋牌社	远游旅行社	
	红色消防局	红星警察局	民族戏剧团	星光电视台	创意发饰馆	
	游戏小弄堂	小园艺中心	五星西餐馆	建筑设计院	小镇博物馆	
我和未来	魔法小书店	镇环保中心	小镇气象台	阿拉丁剧场	LEAD创意空间	
	恐龙博物馆	镇公交公司	镇航空公司	机器人工厂	超级电影院	

学生选择不同的课程，就会体验不同的公共场所里自己所扮演的角色，体会到不同职业所带来的多样化的行为规范要求，可以全面习得道德观念，形成良好的行为习惯。例如，"五星西餐馆"的服务员学习用餐礼仪和服务规范，"星星邮电局"的小邮递员在送信送报中学习礼貌规范用语，"红星警察局"的小警察学习警察职业的行规要求，还会在维护小镇秩序的过程中体会遵守交通规则的重要性。学生扮演着不同角色，感受到不同职业中行为规范的细微差别，然而这些行为规范又是和谐统一、相互促进的。在这个过程中，学生们从学习规则到自我践行，行为规范内化成个人意识的目标在社会情境中悄然实现。

二、成立小镇工作管理委员会，在自主管理中将行为规范固化于制

"蓬莱小镇"工作管理委员会负责小镇的管理和运作。"蓬莱小镇"工作管理委员会共有四个职能部门：百灵鸟部、智多星部、小企鹅部和小喇叭部，共有4名部长、20名委员，全部由学生来担任。在这样一个模拟的小社会的情境下，学生有了更多的空间来施展自己的自主管理能力，如独当一面的执行能力、创造性的策划能力以及反思调整的能力等。

经小镇民讨论、小镇工作管理委员会研究、小镇长颁布的《小镇民守则》在学生的自主管理中应运而生，这里的每一条规定都是规则意识的体现。《小镇民守则》将小镇的行为规范固化于制，使学生在遵守公约的过程中，感受到行为规范的必要性和重要性。每一位小镇民都必须遵守这份小镇公约，并自觉地用来约束自身的社会行为，调节人际交往活动，这样才能为群体所接纳。

《小镇民守则》

1. 镇民之间说话时面带微笑，小镇中不喧哗、不打闹。

2. 爱护小镇公共设施，活动器材轻拿轻放。

3. 小镇活动前和结束后，请靠右侧依次行走，脚步轻，会礼让。

4. 保持小镇每个场所的干净整洁。

5. 不翻动不属于自己的东西。

6. 小心保管好自己的小镇护照、货币和存折，不在货币上涂画。

7. 小镇活动后把黑板擦干净，桌椅恢复原样。

8. 遇到小镇来客，热情大方，主动问好有礼貌。

9. 在小园艺中心做到只观赏不动手，把美丽留给每个小镇民。

10. 在小镇超市购物、银行理财时，依次排队不争抢。

三、构建行为规范表现性评价，在多元评价中将行为规范外化于行

学校通过对学生行为规范的表现性评价促进其行为习惯的养成。基于"蓬莱小镇"情境的行规教育的评价形式是多样的，有学生自我评价、同伴评价，教师对学生的评价，也有家长观察员对学生的评价。评价内容也是多元的，有指向合作能力的评价、指向创新意识的评价、指向情感态度的评价，也有指向行为规范的评价。

2016 年，学校开放了全新的智能化即时评价系统，每个学生都有一张小镇银行卡，教师手持专门的评价终端，在课堂教学过程中，对学生的整体表现进行评价。"蓬莱小镇"课程中的四项评价指标分别为：善于合作、乐于分享；善于思考、勇于创新；不怕困难、踊跃参与；遵守规则、静心倾听。其中，"遵守规则、静心倾听"就是直接指向课堂行为规范的表现性评价。教师每刷一次卡，学生就获得了相应指标的一个积分，获得的积分可用于"蓬莱小镇"货币兑换、活动门票兑换、超市购物等活动。即时评价刷卡积分的方式对学生有重要的激励意义，争取获得更多积分成了学生们每天的小目标，学生遵守行为规范的意识也明显提升。

在小镇嘉年华活动中，学生会分社区进行"畅玩小镇"活动。学校邀请家长志愿者担任"行规观察员"，每位观察员手持学校卡通形象"蓬蓬""莱莱"粘纸，对学生在活动中的行规表现进行点赞评价。如，活动中安静行走不奔跑，帮助其他同学解决困难，捡到物品主动交给走廊里的观察员等，都会获得"蓬蓬""莱莱"粘纸。

在多元化的评价中，学生的行为规范不仅内化于心，而且外化于行，有效地促进了其良好行为习惯的养成。

四、打破大小社会壁垒，在社会实践中将行为规范实化于行

学校通过打破小镇到真实社会的壁垒，遵循"走出去""请进来"的方式，让学生与真实的社会亲密接触。

"走出去"：目前邀请了16家单位成为"蓬莱小镇"小镇民实习基地。例如，组织选修"小算盘银行"课程的学生前往附近工商银行实习体验；组织选修"红星警察局"课程的学生到学校附近老西门派出所参加警营开放日活动；组织选修"正义小法庭"课程的学生到第二中级人民法院参观旁听；等等。

"请进来"：邀请专业人士来到小镇担任课程客串讲师，分享职业故事；小镇开放日活动中参访老师充当小镇来客的角色，真正走进"蓬莱小镇"和孩子们进行人际交往和货币流通活动。这一次次的对外学习和交流的过程都是学生行为规范、知行合一的实践过程，他们在真实的交往过程中既要展现自我，又要文明有礼、举止大气。

在大小社会的自然融合中，学生有了实践的平台，从而真正做到行规教育内化于心、外化于行，显示了学生较强的综合素养和社会规则意识。

◯ 案例点评

蓬莱路第二小学别出心裁地通过角色扮演来落实社会主义核心价值观教育，收效极佳。

"蓬莱小镇"中的角色扮演具有如下特征：1.整体性。不同于一般课堂中片段化的角色扮演，学校利用周五下午的整块时间，在学校中建成了一个微型社会，并详细设计了在这一社会中生活的具体规则，使学生不仅在课程中体验不同的职业规则，还在日常交往中遵守居民守则。我们既可以将每一个具体环节看作角色扮演，亦可以将在这个社会中生活的全部时间

看成一次角色扮演。在这样整体性的角色扮演中，学生的代入感更强，对遵循正确价值的重要性的体会也更深。2.真实性。学校通过"走出去""请进来"进一步加强了角色扮演的真实性。学生不仅扮演着职业人，而且能够与真正的职业人交往，甚至可以在真实的职业场景中观摩。在这一过程中，学生对自己所扮演的角色有了更直观、更真实的认识。

在未来的教育实践中，学校可以考虑提高角色扮演的教育效益。即利用周五下午之外的时间，对学生在"蓬莱小镇"中进行角色扮演时浮现出的新的教育主题设计活动。如学生在履行某种职业责任时，陷入了道德两难。学校可以通过辩论会、讨论会等方式对职业价值观实践中的两难问题进行专门探讨，使学生接受更深入、系统的教育。

2 利用地域文化，
让学生加深价值体悟

    价值教育需要回归生活。价值原本就来源于生活，生活需要是价值观存在的重要依据。对价值教育进行生活化改造，正是借此提醒学生：生活中自有价值，生活中需要价值。那么，如何进行这样的改造呢？事实上，学校可以利用的生活资源很多，其中就有地域文化。的确，学生生于斯长于斯，家乡乃是他们最为熟悉的生活场景。一方面，一方水土养一方人，地域文化天然地铸就了学生的文化性格，奠定了价值学习的基础。另一方面，一方水土之上的一食一宿、民风民俗都蕴含着本土精神，提供着价值教育的资源。社会主义核心价值观教育不可忽视地域文化。

    井冈山的红色教育资源在井冈山小学的教育实践中得到了最大限度的应用。学校不仅通过校本教材让学生系统学习革命历史，而且通过小红军宣讲团，让学生成为红色文化的传播者。当井冈山精神融入学生血脉之时，爱国之情也就自然留存在他们心间了。福建省泰宁县第三中学利用当地的状元文化，不仅激励学生在学业上永争第一、永争一流，而且鼓励学生在道德上追求"向善""向上""向尚",成为美德的小状元。天津师范大学第二附属小学抓住天津多桥的地理特征,巧妙地设计了一系列主题活动,让学生行走在家乡的桥上,收获和谐、友善等宝贵的价值观。

井冈烙印：
厚植学生爱国主义情怀

井冈山小学

　　2017 年 4 月 28 日上午，井冈山小学运动场上国歌嘹亮、国旗飘飘，"全国红领巾国旗班手拉手活动"启动仪式在这里隆重举行。毛泽东外孙孔继宁、朱德外孙刘建将军及学校三千余名师生共同见证了这一时刻。国旗是国家的象征、民族的骄傲，升起国旗就是升起我们的爱国热情和爱国精神，这仅仅是学校培养爱国主义精神的一个缩影。

　　井冈山是我国革命的摇篮。井冈山精神是毛泽东等老一辈无产阶级革命家在艰苦卓绝的斗争中铸造出的伟大的革命精神，是社会主义核心价值观的红色文化基因。弘扬和传承井冈山精神是培养爱国主义的重要方式之一。近年来，井冈山小学紧紧围绕立德树人根本任务，坚持"井冈烙印、家国情怀"的育人方向，以培育和践行社会主义核心价值观为己任，扎实开展爱国主义教育，厚植学生的爱国主义情怀。

一、立足井冈，研发红色德育校本课程

　　"这门校本课程，蕴含了我们小小的心愿：希望井冈山小学的每一个孩子，都能了解一些井冈山的斗争史，知道一些井冈山先烈的故事，会唱几首井冈山的革命歌曲，会介绍几个井冈山的风景旧址……等到有一天他们两鬓斑白时，他（她）还能依稀回味井冈山小学的红色记忆。"这

是经过三年的探索实践，学校老师开发红色德育校本课程"红色足迹"后的心声。

"红色足迹"每个单元分四个板块：讲一讲井冈山的革命故事，看一看井冈山的风景旧址，唱一唱井冈山的革命歌曲，做一做实践活动。

以第一单元《茅坪八角楼的故事》为例，课程用这样一段话导入："在井冈山茅坪乡的茅坪村中，有一处看似陈旧、简陋但绝不平凡的房子，那就是八角楼。它是村里老中医谢池香的房产。因为楼上有一个八角形的天窗而得名。井冈山斗争时期，毛泽东经常在这里居住、办公、写作，领导井冈山的斗争，因此这栋楼的名气就在全国大起来了。"以此调动学生的学习兴趣。然后用"讲一讲""看一看""唱一唱""做一做"等方式来深化学生认识。比如，"看一看"，通过图片展示，把八角楼的内景和外景整体呈现在学生面前，让学生直观感受八角楼的独特魅力。再如，"做一做"，则是通过实践活动让学生了解一根灯芯的制作过程，体验和使用油灯这种照明工具，感受光明带来的幸福感，同时体会毛泽东当年生活的艰苦，明白幸福生活的来之不易。整个课程分十个单元，针对二至六年级的学生，按顺序每个年级设计了两个单元。从编排上看，内容较丰富，形式也多样，歌曲选择有地方特色，实践活动有可操作性。在课程计划中，红色德育活动在活动课程中占有非常突出的地位。学校明确要求在时间上保证每周一课时。

井冈山小学还利用各种节庆日，组织开展形式多样的德育活动，有效实施、落实校本教材中各个板块的内容，最具特色的当属主题队会活动。

"山下旌旗在望，山头鼓角相闻。敌军围困万千重，我自岿然不动。早已森严壁垒，更加众志成城。黄洋界上炮声隆，报道敌军宵遁。……"伴随着电影插曲的响起，教室显示屏前观看的学生情不自禁地跟着唱了起来。这是发生在井冈山小学三年级红色主题班会现场的一幕感人场景。战火飞扬的年代虽然早已过去，但是我们井冈儿女不应该忘却曾经的那段激情燃烧的岁月。为了让每个学生重温当年的峥嵘岁月，学校组织老师设计了"小小红军颂井冈"主题队会，并引入课堂。从三年级开始，每个班级都要开好红色主题队会。

一个个感人的革命故事、一曲曲动人的红色歌谣、一幕幕红色情景剧和一个个鲜活的舞蹈的精彩呈现，让少先队员们感受到了井冈山精神的崇高和伟大。许多学生在结束后说："红色主题队会能够让我们更多地了解到中国革命的艰辛与不易，更能体会到井冈山斗争的光辉历史，更加珍惜今天的幸福生活。"

二、立足红色教育，培育小红军讲解员

井冈山拥有得天独厚的红色教育资源，学校一直努力把"红色德育"打造成学校的一张名片。近年来，井冈山红色教育迅速发展，井冈山小学充分发挥红色资源优势，开设红色德育工作室。

红色德育工作室在分管德育工作的副校长的直接管理与支持下，积极开展红色教育重点问题的研究、实践、交流和培训，建立一批素质过硬的德育工作团队，为井冈山小学的红色德育工作提供经验做法，特别为小红军讲解员群体成长创造条件，提供平台。学校每年都会多次邀请红色教育专家到校授课，曾多次邀请井冈山精神宣讲第一人、全国道德模范、年近九旬的毛秉华教授，为全校师生讲红色历史、井冈山精神。毛教授前瞻性的理论、生动丰富的案例、坦诚朴实的话语，深深地打动了在场的每一位老师和学生。

余梓洋是井冈山小学五（1）班学生，从二年级开始，余梓洋阅读了大量的关于井冈山斗争时期的书籍，并拜毛秉华教授为师，探寻井冈精神，求教讲解技巧。学校的红色文化长廊中、火车上、社区里都能看见

余梓洋义务宣讲的身影。"尊敬的嘉宾，我是井冈山小学六年级的学生王佳进，今天由我为大家讲解我的曾祖父参加革命的故事……"当穿着红军服、背着扩音器的小小讲解员吐字清晰、饱含深情地讲述着故事时，在场的人很快就能进入那个战火纷飞的革命年代。这个讲解员，就是有着传奇经历，时任红四军第三十二团团长王佐的四世孙女、井冈山小学六年级学生王佳进。字正腔圆的普通话，绘声绘色的经典介绍，让来自全国各地的宾客感受到了井冈山新一代的风采和活力。短短几分钟的演讲，博得宾客阵阵掌声。

为了让学生成为传播井冈山精神的后备军和生力军，学校努力打造红色文化长廊讲解活动。每当学校有重要客人来校参观交流时，红色讲解员就会轮流上岗。小讲解员们穿着红军服，身披绶带，精神抖擞地为来井冈山的客人讲解。学习、培训、实践，这种体验式德育模式，不知不觉吸引着孩子们。从三年级开始，每个学生都要到红色文化长廊接受培训，一大批优秀的小小红军讲解员脱颖而出。2018 年，井冈山市展览馆小红军讲解员公益讲解活动在井冈山小学启动，少先队定期派小红军讲解员到现场讲解。井冈山小学学生多次参加省市级单位举办的"我最喜爱的红色小故事家"演讲比赛，并多次荣获小学组一等奖。学校红色主题活动内容丰富，形式多样，国内主流媒体多次予以报道。红色德育品牌不断唱响，红色教育的影响日益扩大。

三、立足实践，构建红色德育体系

学校将综合实践活动课程列入课程计划，每学期开齐开足综合实践活动课，鼓励学生从个体生活、社会生活及与大自然的接触中获得丰富的实践经验。为了不断激活红色基因，学校在原有的德育工作基础上，创设"井小德育七个会，红色基因代代传"活动。即各年级学生人人会唱一首红色歌曲、会讲一个红色故事、会背一首红色诗词、会做一道红色菜肴、会介绍一个红色景点、会表演一个红色经典、会参与一次红色实践。各年级组根据活动内容分别制定了详细的实施方案，做到每月有展示评比，每学期有汇报总结。学校每学期组织评出优胜班级，促进各项活动扎实有效地开展。

以"人人会做一道红色菜肴"活动为例，每年三月份，学校开展"快乐鸟"节日活动。学生现场展示做红米饭、南瓜汤、红军米粿等红军菜肴的过程。孩子们天真精彩的表现与家长们洋溢在脸上的喜悦相映生辉，叫卖声、欢呼声此起彼伏，节日般的喜庆氛围溢满了校园的每一个角落。

有位学生在日记中写道：通过自己做和品尝红米饭、南瓜汤，我真正体会到了当年红军艰苦卓绝的生活。我一定要珍惜现在幸福的生活，怀着感恩的心，好好学习，好好锻炼，学好本领报效祖国。

小学生天性活泼好动，他们喜欢参与这种有意义的实践活动，喜欢在实践中挑战自我、发展自我与完善自我。井冈山小学通过研发红色德育校本教材、培育小红军讲解员、构建红色德育体系，积极开展爱国主义教育实践活动，让学生充分了解历史、铭记历史，感知井冈山精神魅力，涵养家国情怀，用行动诠释爱国主义，传承井冈山精神。

▶ 案例点评

如何利用红色资源开展红色教育，真正落实爱国主义教育，井冈山小学探索出了一条可行的路径。首先，要让学生熟悉红色资源。虽然身处井冈山地区，但由于受教育者年龄小，远离革命年代，对井冈山地区在我国革命史上的地位未必了解。学校通过校本课程，讲好红色故事，让学生真正了解自己家乡的历史。其次，要让学生喜爱红色资源。学校通过红色歌曲、红色诗词、红色经典等活泼的形式，让学生不仅将目光留在过去，而且把眼光投至当下，在当下生活中选择蕴含红色精神的具体形态，加深领悟。最后，要让学生利用红色资源。学校的小红军讲解员公益讲解活动就是让学生利用井冈山这一景点，发挥自己的主观能动性，为游客讲述井冈山的革命史。学生成了红色精神的传播者，自然也就是红色精神的继承人。

可以看到，学生在红色教育中，已经能够熟悉、喜爱甚至主动传播红色精神了。学校在未来的教育实践中，可以在学生对红色精神的实践上下功夫。井冈山精神究竟如何在学生的学习生活中得到体现，学生如何能够真正在此精神的影响下展开道德实践，乃是学校可继续探索的课题。

争当美德小状元：
人格升华的乡土实践

福建省泰宁县第三中学

泰宁，位于福建省西北部，素有"汉唐古镇，两宋名城"之美誉，两宋期间曾有"一门四进士、隔河两状元、一巷九举人"之盛况，出现了 2 位状元，54 位进士，101 位举人，是一座古韵犹存的明城，有着一脉厚重辉煌的历史，具有深厚的文化底蕴和丰富的文化内涵。

福建省泰宁县第三中学（简称"泰宁三中"）充分利用乡土状元文化资源，深入开展"共圆中国梦，争当小状元"系列活动，传承状元精神，践行状元美德，培养学生追求"向善""向上""向尚"的精神。

一、打造"争当美德小状元"校园文化

学校精心营造状元文化氛围，全方位打造富有状元文化气息的校园文化、班级文化、寝室文化，使学生每时每刻都能在潜移默化中接受状元文化的熏陶，唤醒学生争先创优的意识，培育社会主义核心价值观，实现学生人格的升华。

打造状元校园文化。构建状元文化长廊、传统经典文化长廊，激励学生去追寻、去超越。学校利用楼道、过道等设置状元文化墙，把状元文化的精华以图文并茂的形式进行展现，让学生在潜移默化中得到熏陶。开设"状元寄语"专栏，引导学生追求卓越、走向成功。设置"状元心声"专

栏，张贴状元的名言及中考、高考状元的真实心声，让学生走进状元的学习和生活。打造状元广场，为状元塑像。打造状元庭院文化，弘扬状元优秀品质。谱写三中状元颂歌，用状元颂歌鼓舞学生。

培育状元班级文化。在教室设立状元文化角、状元榜，在班级黑板报设置"状元文化专栏"等凸显状元文化。每周班会课，课前五分钟合唱状元颂歌，倾听状元教诲（通过广播预先设置），课上以弘扬状元文化为主，定期开设主题班会课，引导学生学习状元优秀品质、传承状元精神，课后谈感想，写体会。每天早读课前三分钟，诵读《状元文化读本》，读书百遍，其义自见，深刻领会状元文化精髓。开展班级球赛、棋赛、书法赛、学习竞赛等系列活动，人人争当班级小状元。年级每天进行状元班级评比，每月评选表彰一次状元班级，给予状元班级上状元榜、发状元锦旗的奖励。

建设状元寝室文化。在寝室楼设置状元阅览室、小状元书画创作室、状元颂美文欣赏、寝室状元榜等，为寄宿生课余时间博览群书、提高技能、展示风采等提供平台。在每个寝室均设置状元寝室文化创作角，生活导师每周深入寝室一次以上，与寝室成员共同策划、共同培育状元寝室文化，增强师生之情、室友之情，共创温馨寝室；深入开展"内务整洁我第一""生活习惯我最佳""公物爱护我最好"等活动，每月评选出各类小状元和状元寝室，给予上状元榜表彰和在寝室门上张贴"状元寝室"标志的奖励。

二、开展"争当美德小状元"主题活动

学校深入开展"向善节""礼仪节""仁义节"等状元节活动，坚持每月一个状元节主题，开展内容丰富、形式多样的宣传、教育和实践活动，引导学生不仅做学业上的排头兵，而且做美德上的小状元。

1.“向善节”：乐善好施，我心中有爱

每年3月和9月是"向善节"，对学生进行"善心、善言、善行"教育。学校通过开展"向善"主题班会、主题征文、主题手抄报、主题漫画展、经典诵读等活动让学生将善念根植于心，将善言外化于行。在"善行"的倡导方面，学校通过"学雷锋、树新风"活动、"手拉手""结对子""一帮一"活动、捐资助学活动，鼓励学生以恰当的方式关心留守儿童、单亲家庭儿童和家庭贫困的同学。学生们在"向善节"的系列活动中深受感染和感动。

2.“礼仪节”：知书达礼，我微笑待人

每年4月和10月是"礼仪节"，对学生进行"礼仪、礼节、礼貌"教育，教育学生做到知礼仪、明礼节、懂礼貌。第一周：知礼仪教育；第二周：明礼节教育；第三周：懂礼貌教育；第四周：学生综合素质评价，评选"文明礼貌"美德小状元。倡导学生使用"十字文明用语"："您好""请""谢谢""再见""对不起"。

3.“仁义节”：仁慈仁爱，我与人为善

每年5月和11月是"仁义节"。"仁"是一种道德范畴，指人与人相互友爱、互助、同情等。仁慈：仁爱慈善；仁义：仁爱与正义，通情达理，性格温顺，能为别人着想。倡导师生做仁慈、仁爱、仁义之人。第一周：进行仁慈教育；第二周：进行仁爱教育；第三周：进行仁义教育；第四周：学生综合素质评价，评选"仁慈仁爱"美德小状元。

在广泛开展"向善节""礼仪节"和"仁义节"的基础上，学校进一步开展"两创建"活动。一是创建文明教室。要求不迟到、不早退、不旷课，尊重师长，认真听讲，保持教室卫生，创设优美的教室环境，创建浓厚的学习氛围。二是创建文明校园。具体表现为爱校如家，自觉维护校园环境，提倡文明风尚，不做有损学校声誉的事。

三、组织"美德小状元"评选活动

学校精心培育以状元文化为基础的校园文化，彰显状元文化教育特色，打造状元文化特色品牌，把历史文化传承和学校文化建设有效融合，引领学生游状元学府、走状元路、行状元礼、学状元班、唱状元颂歌、听状元故事、进状元餐厅、住状元宿舍、学习状元品质、传承状元精神、上状元榜、圆状元梦等，让学生身临其境，走"近"和走"进"状元，在潜移默化中感受状元美德的熏陶，不断激励学生实践"肯于拼搏、敢于争先、勇夺第一、永争一流"的状元精神。

1. 明确评选项目和制定标准

结合状元品质和状元精神，明确评选项目和制定标准。分为：①文明有礼；②勤奋自强；③助人为乐；④诚实守信；⑤尊老爱亲；⑥尊师爱学；⑦仁慈仁爱；⑧志愿服务；⑨追求卓越；⑩感恩奉献。全校共评选"美德小状元"300 名（每班 10 名），在此基础上再评选学校十佳"美德小状元"。"美德小状元"要做到"三管好"：管好自己的嘴，不说脏话、谎话，不大声喧哗，不随地吐痰；管好自己的手，不乱扔果壳纸屑，不在墙上乱涂、乱刻、乱画，不破坏花草树木；管好自己的腿，不随便走出校园，上下楼梯靠右行，不追逐打闹。同时要做到"四带给"：将文明带给校园，温文尔雅，谦和好礼；将微笑带给同学，互助友爱，宽厚待人；将孝心带给长辈，尊敬长辈，学做家务；将爱心带给社会，多做好事，乐于奉献。

2. 注重评选步骤和方法

整个评选活动采取自下而上、逐级推荐的方法进行。分四个阶段：①宣传、发动、制定评选方案并下发通知，营造评选的浓厚氛围，使评选活动成为教育学生学习先进典型的过程。②广泛推荐申报。认真填写《泰宁三中"美德小状元"推荐表》，撰写"美德小状元"先进事迹，在学校广播、LED专栏等媒介上加以宣传，用身边的榜样打动学生，引导学生从小事做起、从自我做起。③公示阶段。在校务公开栏中公示评选结果，让上榜学生接受各方监督。④表彰和奖励。每学期在状元文化广场举行闭学仪式，表彰"美德小状元"仪式，为小状元佩戴状元帽、授"美德小状元"奖章、留状元影、发状元证、上状元榜。

获得校级"美德小状元"荣誉称号的学生才可被推荐参加省、市、县级"美德少年"或"新时代好少年"等荣誉的评选。

3.加强保障措施

①学校在日常工作管理中，开展"杜绝零食进校园"活动，引导学生养成良好的饮食习惯；提倡"校园弯弯腰"，引导学生养成良好的卫生习惯；开展"珍惜每一寸绿地"活动，引导学生爱护我们的环境；下课不打闹，引导学生做文明礼貌的好学生；开展不进"三室"活动，提高学生的文明素质和自我约束力。②设置文明监督岗，开展日常检查工作，健全各种制度，做到奖罚有据；定期召开学生会干部培训，充分发挥学生会的作用。

追求卓越，臻于至善。状元是一种目标，状元是一种境界，状元是一种激励，状元是一种追求。"共圆中国梦，争当小状元"是泰宁三中人执着追求的目标。

▶ 案例点评

泰宁三中拓展了状元文化的内涵，在学校开展"争当美德小状元"的活动。学校之所以能够让学生在美德上争先进，乃是因为学校采用了直接强化和间接强化的教育手段。所谓直接强化，即以学校、班级、宿舍中的物质景观和校歌、读本、主题征文、主题班会等各种各样的形式，让学生领会"美德小状元"的内涵。间接强化，则是指学校以评选"美德小状元"的方式，让身边评选出来的榜样传递价值。间接强化的运用，可以规避直接强化的生硬，更容易受到学生的欢迎。

然而，目前学校对"美德小状元"内涵的诠释并不清晰，各类教育手段显示出，"美德小状元"主要指的是：在道德上争先进。在未来的教育实践中，可否根据当地状元文化中重要的价值观，提炼出"美德小状元"的精神内涵，以几个重点德目来推进社会主义核心价值观的落实。

"让我们一起来走桥"：
家校共育小公民

天津师范大学第二附属小学

桥，在我们的民族文化长廊中，是极富魅力的。它具有的不仅仅是实用功能，更承载着很多的文化意义，留给我们无边的遐思。桥代表了一种力量，代表了人对自然的征服。桥又是和谐、和睦、和平的象征。桥还与民众的风俗习惯联系在一起，形成一种重要的文化现象。

天津是座美丽的城市，而桥梁是这座城市的标志之一。天津的桥梁种类繁多，各具特色，使天津素有"万国桥梁博览会"之称。天津师范大学第二附属小学抓住天津"桥"这一显著的地域文化特征，积极发动全校近五千个家庭开展了以"让我们一起来走桥"为主题的系列教育活动，学生在积极参与各项活动中践行社会主义核心价值观，主动争当合格小公民。

一、印象·家乡桥——争做热情小导游

活动伊始，学校向全体学生发出倡议，号召大家通过收集资料、实地参观等多种形式了解家乡的桥，选择一座最喜爱的桥写篇导游词，并大胆地向游人介绍这座家乡的桥。活动开始后，师生和家长们认真收集桥的资料，写下"印象·家乡桥"的导游词，他们用心记住解放桥、奉化桥、光华桥、聂公桥上的美景和故事，克服胆怯，勇敢地站在自己心仪的桥梁上向游人大胆、大方做讲解。来自外地的游客纷纷被孩子们介

绍的桥的历史打动了，他们以惊讶的眼神重新打量着刚刚步履匆匆走过的桥；在桥边晒太阳的九十岁老太太仔细听着孩子们贴在她耳朵边的介绍，眼睛眯起来，似乎回忆起解放桥见证过的那些倥偬岁月；来自山东的五年级小学生对同龄人的介绍颇感兴趣，不但合影留念，还相约今后要保持联系，让解放桥成为见证友谊的桥；来自东北的从事教育工作的中年男子，他给予了孩子们默契的配合，之后又对孩子们提出了很多建议，给了他们很大的鼓励……爱家乡的美好情感在孩子们一次又一次的自信讲解中悄然形成。孩子们不仅仅是简单地给游人介绍桥的历史，更是架起历史与现实的桥梁，架起天津与其他城市的桥梁，架起心灵与心灵的桥梁，架起孩子们成长的桥梁！

历经天津卫八十年沧桑的解放桥、见证天津解放的金汤桥、承载着"天津之眼"的永乐桥、象征着"日月同辉"的大沽桥、将古典与时尚完美结合的北安桥……当学生用心去了解每一座桥的历史和建筑特色与风格时，桥，就不再是路边简单的风景，而成为他们深入了解家乡、感知美的一扇窗。

许多班主任和家长共同组织开展了丰富多彩的走桥活动。袁洁老师和三（13）班的同学们来到历史悠久的解放桥，同学们分成"小小工程师组""小小导游组""巧手绘桥组"，他们用尺子专心丈量桥梁长度，热情为游客介绍大桥历史，用画笔精心描画美丽的家乡桥。陈雯老师和四（16）班的同学们走进天津港开展"听桥"活动，亲身体验家乡万吨级大港带来的震撼。张婷老师和五（7）班的同学及家长共计百余人开展游走天津六座桥（从赤峰桥到金汤桥）活动，同学们讲解桥的历史，进行走桥寻宝游戏活动，开展桥梁拼图大赛，将学校倡导的"走桥"活动推向了高潮。通过"走桥"社会实践活动，老师们带领学生走进现实生活的"活"教材，让学生更加了解自己身边的这片热土，从看周围的变化来感受家乡的变革，深刻感受家乡的巨变。家校教育合力，形成一股巨大的爱的能量，为学生的未来发展注入不竭的动力。

二、践行·健康桥——争做健康环保小标兵

在系列活动中，我们将构建生态和谐社会的理念融入活动设计中，结合学校学生人数众多、上下学出行带来的交通拥堵和环境问题、学生缺少体育锻炼等问题，设计开展了以"践行·健康桥——争做健康环保小标兵"为主题的健康"走桥"活动。健康"走桥"活动，即让学生设立一座"目的桥"或几座"目的桥"，即步行到达或经过的实体桥。学生可以以家庭为单位每天步行到达"目的桥"，也可以每天步行经过"目的桥"上学，还可以以小队或中队为单位到达"目的桥"进行测量等。通过对"目的桥"的选择、了解及距离估算，学生更加了解"目的桥"，加深了对家乡的感情；通过家长参与，增进了亲子情感，丰富了家校沟通的渠道。在活动中，学生表现非常积极，纷纷和家长一起选定自己的"目的桥"，有的孩子选取了距离家庭住址5千米左右的解放桥，有的选择了距离家庭住址十几千米的金汤桥。孩子们和家长一起根据选取的"目的桥"的距离，制定了家庭健康环保行走"目的桥"的方案和规划，通过每天上下学行走、放学在小区行走锻炼、周末参观游览家乡桥等方式，完成自己到达"目的桥"的计划。

在此基础上，为了帮助学生完成自己的"走桥"计划，学校还向全体家长下发家长信，发出"1351"的绿色出行倡议。"1"代表家庭住址距离学校1000米以内的家庭采用步行的方式上下学。"3"代表家庭住址距离学校3000米左右的家庭采用自行车、电动车、公交车、地铁等绿色节能的出行方式上下学。"5"代表家庭住址距离学校5000米左右的家庭用拼车等方式上下学。第二个"1"代表每个学生上学时，在距离校门100米

左右的地方步行进入学校。积极倡导绿色出行，一起关爱我们生活的环境。每天学校门前均有学生志愿者和家长志愿者为学生维持秩序，发放"赞"卡。如果学生每天从距校门100米处步行入校，就能得到一枚鼓励绿色出行的"赞"卡，累计5枚"赞"卡，就能得到一枚"阳光少年"的徽章。这对小学生来说，是莫大的激励。"和朋友走桥，增进友情；和家人走桥，增进亲情；我们一起来走桥，绿色环保真快乐！"……在征集"走桥"口号中，学生们喊出了自己的心声。许多距离学校不远的学生选择了每天步行上学，不仅极大地解决了学校周边交通拥堵的不和谐状况，还引导家长和社会上更多的人树立起环保绿色出行的理念。

一位家长在活动感悟中这样写道："'走桥'活动不仅对孩子而言是一项可以通过坚持养成好习惯的有益行动，而且也对我们家长有很深的触动。在孩子的影响下，我们家长也开始注意环境保护，注意绿色出行，我也由每天开车上班，改为骑车或走着上班，这样不仅锻炼了身体、保护了环境，更重要的是我给孩子做了一个好的榜样，增进了亲子感情。"

"践行·健康桥——争做健康环保小标兵"活动的开展，让学生和家长们在行走中树立起了低碳生活、安全绿色出行，以及"勿以善小而不为"的健康生活理念和价值观念。

三、最美·爱心桥——争做美德小使者

友善是社会主义核心价值观的重要内容。在系列活动中，我们还设计了以"最美·爱心桥——争做美德小使者"为主题的爱心实践活动。号召学生在"走桥"过程中拿起手中的相机，用眼睛发现美，用心灵感受美，抓拍感人瞬间；在"走桥"过程中用自己的言行传递美好，体验助人的快乐，让"爱"驻心间。于是，我们看到了孩子们抓拍到的在雨中指挥交通坚守岗位的交警叔叔；在五一假期牺牲假日认真粉刷海河护

栏的工人叔叔；在"走桥"中救助流浪的小狗、和家人一起捡拾桥上垃圾的同学们……

一位家长和孩子合作用童谣的形式表达了"走桥"活动的感想："上学路过一座桥，桥上空瓶挡人道，弯腰捡起废瓶子，河水浪花对我笑。放学路过新天桥，交通安全最重要；路遇盲人问声好，我扶叔叔通过桥。学校有座连心桥，老师学生桥上跑；从小立志学雷锋，美德少年圆梦早。"

"走桥"活动的开展使学生对社会主义核心价值观的感悟越来越深刻，"爱国、敬业、诚信、友善"不再是空洞的字眼，它们已然成为美好的品格积淀在学生的心灵深处。孩子们身边的美、眼中的美，潜移默化地感染和影响着他们，他们用自己的小行动为家乡和谐社会的创建贡献着自己微薄的力量。

学校精心策划的大型"走桥"活动历时半年。为了取得好的效果，活动前，学校发动并且认真培训全校班主任、全体任课教师、全校学生、全体家长，形成"教育共同体"积极参与到系列活动之中。活动后，学校将学生、家长、老师的优秀感悟和优秀案例编辑为《让我们一起来走桥》专辑，并评选出百个"走桥"活动优秀家庭和"走桥"活动先进班集体。

"让我们一起来走桥"的活动虽然结束了，但是在天津师范大学第二附属小学师生、家长们的心中永远会有一座生命、历史、文化、艺术、心灵的桥。

⊙ **案例点评**

天津师范大学第二附属小学通过"桥"的系列主题活动悄无声息地将爱国、和谐、友善等价值观植入学生心间，实现了一个主题活动的复合效应。之所以能够收获良好效果，乃是因为学校做到了：1. 物质景观精神化。学校不止步于将桥当作一个发挥便利交通功能的物质景观，而是挖掘了桥的文化功能，从桥的历史文化积淀着手，引导学生了解家乡的历史，从而热爱家乡。对于小学生而言，家乡是祖国山河中最具亲和力的存在，对这一片土地的深情亦是对祖国的景仰。2. 生活场景教育化。由于天津多桥，学生上学放学要经过桥，这本来只是一个生活片段，但学校通过"健康桥"和"爱心桥"的活动设计，鼓励学生多走桥（即健康出行），走桥之时多行善，从而很好地实现了教育意图。

其他学校在借鉴这一案例时，可以考虑从学校所在地区的各类文化标签（如特有的动植物、民俗特色等）着手，设计系列主题活动，使其既具有教育资源的便利性，又能够收获意想不到的教育效果。

3 依托传统文化，
让学生强化价值认识

　　中华文明绵延数千载，已经形成自己独特的价值体系。学校在培育和践行社会主义核心价值观时，可以从中汲取丰富营养。对历史文化特别是先人传承下来的价值理念和道德规范，要坚持古为今用、推陈出新，有鉴别地加以对待，有扬弃地予以继承，努力用中华民族创造的精神财富来以文化人、以文育人。

　　中华优秀传统文化的价值资源是非常丰富的，是一个值得学校深入挖掘的大宝库。学校在依托传统文化开展社会主义核心价值观教育时，应该充分考虑传统文化本身的立体性。也就是说，学校应该放眼不同形式的传统文化类型，如德阳市东电外国语小学是以中华经典来育人，南昌市珠市学校是以礼之形式与内容来育人，金乡县实验小学是以传统艺术育人，郑州市郑东新区众意路小学则是以传统节气育人。学校应认识到任何一个优秀传统文化类型都饱含价值元素，教育者可以结合实际，选择最适合本校学生的文化形式展开教育。

　　另外，文化学习的立体性也应该得到重视。譬如，优秀传统文化的学习不单单只有教授法这一种方式，多种多样的教育手段都应该运用于此。例如，德阳市东电外国语小学用角色扮演和绘本创作来重现中华经典诗文中的场景；南昌市珠市学校用祭孔典礼的仪式让学生感受"礼"；金乡县实验小学以京剧社团吸引学生，用社团文化感染学生；郑州市郑东新区众意路小学通过校园种植活动帮助学生体会传统节气中的民间智慧。

中华经典　立德有道

德阳市东电外国语小学

　　旅游分享会上，学生展示自己在旅游过程中拍摄的照片，在与之相关的中华经典篇目的基础之上，介绍自己见到的风土人情，将许多经典篇目以外的内容呈现了出来，使得学生对祖国的壮丽山河和风土人情的认识更加立体和饱满，从而有效地激发起学生的爱国之情。

　　以中华经典为培育载体，将社会主义核心价值观的内涵以一种可见的形式呈现在学生面前，成为学校开展社会主义核心价值观教育的主要形式。当然，中华经典毕竟年代久远，为了使培育工作更贴近学生的实际生活，让学生真正觉得可亲、可触，我们在学校工作中采取了如下教育手段。

一、确定内容，实施有据

　　在浩如烟海的中华经典篇目中，我们结合小学生不同年段的接受能力，对部分经典篇目进行了梳理，探索经典篇目与社会主义核心价值观个人层面的内在联系。在此基础上，确定了分层、分段的教育内容，为工作开展奠定基础。具体内容如下表所示。

分层、分段的经典篇目教育内容一览

学段	个人层面	培育目标	相关篇目
低段	爱国	1.爱国家：知道并热爱国家的标志（国旗、国歌、国徽等），知晓最基本的国情（著名省市及相关风土人情）。 2.爱家乡：了解家乡的风土人情、著名故事等，体会游子对故乡的眷恋之情。	《江南》《敕勒歌》《凉州词：黄河远上白云间》《望庐山瀑布》《静夜思》《早发白帝城》《望天门山》《绝句：两个黄鹂鸣翠柳》《枫桥夜泊》《题西林壁》《饮湖上初晴后雨》《晓出净慈寺送林子方》《黄鹤楼送孟浩然之广陵》。
	敬业	1.学校层面：养成良好的学习习惯（勤学好问、爱护书籍、今日事今日毕等），学会做好班级的事务。 2.家庭层面：自己的事情自己做。 3.社会层面：初步了解社会中存在各行各业，从事各行各业的人们共同担负着建设社会的职责。	《明日歌》《登鹳雀楼》《悯农》《赋得古原草送别》《观书有感》。 《弟子规》： 1.读书法，有三到。心眼口，信皆要。方读此，勿慕彼。此未终，彼勿起。 2.心有疑，随札记。就人问，求确义。 3.虽有急，卷束齐。有缺坏，就补之。 《三字经》： 1.子不学，非所宜。幼不学，老何为。 2.玉不琢，不成器。人不学，不知义。 3.勤有功，戏无益。戒之哉，宜勉力。
	诚信	1.诚信认识：懂得诚实守信是一件很重要的事情。 2.诚信行为：不说谎话，遵守与同学朋友、父母亲人以及老师之间的承诺与约定。	《弟子规》： 1.首孝悌，次谨信。泛爱众，而亲仁。有余力，则学文。 2.用人物，须明求。倘不问，即为偷。 3.借人物，及时还。 《论语》： 吾日三省吾身——为人谋而不忠乎？与朋友交而不信乎？传不习乎？

学段	个人层面	培育目标	相关篇目
低段	友善	1.感恩：体会亲人、师长的付出，并学会感激。 2.友爱：友爱同学。 3.关怀：能在身边人有困难的时候伸出援助之手。	《九月九日忆山东兄弟》《赠汪伦》《游子吟》。 《弟子规》： 1.首孝悌，次谨信。泛爱众，而亲仁。有余力，则学文。 2.父母呼，应勿缓。父母命，行勿懒。 3.身有伤，贻亲忧。德有伤，贻亲羞。 4.亲有过，谏使更。怡吾色，柔吾声。 《三字经》： 1.昔孟母，择邻处。子不学，断机杼。窦燕山，有义方。教五子，名俱扬。 2.为人子，方少时。亲师友，习礼仪。 3.香九龄，能温席。孝于亲，所当执。融四岁，能让梨。弟于长，宜先知。
中段	爱国	1.爱国家：知晓祖国著名的历史故事，知晓并热爱祖国文化（传统节日、活动、节气等）。 2.爱家乡：了解、热爱家乡的文化，以及家乡的古今变化，初步培养对家乡的情感。	《回乡偶书》《出塞》《春夜喜雨》《秋思》《浪淘沙·九曲黄河万里沙》《忆江南》《望洞庭》《清明》《元日》《九月九日忆山东兄弟》。 《三字经》： 1.曰春夏，曰秋冬。此四时，运不穷。曰南北，曰西东。此四方，应乎中。曰水火，木金土。此五行，本乎数。 2.十干者，甲至癸。十二支，子至亥。 3.稻粱菽，麦黍稷。此六谷，人所食。马牛羊，鸡犬豕。此六畜，人所饲。 4.夏有禹，商有汤。周武王，称三王。夏传子，家天下……同光后，宣统弱。传九帝，满清殁。

中小学培育和践行社会主义核心价值观 行有示范（案例篇）

学段	个人层面	培育目标	相关篇目
中段	敬业	1. 学校层面：懂得珍惜时间，掌握学习的方法，勤于思考。 2. 家庭层面：感受自己作为家庭一员的责任，初步学会分担家庭事务。 3. 社会层面：感知各行各业的敬业精神。	《长歌行：青青园中葵》《小儿垂钓》《今日歌》《昨日歌》《四时田园杂兴（其一）》。 《弟子规》： 1. 朝起早，夜眠迟。老易至，惜此时。 2. 见人善，即思齐。纵去远，以渐跻。 3. 见人恶，即内省。有则改，无加警。 4. 但力行，不学文。任己见，昧理真。 《三字经》： 1. 头悬梁，锥刺股。彼不教，自勤苦。如囊萤，如映雪。家虽贫，学不辍。 2. 犬守夜，鸡司晨。苟不学，曷为人。蚕吐丝，蜂酿蜜。人不学，不如物。
	诚信	1. 诚信认识：理解诚实守信的基本含义，并且以诚实守信为荣。 2. 诚信行为：在自己做好诚信的基础上，能够有意识地监督身边人做到诚实守信。	《论语》： 1. 与朋友交，言而有信。 2. 德不孤，必有邻。 3. 君子坦荡荡，小人长戚戚。 《弟子规》： 凡出言，信为先。诈与妄，奚可焉。
	友善	1. 感恩：懂得关心亲人、师长，回报身边人的付出。 2. 友爱：懂得珍惜友谊，体会挚友之间的情感。 3. 关怀：能关心爱护幼者，帮助有困难的人。	《送元二使安西》《芙蓉楼送辛渐》《黄鹤楼送孟浩然之广陵》。 《论语》： 1. 有朋自远方来，不亦乐乎？人不知而不愠，不亦君子乎？ 2. 三人行，必有我师焉。 《弟子规》： 1. 将加人，先问己。己不欲，即速已。 2. 恩欲报，怨欲忘。报怨短，报恩长。
高段	爱国	1. 爱国家：知晓祖国的历史（历史朝代及重大事件），珍惜今天的幸福生活；体会忧国忧民的高尚情怀，立志报效祖国。 2. 爱家乡：立志建设家乡。	《扬子江》《凉州词：葡萄美酒夜光杯》《夏日绝句》《示儿》《秋夜将晓出篱门迎凉有感》《题临安邸》《墨梅》《石灰吟》《竹石》《己亥杂诗》《满江红》《木兰诗》《塞下曲》。

学段	个人层面	培育目标	相关篇目
高段	敬业	1.学校层面：勇攀高峰、不畏困难，初步明确学习的意义。 2.家庭层面：学会替父母分担家庭的责任。 3.社会层面：了解社会各行各业，立志投身社会建设。	《渔歌子》《江上渔者》《赠刘景文》《游山西村》《乡村四月》。 《论语》： 士不可以不弘毅，任重而道远。 子曰："道千乘之国，敬事而信，节用而爱人，使民以时。" 《弟子规》： 1.事勿忙，忙多错。勿畏难，勿轻略。 2.唯德学，唯才艺。不如人，当自砺。
	诚信	1.诚信认识：理解诚信对个人和社会的重要意义，知道诚信乃立身之本，有比较强烈的诚信意识。 2.诚信行为：在家庭、学校、社会不同层面均能做到诚信，时时刻刻对不诚信的行为进行抵制，坚守自己的本心。	《论语》： 1.子曰："巧言令色，鲜矣仁！" 2.信近于义，言可复也。恭进于礼，远耻辱也。 3.人而无信，不知其可也。 4.君子喻于义，小人喻于利。 《弟子规》： 1.惟其是，勿佞巧。 2.见未真，勿轻言。知未的，勿轻传。 3.事非宜，勿轻诺。苟轻诺，进退错。
	友善	1.感恩：在感恩亲人和老师的基础上，学会感恩社会中默默奉献的人们。 2.友爱：在关心身边人的基础上，学会更广泛的社会友爱。 3.关怀：帮助有困难的人，树立一人有难八方支援的意识。	《蜂》《悯农（二）》《别董大》《赋得古原草送别》。 《论语》： 1.子曰："父在，观其志；父没，观其行；三年无改于父之道，可谓孝矣。" 2.孝乎惟孝，友于兄弟，施于有政。 3.父母在，不远游，游必有方。 4.人而不仁，如礼何？人而不仁，如乐何？ 5.事君数，斯辱矣；朋友数，斯疏矣。 《弟子规》： 1.闻过怒，闻誉乐。损友来，益友却。闻誉恐，闻过欣。直谅士，渐相亲。 2.己有能，勿自私。人所能，勿轻訾。 3.勿谄富，勿骄贫。勿厌故，勿喜新。 4.道人善，即是善。 5.扬人恶，即是恶。

二、晨诵午读，引导有方

读书百遍，其义自见。诵读吟唱是理解中华经典内涵的第一步，也是以中华经典为载体培育社会主义核心价值观活动中的重要一步。

我校每天早上8：15打铃，在8：15—8：35有20分钟的晨诵时间，由各班语文老师按照一个学期的内容安排，组织学生进行中华经典诵读。

在开展中华经典吟诵活动时，首先由教师为学生讲解经典篇目的意义与内涵，在讲解过程中，着重于有关社会主义核心价值观内涵部分的讲授，而非字词意义的理解。随后，通过教师范读、学生齐诵、学生领诵的方式，使学生充分感受经典篇目所蕴含的价值观。在吟诵时，配上优美的音乐，能更加有效地激发学生的情感，也有助于维持学生的参与兴趣。最后，教师通过引导，将社会主义核心价值观的有关内容与学生的实际生活相联系。如在吟诵爱国诗篇《满江红》的时候，通过讲故事和诵读诗篇，学生对岳飞精忠报国的情怀有了基本认识，但是作为小学生，暂时还谈不上从军入伍，所以，学校进一步引导学生：像岳飞这样从军入伍、保家卫国是爱国，我们小学生努力学习科学文化知识，立志长大建设祖国也是爱国，我们每天佩戴红领巾、爱护红领巾，参加升旗仪式时做到庄严肃穆，这些都是爱国。通过引导，我们将社会主义核心价值观的内容变成学生可以实际践行和遵守的准则，使培育工作真正落到实处。

除了晨诵时间，我们在学校的语文学科活动中，也一直坚持贯彻中华经典教育，以中华经典浸润学生心灵，培育社会主义核心价值观。学科活动通过年级共同商议选定篇目，由语文教师利用语文课时讲读篇目，并在班主任的配合和协助下完成活动展示的编排。学科活动时常利用专门的午读课时间，在学校操场上举行。全年级所有学生统一着装，全班参与，由学校中层及本年级语文教师担任评委，对每个班级的展示活动进行评分，最终评选出一、二、三等奖。

三、演绎经典，体悟更深

许多中华经典篇目都具有丰富的故事情节，这使得以角色扮演来展现中华经典成为可能。通过角色扮演，学生对角色有了更深刻的认识，对落实社会主义核心价值观教育有良好的促进作用。

根据有关篇目的内容，由教师或学生事先编写好情景剧剧本，分派学生承担相应的角色，学生利用社团活动时间进行排演、展演。此外，中华经典所呈现的场景毕竟不是学生的实际生活，为了加深学生的体验，我们在设计情景剧剧本时，会有意识地将中华经典与现代生活的场景相联系，使学生的感受更加真实、具体。

例如，我们在开展"友善"层面的感恩教育时，采用《游子吟》进行角色扮演，邀请一名学生扮演灯下的母亲，一针一线地为即将远行的游子缝制衣服。这个场景虽然令人感动，可是随着科技的发展，母亲亲手制衣的情况毕竟已经很少了，对于学生来说，他们不免会觉得："我的衣服并不是妈妈缝的啊！"所以，我们在安排剧本时，采取了"古今穿越"的场景设计，在缝衣的母亲旁边，我们增设了两组情景：一是背着书包即将上学的孩子，母亲正对他殷切叮咛；二是雨中的父亲将伞大部分遮在了孩子头上。看过这样的情景剧后，学生的感触更加深刻，都联想到了自己的父母在生活中给予自己的点滴关怀。

四、绘本创作，再现经典场景

绘本，是一种专为儿童设计，依靠一连串图画与为数不多的文字来传递信息、讲述故事的图书。特别是描绘山河风光的篇目，通过绘本创作，将单纯的文字以可见的形式呈现出来，对学生心灵的震撼会更加强烈，更能够激发起学生的情感，从而达到良好的培育效果。

首先，教师通过讲解，使学生大致理解中华经典的意义，接着给学生留下一点想象的时间，将中华经典所呈现的画面在脑海中想象出来。想象完成后，学生将脑海中所呈现出的画面画在纸上，并将相关篇目抄写在画上。这样，一份学生自己创作的中华经典绘本就完成了。

五、诗词大会，丰富经典学习

诗词大会，每学期举办一次。以比赛的形式激发学生的参与兴趣和挑战热情，在激烈的角逐中加深学生对中华经典所传递的社会主义核心价值观内涵的领悟。

诗词大会的题目紧密结合社会主义核心价值观的内容设计，题目安排体现梯度，由浅入深。整个活动采取得分制，学生参与活动后，由负责的志愿者给以相应的积分。最后，根据积分情况，分别授予参加学生"诗词小能手""诗词达人""诗词形象大使"等荣誉称号，肯定学生的表现，激发学生的参与兴趣。

六、班级展示，展现经典风采

学校每周一升旗仪式上，会安排三到五年级的学生轮流进行国旗下展示。进行国旗下展示的班级全员参与，全校师生共同观看。

学校德育处在学期初安排国旗下展示的班级顺序并在工作计划中向全校教师公告，同时在展示前一周通知到班。由班主任和语文教师共同组织，音乐、舞蹈教师协助，通过事先的准备和排练，精选篇目，设置流程，编排舞蹈动作，学生或穿整齐的校服、班服，或穿颇具韵味的汉服，登台展示，传诵经典。

国旗下展示，不仅促进了负责展示的班级深入领会中华经典中所蕴含的社会主义核心价值观教育的精神，而且也对全校学生开展了一次浸润式的教育。对所选的篇目学生往往耳熟能详，在展示的过程中，全校学生都自发吟诵，与舞台相和，形成了一种极其良好的情感氛围，再加上音乐的配合，对活动的培育效果有着放大的作用。

七、环境创设，浸润经典内涵

黑板报是班级文化的重要阵地，在熏染学生文化、道德，培养学生能力等方面起着重要的作用。教师在开展工作时，可以根据各班教育的主题进行黑板报的布置。

我们对黑板报的格式和内容都有着严格的要求，每月由德育处发布规定的主题。借助中华经典篇目和故事，针对"爱国""敬业""诚信""友善"开展主题教育，每月选取一个主题，每个班级按照要求设计相应的黑板报内容。

黑板报由于版面大、可承载内容丰富、学生能够每天接触，在环境创设中占据重要的地位。它提供了平台，使学生对社会主义核心价值观的内涵做到耳濡目染，通过阅读有趣的中华小故事和优美的中华经典篇目，潜移默化地将社会主义核心价值观植入心中。

此外，各班教室外墙均有班级展示栏，由各班自行布置。我们充分利用班级展示栏，或布置学生的绘本作品，或布置有关中华经典的内容，配合黑板报和整个教室的布置，使班级更添书香，同时也使社会主义核心价值观教育融入班级的每一个角落。

下图是一个班级创设的友爱墙，学生可以将他们想对别人说的话，无论是感谢、抱歉，还是"有你真好"等，张贴在友爱墙上。

友爱墙

　　通过前期的探索，我们认识到中华经典可以成为社会主义核心价值观培育的优秀载体。通过创新活动形式，使学生在活动和体验中进行感悟和体会，我们将社会主义核心价值观教育工作真正落到实处。相信在浩如烟海的中华经典中，还蕴藏着更加丰富的教育资源。不仅仅是针对个人层面的价值教育，国家层面和社会层面的教育工作都能在流传五千年的中华经典中找到灵感。这些，都将是我们未来继续探索的方向。

⊙ 案例点评

德阳市东电外国语小学通过将中华经典背后的优秀价值"显性化"，让小学生易于体悟、乐于接受。这种显性化，首先是通过价值内涵明朗化实现的。学校将社会主义核心价值观的内涵按照学段进行解析，并据此解释、寻找相应的经典文本，对学生实施有针对性的教育。学生在特定学段，接受适宜的教育安排，可以更为容易地吸收、理解教育内容所要传递的价值观念。对于教育活动而言，也就可以更好地达成教育目标。其次是通过价值内涵情境化实现的。无论是读经典时教师的引导，演经典时情境的创设，还是画经典时学生的联想，都是通过对价值内涵赋予具体的情境，来让学生加深理解，使得价值观作为有意义的存在在学生心中生根的。最后是通过价值学习成果的展示来实现的。诗词大会、国旗下展示、黑板报和班级展示栏的设计，皆促使学生将自己的理解转化为外显的"作品"。

不过，学校对各学段价值观的释义以及相应的经典文本选择，仍有不准确之处，如"三人行，必有我师焉"是否重在谈友善，学校还可以进一步斟酌。换句话说，学校在解读传统文化经典文本时需更加专业和谨慎，在教授学生时，也应注意把握传统文化的丰富内涵。其他学校在借鉴这一案例时，可以参考分层、分段的思路，但应避免简单复制其具体分类方式。

礼中敦品　育人千华

南昌市珠市学校

在琅琅的诵读声中，学生们发生着可喜的变化：在校园内外可以听见学生向老师问好的声音，看见师生互相鞠躬的身影；教室内轻声慢步代替了以往的横冲直撞……在校园中"对不起""谢谢"等文明用语不绝于耳，真可谓"经典浸润人生，雅言传承文明"。

南昌市珠市学校（曾名为"珠市小学"）创建于 1922 年，薪火相传九十余载。近一个世纪的绵延炳焕积淀了丰厚的文化底蕴，形成了独树一帜的育人特色。近年来，学校秉持"以礼育人"的教育理念，以鲜活的内容、涵化的过程，触发孩子的激情，使"礼育"成为叩询孩子心灵的一把钥匙，让社会主义核心价值观内化为学生的精神需求，外化为学生的自觉行动。

一、礼育课程的内涵与架构

提到珠市学校，大家就会想到国学。2004 年，珠市学校创办了全省第一个博文国学启蒙馆；2006 年，国学教育特色做法被《人民日报》报道……溯源而立，学校前行的每一步都印染着国学特色文化。

承固鼎新，我们于国学教育中提炼出"尚礼"这一自觉的文化基因，搭建传统文化与素质教育的桥梁，旨在让学生知行合一，以礼养德，培育和践行社会主义核心价值观。

结合本校德育体系，学校分三个层次解读"礼"文化。

"不学礼，无以立。"礼，是文明仪表。

"礼之用，和为贵。"礼，是有序和谐。

"君子博学于文，约之以礼，亦可以弗畔矣夫。"礼，是道德责任。

为此，学校建立了以博文国学类课程、学科拓展类课程和实践活动类课程为内容的礼育课程体系。

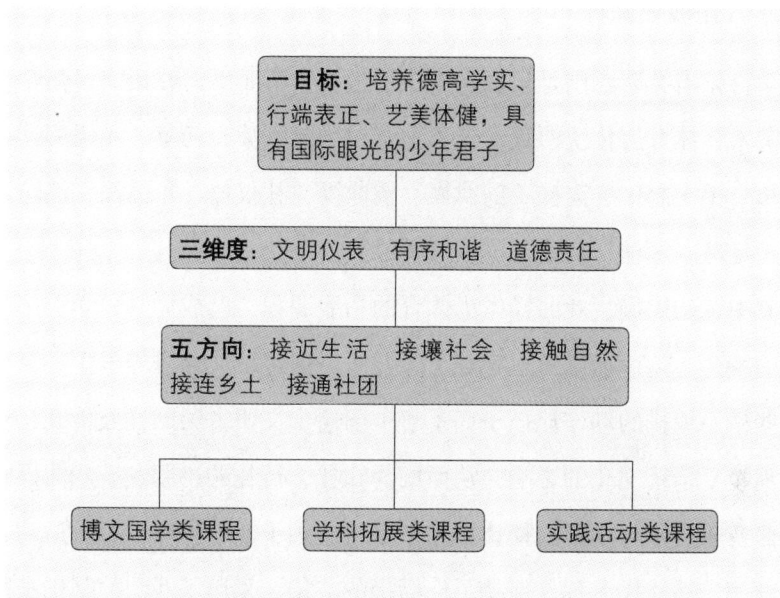

珠市学校礼育课程架构与实施体系

二、博文国学类课程

博文国学类课程主要以国学为载体，来实施礼育。其内容主要包括我校自编校本课程国学小书院、中国书法、中国文化、历史知识、经典诵读、绘本阅读、晨诵、午读等。

博文国学课有固定的教师和固定的上课时间。为了让孩子们乐学、愿学，我们采用了活泼生动的学习方式，如读（每周一段人人读）、找（查找故事等）、背（自背、互背）、赛（个人—小组—班级）、画（按意境画）、赏（配乐、配画、吟诵、赏读）、用（在生活中运用、取精华、学会做人）、写（诗情画意地写、根据情节地扩写、展开想象地读写等）等。在形式多样的学习中，孩子们体验到了祖国五千年文明的灿烂。

三、学科拓展类课程

学科拓展类课程则是根据国家课程进行学科延展，在语文、数学、英语、美术、体育等传统课程的基础上开设漂流阅读、巧算、英语阅读、生态种植、手工制作、五操（韵律操、戏曲操、礼仪操、军体操、消防操）、三球（足球、篮球、羽毛球）等拓展课程。

其中，韵律操、戏曲操作为体育的拓展课程，已成为学校学科拓展类课程的特色。韵律操以《三字经》为蓝本，用传统文化滋养学生心灵，通过一些精心编排的动作让孩子们了解中国这个文明古国的优秀传统，潜移默化地接受传统文化的影响，从而成为知礼、行礼的小朋友。戏曲操则是将戏曲音乐旋律与现代广播体操相结合，选用了四肢运动、扩胸运动、踢腿运动等广播体操名称，保持了广播操的节拍，采用了戏曲的基础身段动作，让孩子们在锻炼身体的同时，感受传统文化的魅力。

四、实践活动类课程

学校还开展了以礼育为核心的一系列实践活动类课程。

1. "礼" 花绽放——常规活动塑礼行

学校在每周晨会中加设"礼行舞台秀"环节，以班级为单位，以"礼"为核心展示内容，轮流进行展示，并鼓励采取丰富多样的呈现形式。孩子们学着用自己的方式阐述对礼的理解。孩子的创造力是无穷的，在晨会上，赣剧、小品、舞台剧、舞蹈、魔术轮番上演，在演绎过程中，孩子们将"礼"这一内涵丰富的概念具象化了，从而有效地将礼内化，真正地将礼与实践相连，将礼与生活相扣，更深入地知晓礼、践行礼。

2. "礼"彩缤纷——特色活动显礼性

（1）少年君子训练课程。以礼文化为原点，以"正己、待人、处世"为课程结构，开展"少年君子行动"，以班级为单位开展"文明礼仪训练营"，让孩子们"行端表正，知行统一"，争做少年君子。

◆ 一本礼育读本

学校组织教师编写了读本《礼仪小课堂》，每个年级一册，班主任在班队会上使用。读本围绕文明仪表、有序和谐、道德责任三个层面循序渐进，每个层面四节内容，涵盖"礼貌待人、诚实守信、遵守规则、主动学习、认真负责、自信自强、合理消费、友善合作"八个重点人格化习惯的培养。每节分为"礼学园""君子台""成长树"三大板块，将知识、能力、情感、评价融合其中，为少年君子训练课程导向。

◆ 一段晋级旅程

在课程中，实行过关晋级制。围绕课程中的习惯培养目标，根据学生的表现，建构以"礼仪宝贝""礼仪标兵""礼仪明星""礼仪大使"四级晋升评价体系。课堂节节评、班级天天评、少先队大队部月月评，晋级授勋不定时。通过晋级，让课程目标更清晰明确，同时也有助于每一个学生增强自信，增加参与课程学习的热情，树立合作意识。

中心

晋 级 之 旅

站点	站名	目标	记录 根据自己的表现做出评价 （优秀5★，良好3★，一般1★，没有做到无★）	级别
第一站	礼学园	礼貌待人 诚实守信	☆ ☆ ☆ ☆ ☆	"礼仪宝贝"贴纸处
第二站	自律岛	遵守规则 主动学习	☆ ☆ ☆ ☆ ☆	"礼仪标兵"贴纸处
第三站	君子岭	认真负责 自信自强	☆ ☆ ☆ ☆ ☆	"礼仪明星"贴纸处
第四站	文明峰	合理消费 友善合作	☆ ☆ ☆ ☆ ☆	"礼仪大使"贴纸处

◆ 一本君子历

每个珠市学子都有一本礼育课程君子历，包含了课堂参与、成果展示等评价内容，可爱的"小书童""小秀才""小状元"，记录着学生们在礼育课程中的成长历程。

◆ 一次君子币兑换

学校启动"红领巾储蓄所"，设计了"君子币储蓄成长制"，推行长效加日常激励双结合的评价方式，全方位、立体化地对孩子进行鼓励与引导。每月举行一次君子币兑换活动，兑换分三种形式进行：一是文具类，以一定数量的君子币兑换一种文具；二是活动类，如校园"梦想剧场"亲子观影活动，一个月校园生态园的种植养护权争取活动，"珠宝星天地"体感活动，客串一次校园电视台主持人，等等；三是心愿类，设计心愿兑现卡，"我愿以_____枚币换取_____"，孩子通过填写心愿卡，便可自主选择君子币的兑换。

少年君子训练课程，为促进学生的素质发展注入了新的活力。

（2）仪式课程。以多样仪式涵养社会主义核心价值观，让仪式文化成为学校发展的"软实力"，产生巨大的辐射效应。

开笔礼：九月开学初，珠市学校一年级学生齐聚操场，举行开笔礼活动。仪式包括端正衣冠、诵读经典、朱砂启智、启蒙描红、感恩鞠躬、赠君子币、挂心愿卡等环节，通过这种庄重的仪式，让刚入学的一年级小朋友真正感受到入学是人生中的一件大事，是开始学习、走向成才的起点，鼓励学生向礼向善，涵养健康人格和君子品质。

入队礼：为了培养学生的主人翁意识，培养新生的爱队意识，使学生掌握队仪，感受作为一名光荣的少先队员的神圣使命，每年我们都要举行入队仪式。伴随着庄严的《出旗曲》，少先队旗手与护旗手们迈着整齐的步伐，精神抖擞地进行出旗仪式。入队仪式正式开始。老队员为新队员戴上红领巾，孩子们成为一名光荣的少先队员。家长也见证了这一庄严时刻。入队礼使全体少先队员进一步明确了肩负的光荣使命，增强了他们的光荣感和自豪感。

毕业礼：六年的小学生活，对每个人来说都是非常难忘的。通过隆重而有意义的毕业典礼来展示六年的学习成果，表达了毕业生对母校和老师的感谢之情。通过播放充满悠悠离别情的毕业短片，学生表演自编自演的校园情景剧，回忆六年同窗情。通过情景剧、诗歌朗诵等形式，学生表达了对父母、老师、学校的感恩之情。毕业班学生的创意宣言更是给毕业礼留下了深深的印记。通过成德之门，学生与校长、老师一一击掌告别。这饱含着美好寓意，借此学校希望每一个孩子成为善学、有爱、自信的少年。

祭孔礼：每逢 9 月 28 日至圣先师孔子诞辰日，学校便在绳金塔大成殿广场举行隆重的祭孔典礼。学校沿用古老的仪式，带领学生经历诵读、启户、正衣冠、献礼、行礼、祭言、珠市礼仪操、面谒至圣先师行鞠躬礼等环节，以礼为纸，以敬为笔，以心为砚，以诚为墨，通过习礼传承优秀传统文化与价值观念，将教育与人格养成相结合，忆先贤美德，扬中华正气。

一个个庄重的仪式，触动学生的灵魂，引起学生的共鸣，形成一个让学生能够不断汲取正能量、释放正能量的精神场。无论是学生，还是教师，都能在这样一次次隆重而热烈的仪式中不断升华自我，温润心灵，改变气质，涵养品行。

礼育，不仅是一种理念、一个目标，更是一种行动、一种情怀，它激励师生自觉弘扬和践行社会主义核心价值观，内化于心，外化于行，真正成为社会主义核心价值观的坚定信奉者、践行者。

▶ 案例点评

珠市学校通过礼育课程将传统文化的精神要义传递给学生。其中，有两点经验值得其他学校借鉴。第一，学校推出了学科拓展类的礼育课程。珠市学校并未止步于一般学校进行传统文化教育时惯用的校本课程和实践活动，而是注重与学科课程相结合。与学科课程相结合，拓展了中华优秀传统文化教育的渠道，使得学生不仅在晨诵、午读时接触经典，还能在其他学科的不同形式中体会传统文化的魅力。事实上，这对学校开展的礼育而言非常重要。第二，学校善于利用仪式来进行礼育。仪式有利于礼育，因为仪式中存在传统文化中"礼"的许多基本形态，学生通过模仿这些礼仪，能够加深对"礼仪"背后的"礼义"的理解。

然而，学校对于礼文化的解读是否完备、准确，还有待进一步商榷。而且，学校实施的礼育课程在多大程度上与三个层次的礼之内涵相对应，还需展开深入思考。由于传统文化资源十分丰富，所以大多数学校在开展中华优秀传统文化教育时，往往采取"大水漫灌"的方式，即把大量的传统文化资源搬送至学生眼前，却疏于对其内在关系（比如，两种不同资源是否指向同一个教育目标）的处理，也较少对其进行教育性的改造——一部分传统文化资源具有复杂性，如果不进行教育改造，就容易误导学生，最终南辕北辙。

京剧教育：
发挥国粹的教化作用

金乡县实验小学

2008年，教育部印发《关于开展京剧进中小学课堂试点工作的通知》，决定将京剧纳入九年义务教育阶段音乐课程，并列出《报灯名》《穷人的孩子早当家》等十五首必修京剧曲目。这不仅为弘扬国粹京剧及中华优秀传统文化进校园教育活动的开展提供了政策保障，更为积极培育和践行社会主义核心价值观，落实立德树人根本任务，实施素质教育奠定了坚实基础。

为更好地培育和践行社会主义核心价值观，达成学校"读好书·写好字·学好艺·做好人"的育人目标，促进学生核心素养的全面提升，金乡县实验小学从京剧中挖掘教育元素入手，开发京剧校本课程，将京剧融入学科课程，组织京剧社团展演，注重以京剧打造校园文化，取得了丰硕的成果。

一、开发京剧校本课程，在京剧教学中落实社会主义核心价值观

金乡县实验小学组织专、兼职京剧教师，以2014年教育部印发的《完善中华优秀传统文化教育指导纲要》为引领，从众多的经典京剧剧目中寻觅、深挖社会主义核心价值观教育元素，并以此为抓手，着手开发了校本课程"走近京剧"。

围绕社会主义核心价值观教育，课程中有层次、有计划地精选了具有代表性的京剧曲目片段，如弘扬爱国精神的代表作《穆桂英挂帅·猛听得金鼓响画角声震》《智取威虎山·甘洒热血写春秋》《沙家浜·智斗》《红灯记·穷人的孩子早当家》，弘扬和谐、友善的代表作《将相和·廉颇做事无分寸》，以及弘扬公正、法治的代表作《苏三起解·苏三离了洪洞县》，等等，并以"听一听""记一记""学一学""唱一唱""京剧小知识""师生互动"等形式呈现。

同时，学校还科学地安排每周一节京剧课，按照"兴趣培养""唱腔教学""身段教学"三级目标分学段组织教学。低段教学主要让孩子观看少儿京剧演出视频及了解京剧唱段背后动人的故事，让学生对京剧产生感性认识，激发学生学习京剧的热情。中段教学主要引导孩子学习一些简单的京剧唱段，如《穷人的孩子早当家》《卖水》等，感受京剧独有的板式、唱腔特点。在中段学习的基础上，高段增加唱段难度和传统唱段，如《三家店》《天女散花》等，并学习一些京剧身段。通过这种分学段有针对性的学习，孩子们对国粹京剧更加热爱，不仅提高了艺术审美能力，而且在潜移默化中加深了对爱国、诚信、友善等社会主义核心价值观的理解。

经过四年的探索实施，为了弥补京剧校本课程的疏漏，进一步扩充内容，2018 年，金乡县实验小学又着手对已有课程进行了完善。新增了传统京剧《金山寺·水斗》等，加入新版课程的"剧目"部分；新加入了"剧史"部分，包括"京剧的起源、发展，京剧行当"；增加了"剧人"部分，包括"京剧流派、四大名旦、四大须生、其他代表人物"；新增"剧艺"部分，包括"程式化和虚拟性、唱念做打、服饰和脸谱、京剧乐队、第一套戏曲广播体操、实小京剧排舞"等。完善的校本课程包括"剧目、剧史、剧人、剧艺"四大部分，能够更加全面地涵盖京剧在纵向和横向两个维度的知识与技能，内容更加丰富，更贴近少儿京剧教育和教学的实际。

此外，学校还为学生组织了京剧社团展演。"京剧进校园"以来，学校在实践与探索中逐步确立了培养和教育"京剧小观众→京剧小票友→京剧小专业演员→京剧小艺术家"的模式。学校京剧社团从最初只能演唱"经典唱段"到能够演出大型"折子戏"，甚至是"原创少儿京剧"。截至目前，学校已连续九次举办大型京剧展演活动。

二、将京剧融入学科课程，全科全员推进社会主义核心价值观教育

京剧包罗万象，是一门综合性艺术，融会贯通音乐、舞蹈、文学、美术等门类。因此，将京剧融入学科课程，进行有机渗透的整合教学，一体化推进，其优势得天独厚。

每节课的设计，学校要求老师们均在目标设计、内容安排、实施步骤、教学评价四个环节努力实现学科课程与京剧元素的有机整合，充分体现社会主义核心价值观教育的要求。

在整合的内容上，学校利用京剧艺术本身所包含的美术、音乐、舞蹈、文学等学科元素，在对应学科中开展综合性教学活动，同时对学生进行美育、体育和社会主义核心价值观教育等综合素质培养。在整合的形式上，调整、增删、修正、丰富课程，使国家课程、地方课程在实施过程中更加突出校本特色。

美术教师通常会通过京剧脸谱、京剧服饰等落实教育目标。美术教师以京剧脸谱独有的艺术特点为切入点，引导学生识脸谱、画脸谱，培养学生的是非观念，进行价值观教育。京剧与语文课程整合时，教师通过讲京剧故事、写学京剧的心得趣事等教学环节，实现社会主义核心价值观教育、京剧与语文课程三者的有机整合。而在京剧与音乐课程的整合方面，学校也做了积极的尝试。学生们在课堂上欣赏京剧唱段，了解人物生平，感受情节背景，学习京剧表演，不知不觉间已将优秀传统文化中包蕴的社

会主义核心价值观理念融入内心。在京剧和道德与法治课程的整合方面，学校也有很好的探索。譬如在"独具魅力的中华文化"主题单元中，教师通过说说国粹、了解京剧知识、欣赏京剧、感受体验京剧等活动，积极引导学生参与演唱、聆听，增强学生表演京剧的自信心，从而使学生自觉关注京剧、欣赏京剧。

三、以京剧打造校园文化，由外而内进行社会主义核心价值观熏陶

在社会主义核心价值观教育中，校园文化建设的作用不容忽视。它能通过外在的物化，潜移默化地影响和感染学生的内在，运用榜样的力量，熏陶和引导学生自觉养成符合社会标准的思想与言行。

因此，金乡县实验小学经过精心筛选，用京剧元素创建了独具特色的校园文化。主题文化墙有手绘京剧人物，如精忠报国的岳飞、铁面无私的包拯、法纪严明的海瑞等。走廊里悬挂着神态生动的京剧脸谱，如忠义仁勇的关羽、保护忠良的程婴和替父从军的花木兰等。

在班级文化建设方面，班主任带领学生悉心布置京剧文化宣传栏、制作手抄报和黑板报。梅兰芳、尚小云、于魁智等京剧表演艺术家的成长小故事激励感染着学生们。

在充分汲取传统京剧和现代京剧艺术营养的基础上，金乡县实验小学还结合社会主义核心价值观教育，发掘县域乡土文化，进行新编少儿京剧《鸡黍之约》的创作。金乡古称"山阳"。东汉初年，金乡人范式与汝南人张劭"忠诚信义、诚信相交"的故事，自古就被传为美谈。学校教师胡珠峰、胡建军和徐林林等，从《后汉书·独行列传·范式传》《喻世明言·范巨卿鸡黍死生交》等古代典籍中获取灵感，历时近两年，完成了剧本创作。随后，学校聘请中国戏剧家协会会员、济南市京剧院国家一级作曲兼指挥杨广利先生进行了编曲创作，又聘请学校京剧艺术指导、京剧艺

术顾问进行了教学辅导工作。

经过积极的探索和扎实的努力，由学校京剧社团的小学员们精心上演的《鸡黍之约》，最终冲入了 2017 年 11 月第八届"国戏杯"学生戏曲大赛，并获一等奖，受邀参加了当年 12 月在北京长安大戏院举行的全国第二届传统文化进校园成果展演。

孔子说，"志于道，据于德，依于仁，游于艺"。依托少儿京剧教育，让学生体悟价值魅力，关键在于把中华优秀传统文化教育与社会主义核心价值观教育有机结合，促进国粹京剧中包蕴的社会主义核心价值观元素发挥出其应有的育人价值，让孩子们沐浴在新时代的阳光下，根植中华优秀传统文化基因，成长为建设祖国未来的栋梁。

◉ 案例点评

京剧是我们的国粹，是中华优秀传统文化的重要组成部分。京剧进校园，对于加深学生对社会主义核心价值观的理解具有重要意义。京剧进校园谓之"京剧教育"，既然是"教育"，就必须遵从教育规律。学校教育应该符合常识，即教育途径应是适切的，教育过程应是渐进的。金乡县实验小学的京剧教育牢牢抓住了这两点：在教育途径上，开发了校本课程，融入了国家课程，浸入了学校文化；在教育过程上，根据不同学段学生身心发展特点，区分层次，有序推进。因为符合了教育常识，所以有了教育意蕴，有了教育效果。

在中小学以京剧进校园为途径开展社会主义核心价值观教育，首要的问题是对教育目标的设定。这个目标，最重要的不是让学生去了解很多京剧常识，知道很多京剧剧目，表演很多京剧片段，成为一个京剧表演家，而是引导学生通过对京剧的基本了解和体验，对京剧的认识上升到"培养对中国文化的亲近感与认同感"的层面。

二十四节气课程：
培育学生的文化自信

郑州市郑东新区众意路小学

二十四节气是我国古代劳动人民认识世界、认识自然的智慧结晶，是流淌在我们民族血液中的文化基因。2016 年 11 月 30 日，中国二十四节气正式列入联合国教科文组织人类非物质文化遗产名录。

和着二十四节气之歌，郑州市郑东新区众意路小学开发了二十四节气课程，课程分为"清明春雨""夏至纵歌""秋思绵绵""冬日恋歌"四个单元，二十四个篇目，对应二十四节气，旨在让孩子们学习民族文化、承继民族气节，进而培养学生的爱国情感。

一、主题实践活动，传承爱国精神

在主题实践活动中学生的学习不是通过教材，而是自己围绕节日、节气进行构建与探索，从历史文化中读懂先辈们的流血与牺牲，增强爱国热情。比如在"清明春雨"和"夏至纵歌"两个单元中，一是要探究清明、端午的由来。认识晋国名臣介子推，更了解介子推有功不居、不图富贵的高风亮节；认识爱国诗人屈原，了解屈原以家国为念、投身汨罗以死明志的爱国情怀。二是了解家史。孩子们手工制作纸花，拟制挽联，纪念祖先；自己制作"家族树"，续写家谱，了解自己的家族文化，挖掘潜藏在自己家族血液中的艰苦奋斗、生生不息的精神，初步养成尊亲敬祖、敬老敬贤的传统伦理观念。三是继承英烈遗志，践行家国梦想。"烈士陵园英雄小传"的写作活动，是为了让学生们追念先辈和革命烈士的高贵品质，了解革命烈士的感人事迹，珍惜今天的幸福生活，在孩子们幼小的心田种下"正心、修身、齐家、治国、平天下"的种子。如安子剑同学的《清明》小诗表达了对英烈的哀思与崇敬。

> 天阴浓雾醇，回乡扫墓尘。
>
> 夜来思先辈，哀思悼英魂。

如尹启悦同学的《端午》小诗就记录了自己参加活动的感受。

> 汨罗江畔粽香飘，艾蒿黄酒龙舟跑。
>
> 我辈敬服虔祈祷，忠魂忧国节操高。

清明时节雨纷纷，执笔书写先烈遗志；漫说投诗赠汨罗，千古传唱民族魂。二十四节气课程中的爱国故事、历历在目的高大形象，让学生充分体会到了先辈们以家国为念、以忠义为先的民族气节，也奏响了孩子们心中的爱国音律。

二、主题耕种体验，增进文化自信

节气体现了农耕文明的实践智慧，是古代劳动人民为劳作而制，也是古人"敬业"的一种体现。然而，随着时代的变迁，在工业化、信息化主导的现代文明形态中，人们逐渐疏远了传统的农耕文化与文明。为此，我们以耕种知识为起点，引导学生研究农耕活动内容，开展以二十四节气为节点的主题式耕种体验活动，增进对农耕文化的了解，增进文化自信。

◆ 开展校园种植活动

学校注重将科学课与实践课相统筹开展种植活动，学生吟诵着"清明前后，种瓜点豆"的农谚在学校"开心农场"里，种下果树苗，点下牵牛花种，撒下小青菜种子……学生可自由结合、分小组承包。每小组由小组长分配任务，浇水、施肥、松土、间苗、灭虫等。这种分工可使每一名学生都能掌握简单的劳作技能，体验耕种的喜悦，给这些生活在都市中的孩子们多提供一些亲近自然与土地的机会。当孩子们看到自己播撒的菜籽在自己的呵护下出土，细如蚂蚁触角的小苗一天天长成绿油油的青菜时，他们会由衷地感叹生命之奇妙。

◆ 走进校外广阔农场

秋天白露过后，学校组织学生走进"梦田农场"，帮助农民收花生。虽是秋天，"秋老虎"却正在发威，孩子们热得满脸是汗。寒露过后，学校组织学生们一起去挖红薯，孩子们用自己的双手与汗水传达着对劳动的热爱。

在丰富的农耕活动中，学生们发现节气与农业生产有着密切的联系。如关于天时：白露早，寒露迟，秋分种麦正当时；小满芝麻芒种谷，过了冬至种大黍。关于地利：黄土变黑土，多打两石五；秋后不深耕，来年虫子生；庄稼一枝花，全靠肥当家。关于人事：地尽其力田不荒，合理密植多打粮。麦到芒种谷到秋，寒露才把甘薯收。古代劳动人民用智慧谱写的节气旋律里尽显农耕文化的源远流长，孩子们吟诵着、验证着，敬畏之余，心中油然升起对中华文明的热爱之情。

凝聚着中华民族历代劳动人民勤劳、智慧和血汗结晶的二十四节气之歌，是祖国丰厚的文化遗产。孩子们在劳动中解读着神奇的物候语言，在劳动中实践着"勤为本"的敬业精神，寓爱国之情于身体力行中。

三、主题诵读创编，与祖国共同成长

学校结合二十四节气，还开展了"听风沐雨过清明""中秋诗会""我们的端午节"等经典诵读活动和"青青园中葵"等系列晨诵活动，旨在增进学生对祖国语言文字的了解，对中华优秀传统文化的自信，牵起祖国母亲的手，共同成长进步。

◆ 诵读经典

学生诵读关于二十四节气的经典古诗文。立春，学生读："下直遇春日，垂鞭出禁闱。两人携手语，十里看山归。"雨水，学生读："好雨知时节，当春乃发生。随风潜入夜，润物细无声。"惊蛰，学生读："微雨众卉新，一雷惊蛰始。田家几日闲，耕种从此起。"春分，学生读："春分雨脚落声微，柳岸斜风带客归。时令北方偏向晚，可知早有绿腰肥。"用节气诗擦亮每一个日子，诗意地行走在四季。孩子们从每一行诗里品读着汉字文化的博大精深，从每一首词里领会着文学语言的丰富内涵，在诵读中爱上祖国的语言文字，在诵读中涌起浓浓爱国之情。

◆ 仿写、创编

平平仄仄的宽容，抑扬顿挫的从容，唐诗宋词尽显母语的魅力。学校开展"我是小诗人"活动，让学生结合节日、节气活动及物候特征进行仿写或自创诗歌，逐步回望汉语魅力，培养学生的创新精神和文化自信。现撷取几朵稚嫩的"小花"，以飨读者。

<h2 style="text-align:center">小暑·农家乐</h2>

杨嘉睿

温风汩汩挟热浪，荷塘漾漾采藕忙。

农家声声碾稻谷，消夏口口新米香。

<h2 style="text-align:center">处暑·观小儿吃西瓜</h2>

韩长洁

处暑正午流火天，空调屋内也流汗。

最妙小儿吃西瓜，飞涎三尺湿肚圆。

◆ 闯关激趣

为了进一步提高学生诵读古诗文的兴趣，让他们爱读、乐背，老师们想了很多办法。其中，晋级闯关就受到了学生们的热烈欢迎。晋级闯关活动首先要求学生根据自己的喜好，摘选有关某一节日、节气的诗歌。然后开展经典诗文诵读积累活动——"节日、节气经典古诗文积累大闯关"，以古代的"秀才""举人""进士"为三关，每关设固定字数的经典诗文积累为过级挑战，逐级晋升。闯关游戏吸引着学生们热情主动地参与经典诗文的积累与感悟活动，在活动中不断激发学习的兴趣，感受诗歌的魅力和节气文化的博大精深。

爱国主义教育是学校教育的生命线，是培养社会主义建设者和接班人的必由之路。郑州市郑东新区众意路小学以节气课程为载体，在学生成长过程中注入民族文化基因的同时，也将爱国的价值观融入了学生的精神花园。踏着节气文化的节奏，和着爱国情感的音符，让每个孩子牵起祖国母亲的手，快乐舞蹈，幸福成长。

⏵ 案例点评

二十四节气本是我国古代劳动人民对天文、气象、农事进行观察、探索、研究、总结的产物，今天学习二十四节气所蕴含的思想理念和传统美德，也必须"回到事情本身"，以先人创造二十四节气的方式来进行，那就是实践。郑州市郑东新区众意路小学实施二十四节气课程，采取的形式多是实践活动。正是在实践活动中，学生充分体悟，无形中增强了中华民族的文化自信，也习得了中华民族传统美德。

任何一种具体的传统文化，都带有时代的局限性。比如，二十四节气文化中也带有一些非科学、非理性的成分。教师在教学传统文化过程中，一定要做到继承与发展相结合，也就是要将中华传统文化的可取之处与时代发展特点相结合，将中华传统文化的精髓不断发扬传承，而不能食古不化，全盘照收。

学校在未来可进一步思考：依据某种节气所选取的经典、设计的活动、让学生创作的诗歌等，与某个节气的必然关系是什么？试图传递何种价值观念？如何保证各种价值观念与节气结合的适宜性及连续性？

心有榜样

习近平总书记对少年儿童说："心有榜样，就是要学习英雄人物、先进人物、美好事物，在学习中养成好的思想品德追求。我国历史上有很多少年英雄的故事，在中国共产党领导人民进行的革命、建设、改革事业中也涌现了大批少年英雄，他们中不少人的名字同学们可能都听说过。过去电影《红孩子》《小兵张嘎》《鸡毛信》《英雄小八路》《草原英雄小姐妹》等说的就是一些少年英雄的故事。今天，好儿童、好少年就更多了。你们学校也有被评为'最美少年'的。另外，各行各业都有很多值得我们学习的榜样，包括航天英雄、奥运冠军、大科学家、劳动模范、青年志愿者，还有那些助人为乐、见义勇为、诚实守信、敬业奉献、孝老爱亲的好人，等等。榜样的力量是无穷的。大家要把他们立为心中的标杆，向他们看齐，像他们那样追求美好的思想品德。这就是孔子讲的：'见贤思齐焉，见不贤而内省也。'"

价值学习不同于一般学习的一个重要特征在于：它需要较高的情感投入。换句话说，价值学习需要学生"动情"。首先，从道德行为的发生来看，虽然道德认知理论指出，人的道德判断常常受制于道德认知的发展水平，但在生活实践中，我们不难看到，情感既可以作为一次道德行为的原动力，也可以作为一次道德选择的助推力。在很多情况下，如果没有道德情感的加入，道德行为即使偶尔发生，也难以持续。其次，从道德学习的发生来看，习得某一种价值，如果没有情感召唤，学生很难燃起兴趣；

如果没有情感共鸣，学生很难内化于心。

那么，如何让学生动情呢？榜样学习，无疑是一条捷径。一般而言，榜样学习有两重优势：从行为的角度而言，学习者可以通过模仿榜样的行为而获得适当的行为模式和行为技巧。从情感的角度来看，学习者因为看到榜样身上所表现出的高尚的思想境界和道德情操，从而获得巨大的精神激励。

通过榜样让学生动情，从而主动展开的价值学习，具有如下特点：第一，自由性。在榜样的激励中，价值不是被强制灌输的，而是自然流淌至学习者心间的。学习者因为榜样在进行道德实践时所展现的美感而主动产生追求善的意念。所谓"见贤思齐"，正是因为贤者身上的人格力量感染了自己，所以才想要努力成为他那样的人。第二，实在性。榜样所呈现的是可以直接体认的价值，而非停留于宣传口号中的价值。正是因为榜样的行为，价值变得可感知了。在此基础之上所唤起的学习者的情感，便是真实存在的。

4 创新形式，
让榜样教育落细落实

　　榜样教育既可以以单一的活动为抓手，也可以通过系统的规划来实施。湖州市新风实验小学教育集团就是以"道德寻访"制度作为突破口来进行榜样教育的。具体而言，学校首先确立价值，即什么样的人值得寻访，然后寻找榜样，即真正亲近这一体现具体价值的榜样人物，最后强化价值，通过总结让学生仔细体会榜样身上的价值魅力。清华大学附属小学以一年一位成志榜样为抓手，辐射学科教学、主题活动、课外实践，将榜样学习落实到各类教育形式中。而天津市和平区新华南路小学则是通过整体设计，在不同层面树榜样，以不同方式教榜样，并以一系列制度确保榜样教育的质量。

　　虽然三所学校实施榜样教育的路径不同，但是有一点是一致的，即通过规范的程序保证榜样教育落在实处。如果没有有效的寻访步骤，湖州市新风实验小学教育集团的学生就难以真正从身边的人身上获得感动。如果没有成志榜样的选定，清华大学附属小学各类活动的开展就没有价值主线。如果没有统一规划，天津市和平区新华南路小学就很难将分散在各处的榜样学习下成一盘棋，最终让学生感受到榜样的力量。

而程序的规范有赖于：1. 教育理念的明确。湖州市新风实验小学教育集团一开始就明确了要从学生可接触到的普通人身上寻找道德闪光点的设计理念。而天津市和平区新华南路小学在整体规划时就明确了学校榜样教育的布局（不仅包括一般意义上的评选活动，而且包含学科课程、校本课程、家庭活动、社区活动等）。2. 全部教育者的重视。清华大学附属小学的榜样学习，不仅将全体教师动员起来，还将家长纳入了教育队伍。即使是"道德寻访"这样的单一活动，也需要德育处、年级组长及教师的通力合作。唯有所有的教育者能够重视起来，程序才会得到不断完善，榜样的影响力才能得以持续。

"道德寻访"：
让榜样在学生身边

湖州市新风实验小学教育集团

2011 年 9 月，"新风实验小学教育集团红领巾提案"如火如荼地征集着，大队部收到了许许多多"红领巾"的心声，其中有一个引起了学校格外关注——"我们呼吁真善美的世界"。当下社会道德缺失的事件越来越多，我们对少年儿童进行正能量的引导不容忽视。就这样，寻找正能量的榜样活动开始了。

起初学校以"红领巾假日小队"的形式让学生走出校园，走向社会，开展实践活动。在学校立项课题提出的"生活化德育"理念的指导下，渐渐地，"道德寻访团"应运而生。

一、明寻访方向

"我们寻访总该有个方向吧？""我们寻访的人员身上有什么闪光点？"……

几次寻访后，呈现出来的一系列问题，困扰着德育处老师。几经商议之后，学校将校本德育课程提出的"担当责任、坚持梦想、诚挚友谊、启智思辨、勇敢无畏、无私奉献、亮出自我、宽容乐观、自强不息、播撒美丽"这 10 个关键词作为"道德寻访团"的指导框架，这些都是人性中最为重要的品性。要想让美好的品性在孩子身上生根、发芽，真正在他们生命中产生作用，最好的方法就是为他们找到身边的榜样。于是，这些人类美好品性的关键词，便沉淀为"道德寻访团"活动的基本理念。

"寻访谁?"瞧，雏鹰讲坛上，队员们展开了一场场关于家乡"美"的大讨论，同时也积极发动社会、家长和媒体的力量，在对"美"的理解中追寻身边道德模范的足迹。经过一系列的筛选，队员们选择了近20名可以采访的道德标杆：自强不息的"中国骄傲"罗爱儿；敬业爱岗、无私奉献的湖州市第八届"十佳女护士"姜慧萍；勇敢无畏、坚持正义的"平民警官"马长林；坚持梦想、爱国敬业的"嫦娥之父"叶培建……这些道德模范，都是来自学生身边的人，他们有责任心，有大爱，无私奉献。于是，一大批湖城"标杆"悄然驻扎队员们的心田。近在身边、真实可敬、可学可效仿。队员们在寻访过程中感受榜样，经过多次的寻访，孩子们改变了许多，变得更懂事了，更明理了。孩子们的改变更加坚定了我们的信心："道德寻访团"的成立是必要的，从校本德育课程提出的十大德育品性出发制定的寻访方向，是完全符合社会主义核心价值观要求的，是符合小学生价值观培育养成的年龄特征的，我们必须长期坚持下去。

二、定寻访步骤

"兵马未动，粮草先行"，每次去采访，队员们都做足功课，查找相关知识。他们一般都是上门访问，所以进门要问好、要换鞋、不能乱动东西等文明礼貌行为也成了队员们的必修课。他们在活动过程中还学到了采访的基本知识和基本技巧，很好地进行团队合作，与社会人员和采访对象愉快交流，圆满完成预定目标任务，很多学生成了小记者、小摄影家、小作家。为了更好地让寻访活动价值最大化，德育处建立了完善的教育工作机制，将寻访活动制度化。

寻访活动通过三个阶段有序推进。

第一阶段为启动阶段，分为学校启动、年级启动、寻访小组启动三个层面。在每个学期初，学校层面制定整个学期的寻访规划。榜样人选从三个角度汇集商议确定：一是德育处根据中共中央宣传部和新闻媒体的推荐确定；二是年级组根据教师的了解和提供的信息寻找；三是各班级学生列举身边的人共同讨论商议。德育处汇集三方提供的榜样信息，进行充分讨论研究，确定一个学期的寻访规划。之后，按照年级寻访顺序，按月份、分校区开展主题寻访活动，做到每月至少一次，每次活动至少辐射一个年级。年级层面在学校的规划下，以年级组为单位做好"子计划"，由德育处和年级组长牵头，进行活动的分组、前期联系寻访人等工作。在寻访小组成立以后，学生层面开始做好寻访日程及寻访安排，年级组和班级老师组织学生做好具体的寻访准备工作、寻访前的任务培训和注意事项培训等。

第二阶段为主体活动，分为"爱之寻访、爱之传播、爱之践行、爱之接力"四个步骤。"爱之寻访"：寻访身边的道德模范，要求是各行各业中的典型代表，每月至少进行一次活动，活动范围由学校层面逐渐过渡到各班，延伸到各名学生及社区家庭。"爱之传播"：学生们将自己寻访中的所见、所闻、所感以文字、视频、照片、音频等形式记录下来，后续开展模范事迹介绍、寻访征文比赛、感动视频（音频）展播等活动，通过红领巾广播站、红领巾论坛、学校网站、宣传栏、班级板报、班队活动等阵地与同学分享各自的感动，传递感动与爱。"爱之践行"：开展"学习模范见行动"活动，引导学生在感受道德感召力的基础上，用行动向道德模范学习，内化于心，外化于行。"爱之接力"：学生们开展或参与各类爱心慰问、志愿者活动和社会公益行动，用行动、用真情去进行心灵沟通，给行业模范以深深的敬意，给老人以心灵慰藉，给同伴以真诚帮助，给困难者以温暖，在岗位上践行责任与大爱，将寻访学习到的精神发扬延续下去。

第三阶段为总结提升。在每一次的寻访任务完成后，学校都会在德育处或年级组层面召开总结会议，总结寻访所得，交流寻访收获，提出改进意见，商议下一次寻访注意事项，为更好地推进寻访活动，更好地提升寻访成效做好铺垫。

三、访榜样人物

践行才得真知，寻访方悟大爱。行走在身边的"最美人物"之间，建立起人与人、言与行的纽带，弘扬"最美"，向榜样看齐，真正做到由"访"到"学"到"行"。

近年来，我们开展过的部分榜样寻访活动如下。

榜样寻访活动举例

寻访榜样	学习品行
"嫦娥之父"叶培建院士	心系祖国航天事业
"五水共治"先进模范	为家乡绿水长流无私奉献
消费者维权3·15工作人员	保障人民权益，公正执法，倡导诚信友善
广播维权热线主播小张	心系群众，维护公平正义
"最美白衣天使"妇幼保健院护士	不辞辛苦，敬业爱岗，怀揣美好希望
"平民警官"马长林	乐于为群众解难，坚持公正法治
武警中队官兵	爱国守责，为民服务，甘于奉献
民间艺术家、非遗传承人	弘扬、传承民族文化
"中国骄傲"罗爱儿	身残志坚，坚毅顽强，传播真善美
南太湖居家养老中心	关爱老人，敬老爱亲
社区干部	关心、关爱社区群众，建设美好和谐家园
湖州市中级人民法院法官	维护正义公平
环卫工人	默默无闻，为建设美丽文明家园无私奉献
……	……

采访"最美白衣天使"，她救死扶伤、善良有爱、默默奉献的精神深深地触动了队员们；采访"平民警官"，他心系百姓、保护一方平安的质朴情怀在队员们的心底留下了不可磨灭的印记；采访法官叔叔，队员们充分感受到了现代社会自由平等、公正法治的真正内涵……

还记得在策划对"嫦娥之父"叶培建院士采访活动时，"道德寻访团"的队员们早早做了精心的准备，从网站上提前了解和关注叶培建爷爷，并通过读书、收集资料等形式，提前学习叶培建爷爷身上爱国敬业、坚持梦想的优秀品质。

10月8日这一天，队员们带着问题，一路欢笑着向叶培建爷爷的住处出发。一张张鲜红的证书、一座座闪亮的奖杯让队员们赞叹不已。队员们争先恐后地向叶培建爷爷提问有关"嫦娥奔月"梦想的科学技术问题以及中国人的探月梦想，叶培建爷爷耐心回答了大家提出的问题。榜样的力量是无穷的，叶培建爷爷的谆谆教导在队员们的心中种下了传承名人美德、树立"为建设强大祖国不断努力"的远大理想种子。此次寻访活动，队员们获益匪浅，他们兴致高昂，感受到叶培建爷爷爱国敬业的伟大精神和为国家富强、为民族振兴努力奋斗的光辉一生。

四、循榜样足迹

在寻访道德楷模的活动中，孩子们近距离地接触了这些道德模范，与他们谈生命的意义与价值，与他们谈人生经历……参与一系列的活动之后，孩子们用稚嫩的笔写下了自己的感受。

感动于身残志坚的"中国骄傲"罗爱儿阿姨的坚持不懈，感动于她的灿烂笑容与爽朗笑声，她是生活的强者！没有迈不过去的坎，只要你永不放弃，只要你微笑面对，就能像罗阿姨一样，幸福多多！

从字里行间可以感受到，该生的确被罗阿姨坚忍不拔的品质感动了。

在与老人的交谈中，他们淡定从容、豁达乐观的心态触动了我，我更深刻地体会到了"老有所依，老有所为，老有所养，老有所乐"的含义。

孩子们与老人交谈，充分感受到老人对所处新时代的欣喜，对祖国"站起来、富起来、强起来"巨变的欢欣，对中华民族伟大复兴的信心和期待，更深刻地体会到只有国家这个"大家"富强了，才会有每个"小家"的幸福。

在寻访过程中，在感受正确的价值引领与得到快乐的同时，孩子们的思想、言行都有了很大变化。校园里，走进千人齐聚的食堂，没有人大声喧哗了，饭桌上很少看到杯盘狼藉了，文明用餐的意识牢牢印在每个人的心里；集体行动时，孩子们无声排队行进，那种肃然和优雅成为学校一道亮丽的风景线；课间、课后，孩子们文明交往，诚信友善，彰显了良好的风范。

现在，湖城的大街小巷到处都有寻访队员的身影，他们寻找到的道德模范就是身边的普通人：邻居的张阿姨、小区的李大爷、物业管理的吴叔叔……学生们看到了这群平凡人的不平凡，他们心中有爱，他们热心助人，他们深得大家的尊重。就在寻访中，这种美好的道德意识在孩子们心中萌发，他们感觉到身边的道德榜样无处不在，并主动地向他们看齐，亲近道德，实践道德，做有道德的人。

⊙ 案例点评

教育家洛克说过，没有什么事情能像榜样这么温和而又深刻地打进人们的心里。榜样是少年儿童成长中的重要精神力量，是真善美的标杆。"道德寻访"就是一种很好的榜样教育思路。首先，"寻"意味着榜样不是事先确定的，对于学生而言，榜样不是被给予的，而是与教师共同讨论选定的。给定的榜样，往往像一个学习任务，让学生不得不学，但商定的榜样，就换被动为主动，让学生自己成为榜样教育的主体。其次，"访"意味着学生是直接接触榜样的，通过访问榜样，学生能够认识一个立体、丰满的榜样，能够感受到榜样身上更加直观、真实的优秀品质，从而自觉自愿地敬重榜样、学习榜样。最后，"道德寻访"一旦成为一种习惯，学生们就会对身边的好人好事具有更高的敏锐度，经常能看见善的人，也更容易受到善的感染，做出善的行为。

今天，少年儿童的榜样学习出现了多元化选择，他们心中的榜样，既有政治家、科学家，也有一些影视明星，榜样与偶像经常"合体"。所以，"道德寻访"也可以考虑打开思路，结合青少年的特点，发掘他们喜欢的明星身上的道德教育资源，让榜样教育更有时代魅力。

深度学习，
致敬成志榜样

清华大学附属小学

学生以自己的视角和小课题的方式，让榜样人物更加立体和丰富、形象和生动。比如，在学习苏轼时，他们用计算路程的方式来看被贬的苏轼从儋州、惠州到黄州，一共走了多远。他们最终发现：苏轼走的路程相当于赤道的四分之一，相当于学校操场的四万多圈。学生们感叹：苏轼这辈子太可惜了，这么坎坷，但坎坷中，他又那么乐观，写了那么多好诗词。

自 2007 年以来，清华大学附属小学（简称"清华附小"）每年都会选择一个成志榜样人物，使学生从感情上不断浸润达到洗礼。一个学生在清华附小求学六年，就会对至少六位成志榜样人物进行深度学习，从精神和文化层面不断加深理解，逐渐达到悦纳与认同。

一、民主投票，确定年度榜样

每年清华附小都会选择一个成志榜样人物。榜样人物的选择也就是榜样教育的开始，学校会从历史节点和榜样人物精神价值等角度，向学生开展一个问卷调查，让学生来选择哪个榜样人物，该选择他们的哪些作品。选择的过程，也是学生鉴别和学习榜样的过程。比如 2017 年纪念苏轼诞辰 980 周年，选择苏轼作为榜样人物；2018 年是朱自清逝世

70周年，又加上他曾经是清华附小的校董，所以学生们选择了朱自清作为该年度的榜样人物。将所选择人物的人生经历、艺术成就、人格魅力等与儿童生命成长的契合点与生长点联系起来。如苏轼几经遭贬，但依然乐观向上，是典型的"逆境中坚持"的好榜样；又如怎样让鲁迅与当下的儿童相遇，怎样让鲁迅的童年与对国家未来的忧思相遇，就确定了"童年与未来"的主题。以清华附小培养学生的五大核心素养"身心健康、善于学习、学会改变、审美雅趣、天下情怀"为指引，立体学习成志榜样的精神价值主题。

二、立足"学科+"活动，丰富对榜样的认识

（一）打造榜样教育的学科课程群

课堂是德育的主阵地，榜样教育首先要从课程教学的设计入手。学校通过多学科、进阶式的教学设计，实现了榜样走进课堂的目标。

以苏轼为例，下表展示了学校如何通过常规教学进行榜样教育。

榜样教育学科课程群

年段	学科课程		
低年段	三分钟演讲	《苏轼成语》	美术：成语绘画 道德与法治：吃饭有讲究
中年段		《题西林壁》	体育：障碍接力 音乐：《念奴娇·赤壁怀古》、竹笛《水调歌头》
高年段	晨读吟诵	《苏轼组诗》 《戴嵩画牛》 《苏轼之交》	英语：Sushi 美术：苏轼的样子

在语文学科中，教师围绕"逆境中的坚持"主题，深度挖掘苏轼在语文学科中的原生价值，生发教学价值，实现语言、思维、精神的共同提

升。在语文学科三分钟演讲中，学生收集有关苏东坡生平的资料；每天晨诵时间，学生利用晨诵读本，诵读苏东坡的诗词。

从语文学科到全学科的贯通，在低年段美术课上学生尝试苏轼成语绘画，道德与法治课"吃饭有讲究"整合了苏轼的养生之道；中年段体育课"障碍接力"，是学生的自主创意，用苏轼跌宕起伏的人生地图做障碍接力跑的情境；在音乐课上学生学唱《念奴娇·赤壁怀古》，吹竹笛曲《水调歌头》；高年段英语课"Sushi"尝试苏轼诗词的英语表达，美术课"苏轼的样子"，是学生在语文课上对苏轼人生有所了解与阅读后的另一种表达。全学科贯通，以语文学科撬动全学科的立足课堂的榜样教育，能多维度、多层次丰富儿童的实际获得。

（二）组织榜样教育的"学科＋"活动

比如，确定以苏轼为榜样人物后，进行学科课程与活动课程的联动。在学科教学的基础上，开展"学科＋实践"综合实践活动，低年段成语嘉年华、中年段诗词大会、高年段戏剧与走进博物馆等，打通教学世界与生活世界，在真实场域的体验中，为学生完整成长的可持续发展提供动力。

低年段以游戏活动为主，在成语积累的基础上，开展苏轼成语对对碰，讲述苏轼成语故事，拼搭苏轼成语秘籍墙，在有趣好玩的游戏活动中识记成语、生动表达、个性展示。中年段以乐学比赛为主，班班积累，人人参赛。学生通过活动大量积累诗词，在朗诵诗词、创意表演、竹笛吹响苏轼诗词、艺术创造等丰富的活动中提升自信，蓄积文化能力，养成乐观的精神面貌。高年段以戏剧、主题活动为主。有苏轼作品人物戏剧表演，在角色扮演中，学生深刻体验苏轼的坎坷人生，结合自己的生命体验，丰富自己的生活智慧。也有学校组织或自选的苏轼文化体验博物馆研学，学生在博物馆的考察和学习中丰富对苏轼人生的认识。

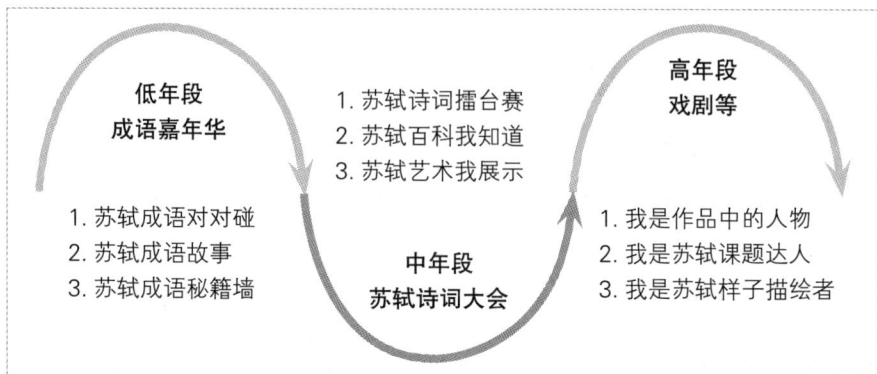

低、中、高三个年段围绕苏轼开展的榜样教育活动

又如，确定以鲁迅为榜样人物后在学习鲁迅作品的基础上，学生走进鲁迅博物馆，走进鲁迅的故居。学生进行鲁迅博物馆的设计活动，就要思考怎样呈现鲁迅的生平，怎样突出他的报国之志，在小组讨论、争论中，加深对鲁迅弃医从文的理解，加深对他以文字为匕首进行战斗的认识，感受他的家国情怀。在设计鲁迅博物馆的过程中，学生还设计了博物馆的门票，呈现了鲁迅成长的关键事件、关键作品。这些，一方面深化学生对鲁迅作品的学习，另一方面使学生在实际情境中加深对鲁迅的感情。尤为重要的是，在学生动手设计过程中，榜样的形象更加具体和生动了。

美术课上，在学习了鲁迅作品中的插画之后，学生们尝试画一画百草园。而在致敬成志榜样朱自清、感受时光里的背影时，美术老师会带着学生走到荷塘写生，画画荷花。

童年成长的每个阶段，学生会在实际生活中与苏轼、鲁迅等相遇，通过生命成长中的这些关键事件，实现他们自己精神世界的梦想。

（三）鼓励个性创造，激发榜样学习的热情

针对榜样人物的学习，还允许儿童发展有个性的爱好，让儿童站立在

榜样教育的正中央。榜样教育在于用榜样对儿童进行深入的价值塑造和引领，但是在榜样教育的过程中，要有儿童的视角和特色。

继续以苏轼为例，根据兴趣爱好的不同，学生可以自主选择小课题研究、美食烹饪、诗词创作、苏轼养生、苏轼书法、苏轼人文画、团扇创作等不同的个性化活动。学生充分结合自身的兴趣、特长，从多种维度、视角开展课题研究，或者进行各种各样的创意制作，将自己的理解与感受体现在丰富的小制作上。这些都是具有创生意义的榜样学习，进一步丰富了榜样教育的儿童视角。

儿童围绕苏轼开展的小课题研究

自主研究课题	题目	形式
兴趣研究	1. 苏轼美食介绍 2. 苏轼养生秘籍 3. 苏轼诗词诵读	视频 小报 图画
问题发现	1. 苏轼词牌名研究 2. 苏轼坎坷人生路 3. 大数据告诉你苏轼诗词的秘密	小课题
实践操作	1. 苏轼美食制作 2. 苏轼养生秘诀 3. 苏轼游戏飞行棋	视频 实物展示

小课题研究就是极富个性化和儿童韵味的学习榜样人物的创造。当学生与榜样相遇时，充满了多种可能，这种可能的生发让榜样与儿童深度相遇。如学生研究鲁迅作品中的小动物，制作了鲁迅喜爱的动物的排行榜，从中感悟鲁迅的人物形象。在学习朱自清时，学生研究了朱自清《欧游杂记》的路线和朱自清的朋友圈，了解了朱自清的交友与治学。

鲁迅喜爱的动物排行榜

朱自清的朋友圈

三、家校共育，形成榜样教育的合力

　　教育者和家长是学生生活中的榜样，在学生成长过程中，教师和家长一直扮演着重要他人的角色。

1. 师生共学成志榜样

在每年一个成志榜样人物的学习中，老师们都是先学起来，利用升旗仪式，开展致敬榜样人物微课堂活动。每一次升旗仪式，老师与学生一起讲一个成志榜样的故事或学习一段经典名言。比如，2019年致敬孔子，学习《论语》。每次升旗仪式上，老师都会学习和解读《论语》中的一句话。同时，所有老师都会将有关榜样人物的经典作品、名言警句布置在校园里。不仅如此，校长还带头，使老师们努力成为学生的审美对象和学习成志榜样人物的模范。这样就形成了学校的榜样道德社区。"道德的学校"本身就是榜样，一起学习榜样的学校，一定是榜样教育的最好场域。

2. 亲子共学成志榜样

每年的成长榜样人物学习，学校都会通过家委会向家长们发起号召。无论是鲁迅、朱自清、苏轼还是孔子，利用周末的亲子阅读时间也好，利用家庭的阅读时光也好，都会让家长和学生一起读，一起致敬榜样人物。尤其是在假期中，家长们陪同孩子，一起进行"致敬榜样人物"的主题游，走进鲁迅的故居或者博物馆，走进苏轼曾经生活过的地方，进一步凸显了榜样教育的立体效果。

《清华大学附属小学办学行动纲领》中指出，"老师要懂得学生的成长性、完整性、多元性、情感性、独立性，以此为依据开展教育教学工作"。当下信息时代，儿童的生活和信息渠道非常多元，但是碎片化的学习影响了学生的深度情感认同，榜样教育在新时代面临诸多挑战。清华附小每年以一个成志榜样人物为轴线，形成课堂聚焦、资源聚焦、师生聚焦、家校聚焦的榜样教育合力，从一个个榜样人物的学习中，为儿童种下家国情怀的价值取向，培育和践行社会主义核心价值观。通过对6年6位不同榜样人物的深度学习，使每位成志少年不断修己以敬，正如校长为2018届毕业生送出的三句话："若要获得温暖，必须做主动的行动者；在阅读里'安身'，靠近那些伟大灵魂；即使寂寞困苦，也要坚持你的梦想。"致敬成志榜样，挺起民族脊梁，成为有理想、有本领、有担当的时代新人，实现榜样教育照耀儿童不断成长的一生。

▶ 案例点评

清华附小的成志榜样人物将榜样学习做深、做实，取得了很好的效果。之所以能够做深、做实，因为：1. 榜样人物的学习是以年为单位的。学生在整整一年中，将会经常接触到与榜样人物有关的课程与活动，不断了解榜样，体会榜样身上的精神。对于教师而言，因为时间跨度大，所以在准备课程、设计活动时也有足够的时间，能够结合自己的教育教学实践，融入榜样教育的元素。2. 榜样人物的学习激发了学生的兴趣。从现有的课题来看，苏轼美食介绍、朱自清的朋友圈，这些话题都直接来自学生的日常生活，充分体现了儿童视角。趣味性的探究既点燃了学生的热情，也丰富了榜样的形象。3. 榜样人物的学习调动了全校教师甚至家长的力量。选定的这位年度成志榜样，不仅出现在班主任的班会课中，而且出现在各位学科教师的教学中，也就是说，全校教师都行动起来，致敬这位榜样。在校外，家长也要一同阅读榜样人物的书籍，参观榜样人物的故居，与学生一同学习这位榜样。这种人人参与的氛围，促使榜样学习成为一种风尚。

其他学校在借鉴这一案例时，最值得思考的是：如何实现榜样教育的螺旋式上升。榜样教育常常像一阵风般轻轻拂过学生心头，很难在学生心中引起什么波澜。只有螺旋式上升的理解才能够给予学生持续向榜样学习的力量，最终实现教育目的。

"五位一体"：
让榜样教育常态化

天津市和平区新华南路小学

习近平总书记提出："把道德模范的榜样力量转化为亿万群众的生动实践……用社会主义核心价值观凝魂聚力……为中国特色社会主义事业提供源源不断的精神动力和道德滋养。"因此，不断发现榜样，树立榜样，用具有新时代特征的榜样案例及喜闻乐见的形式影响孩子，是榜样教育的重要途径。

天津市和平区新华南路小学从德育课程、校园评选、家校合作、共创共建单位和校园文化抓起，充分整合发挥学校各项优势资源，打造"五位一体"协同育人的学校榜样教育立体格局，使榜样人物所承载的优秀品质和高尚精神全方位融入青少年生活的点滴之中，实现学校榜样教育常态化。

一、让德育课程传承榜样力量

将课堂作为实施榜样教育的主阵地，学校坚持以学科教学为主渠道，渗透榜样教育，同时依托地域优势，融合榜样文化，不断开发和完善拓展性课程。

1. 以学科教学为基底，渗透榜样教育

学校要求各科教师结合所教学科及时在教学过程中捕捉教育的机遇，

为学生树立学习的榜样。一是学校组织各年级段各学科，以所涉及的榜样人物为素材，深入挖掘榜样育人资源，利用"榜样文化"这一载体将学科课程中的榜样育人资源融合，并不断深化，形成"文学长廊""数学广角""艺术天地""体坛精英""科学摇篮"等一系列特色教学模块，向学生讲述雷锋、爱迪生、陈景润、泥人张、宋濂等榜样人物的事迹，激励学生不断进步。二是学校少先队大队部积极组织开展少先队活动课，以多样化的主题引领学生的发展。例如，在少先队系列仪式活动中，根据不同年级队员的特点，设计了新的仪式体系，包括二年级的"红领巾心向党"、三年级的"做新时代的榜样"、四年级的"我与榜样同成长"等。

2. 融合榜样文化，开好拓展性课程

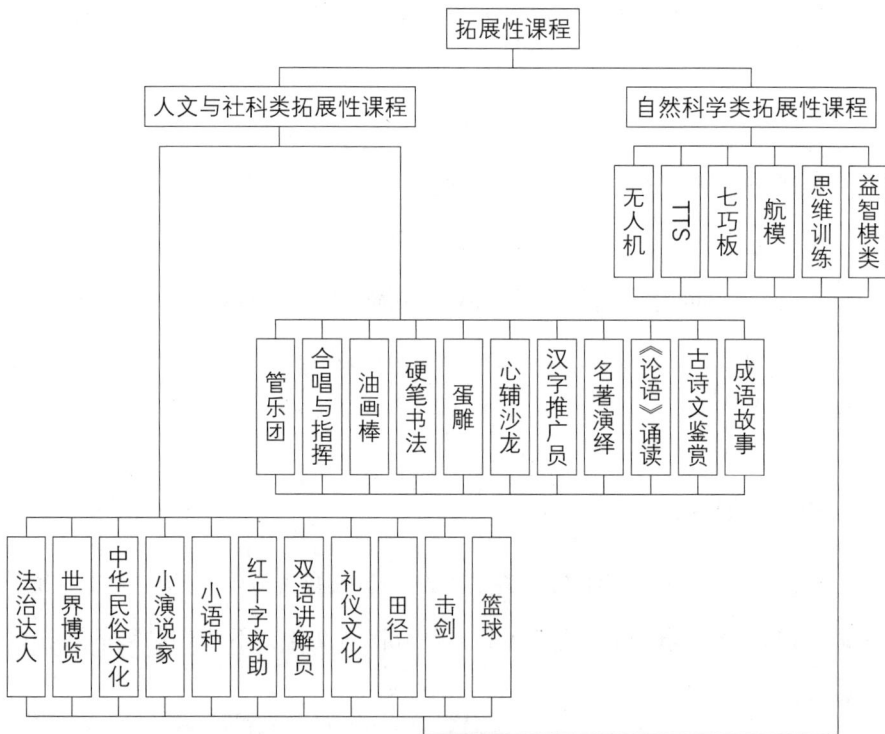

新华南路小学榜样教育拓展性课程基本框架图

学校融合弘扬和培育民族精神与促进学生自主成长的思想，整合天津市和平区五大道区域内历史文化资源优势，形成了"五大道文化传承小使者"特色德育课程。以五大道区域独有的历史文化、建筑瑰宝群等为载体，结合五大道红色主题元素组建学生团体，通过中英文讲解、礼仪实践、实地寻访、文化学习等形式，定期开展向毛泽东、周恩来、邓颖超、徐世昌、方先之、马连良、马占山等榜样学习的活动，在继承和弘扬中华传统文化的过程中树立和培养爱国意识。同时，学校还成立特色德育社团"新华剧社"，编排红色经典剧目《金色的鱼钩》《白求恩》等，加强榜样教育，引导学生形成积极向上的精神、爱党爱国的情怀；开办"汉字推广员"课程，通过"每日一字"的窗口，引出王羲之等书法名家，不断激发全校师生进行汉字文化研究的积极性；开设"《论语》诵读"等传统文化课程，以名家风采引领学生成长……特色鲜明的拓展性课程，为榜样教育的开展搭建了多样化的学习与体验平台，建立了学科间的学习纽带，提升了学生的整体认知和人文素养。

二、开展榜样教育校园多元评选活动

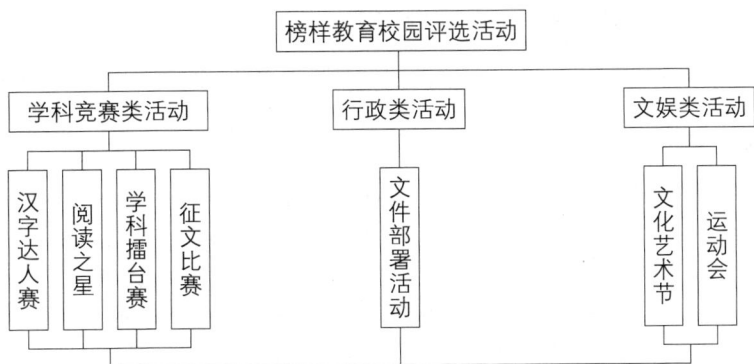

新华南路小学榜样教育校园评选活动基本框架图

为不断开拓和创建具有鲜明特色的榜样教育校园评选活动新途径与新机制，学校主要开展学科竞赛类、行政类和文娱类活动，建立以评奖促发展、以评优挖潜能的评价模式，形成"近有榜样，学有方向""人人追求先进、争当先进"的完善机制。通过发掘学生中的典型，树立优秀学生榜样，用"明星"的力量、成功者的事迹，给所有学生提供一个奋斗的参照系，更好地激发学生追求上进的积极性。如学校根据行政部署安排，下发收看《开学第一课》《榜样3》等节目的通知，借助影视、文学作品中榜样形象的优秀品质和模范行为对学生进行教育。同时，依据特定主题举办征文比赛等各式各类榜样教育活动，评奖评优，表彰先进，树立典型，鼓励和引导广大学生积极向上、奋发成才，争做优秀的新一代好少年。为保障榜样教育评选活动的公正性、公平性，学校成立了新华南路小学榜样教育建设委员会，负责学校榜样教育的政策制定、宣传教育、检查监督以及评优评先等工作。

三、以创新家校合作形式助力榜样教育

对于学校而言，选择优秀的家长代表进行学校集会的讲话或表演是一种全校性榜样激励教育。学校成立了家长"讲师团"，每年邀请家长委员会代表到校开展主题鲜明的家长进课堂活动。近年来，学校先后邀请了天津市军事交通学院参谋长、学校家长委员会会长陈立庚先生到校做爱国主义宣讲；聘请在天津外国语大学、天津音乐学院等高校工作的家长到校开展讲座式、交流式、讨论式的活动，通过讲述自身的成长故事，激励学生不断进步，创新进取；联系从学校毕业的家长校友返校，登上升旗台分享他们的成功经验，开展榜样教育。

四、构筑共创共建平台，集聚榜样教育合力

为保障学校榜样教育能长足有效开展，学校还将榜样教育寓于学校各项课外活动中，丰富榜样教育内涵。学校先后与南开大学、天津警备区、军事医学研究所、武警部队、消防部队、海军陆军直属单位、公安局、周恩来邓颖超纪念馆、平津战役纪念馆等单位签订共创共建协议，为共建榜样教育常态化运作机制提供保障。

为满足各共创共建单位参与社会公益性活动的愿望，学校定期与共创共建单位举办大型主题活动。一是志愿服务活动。在每年的 3 月 5 日学雷锋活动日、12 月 5 日国际志愿者日等标志性日期，学校都会与共创共建单位加强联系，组织学生开展志愿服务活动，培养学生的无私奉献精神。二是"创文创卫"整治活动。学校积极响应区委、区政府号召，认真履行文件要求，聘请公安局团委书记、部队指导员、老红军战士、周恩来秘书纪将军、直升机研究所高级工程师等作为校外辅导员到校开展专题讲座，邀请消防官兵到校组织安全疏散演练，组织检察院工作人员到校献课，以榜样的力量感召和鼓励学生践行社会主义核心价值观。三是文化联谊活动。每当元旦、春节、"八一"建军节、中秋、国庆等节日期间，学校组织学生走进共创共建单位开展规模不一的文化联谊活动，以歌曲、舞蹈、小品、相声等喜闻乐见的表现形式，联络沟通友谊，传承中华传统文化，讴歌身边好人好事，做好榜样教育。四是主题少先队日活动。学校多次组织带领学生前往大沽口炮台、平津战役纪念馆、航母公园等场所，结合当前形势及各种实际活动进行榜样教育，在大沽口炮台组织新生入队，到平津战役纪念馆聆听革命先烈的光荣事迹，认真学习有关战地记者和革命烈士的爱国主义精神。

五、推动榜样教育宣传方式现代化、立体化发展

榜样教育能否取得实效，宣传工作至关重要。为了更好地营造榜样教育氛围，学校积极推行现代化、立体化的榜样教育宣传。主要表现在以下两个方面：一是宣传内容现代化、立体化。如在学校举办的"汉字达人赛""阅读之星"等评选活动中，既有榜样本人真情实感的讲述，又有对榜样身边专业教师、班主任以及同学的采访；榜样事迹不仅关注榜样取得的成绩，同时也注重挖掘榜样自身的成长经历、成功经验，以丰富榜样形象，从而使宣传内容更显生动。二是宣传形式现代化、立体化。学校不仅充分合理地利用各种传统宣传媒介，如报告会、校刊、广播等，而且将优秀教师、优秀学生的事迹通过微信公众号、校园网等平台进行广泛宣传，扩大榜样教育的覆盖面，增强榜样教育的延续性。

除此之外，学校还加强了校园物质文化建设力度，强化校园景观建设的榜样文化内涵。学校秉持绿色生态和以人为本的理念，绿化校园、美化校园、净化校园，借助宣传橱窗、LED 显示屏等设备呈现榜样事迹，做好推广宣传。同时，在校园内布置名人雕像、英雄石刻、字画诗词等具有榜样教育意义的作品，激发学生爱国、爱民、爱校的情感，陶冶学生关爱社会、关爱他人的情操。

榜样教育是培育和践行社会主义核心价值观的重要路径。立足于将榜样教育与学生成长成才实际相结合，学校长期坚持完善榜样教育机制，引导学生在学习榜样中促进社会主义核心价值观知行合一，将社会主义核心价值观内化为自我信念和行动准则，努力为培养德智体美劳全面发展的社会主义建设者和接班人贡献应有的力量。

⊙ 案例点评

今天，中国教育存在的一个突出问题是，大到一个区域的教育改革的推进，小到一个学校主题教育的实施，都缺少系统思维。教育只有坚持系统思维，整体规划育人各个环节的改革，整合利用各种资源，统筹协调各方力量，实现全科育人、全程育人、全员育人，才符合新时代的要求，才能取得好的效果。新华南路小学在榜样教育过程中，采用的就是系统思维，该校不但统筹了各学科，还考虑了教学各环节，甚至将视野放到校外，统筹各教育阵地和力量。协同才有力量。这是一种积极的探索。

教育坚持系统思维，需要注意的是：第一，要做好顶层设计，从整体着眼，以人为本考虑问题；第二，要厘清系统内部各要素之间的关系，分清主次，不能"眉毛胡子一把抓"，要学会"弹钢琴"。

5 向历史人物学习，
让榜样人物可亲可近

"学习雷锋好榜样"，这句歌词每年三月都会在全国中小学唱响。但雷锋精神是否真正驻扎学生心间？雷锋、王杰这些优秀典型，由于与中小学生在时间、空间和心理上都存在距离，所以以他们为榜样的教育，常常浮于表面，效果不佳。

下文所呈现的两个优秀案例之所以能够让学生觉得书本中的人物可亲可近，乃是因为他们采取了多种多样的教育手段。这些教育手段具有如下特点：1. 创造与历史人物的联系，让英雄亲切起来。金乡县王杰中学由于是英雄的母校，所以在创建与王杰之间的联系方面，具有天然优势。天津市南开区中营小学虽然不具备这样的条件，但学校通过给雷锋班写信、前往雷锋班开展夏令营的方式，让学生真切地感受到雷锋精神仍然在新时代绽放光芒。2. 丰富学生对历史人物的认识，让英雄真实起来。两所学校都开发了校本课程，并安排专门的课时，对学生进行系统的教育。人物的形象必须通过无数细节才能够丰满起来，校本课程正发挥了这一功能。学生通过听课，对英雄所在的时代有所了解，对英雄在所处时代做出那些行为的意义有所感悟。通过学习，学生意识到英雄并非道德神话，而是克服了诸多困难依旧坚守美德的真实的人。3. 展开践行榜样精神的实践活动，让英雄生动起来。通过让学生参与志愿活动等实践，使学生发现自己也可以循着榜样足迹，做力所能及的好事。英雄不再是教材上的图片、故事里的人物，而是在自己心里生根的一种精神。

半个世纪的坚守：
让雷锋精神薪火相传

天津市南开区中营小学

习近平总书记指出，"雷锋精神是永恒的，是社会主义核心价值观的生动体现。你们要做雷锋精神的种子，把雷锋精神广播在祖国大地上"。

天津市南开区中营小学从 1963 年坚持开展学雷锋活动，至今已有 50 余年。雷锋精神已扎根于美丽的中营校园，学雷锋活动成为引导师生自觉培育和践行社会主义核心价值观的有效途径。回首中营小学学雷锋活动的历程，学校在继承中发展，在发展中创新。

一、分阶段分层次教育，推动学雷锋活动常态化

从 20 世纪 60 年代起，中营小学响应毛泽东等老一辈无产阶级革命家"向雷锋同志学习"的号召，先后开展了"做雷锋式的红领巾""雷锋精神代代相传""学雷锋，比进步，争做好少年""同走雷锋路，共同做传人"主题教育活动。

进入 21 世纪，学校结合知识经济时代的特点，结合《公民道德建设实施纲要》，提出了"像雷锋叔叔那样，做了不起的中国人"。把学雷锋与弘扬民族精神和爱国主义系列教育相结合，开展了三个"了不起"的教育活动，即"中国了不起、中国人了不起、做一个了不起的中国人"。近年来，每年 3 月 5 日，学校开展"心中有楷模，身边有榜样"主题教育活

动，掀起全年学雷锋活动的高潮。学校还开发了校本课程"永远的丰碑"，分层次对学生进行教育：一年级，知雷锋；二年级，忆雷锋；三年级，找雷锋；四年级，悟雷锋；五年级，写雷锋；六年级，做雷锋。学校将校本课程的学习纳入班会课，每月 1 课时，并由课堂向生活延伸。雷锋精神无处不在地感召、影响着每一个中营人的思想和行为。在学校，雷锋精神不再是传说的故事，而是身边一个个活生生的事例，学雷锋活动成为中营小学一道亮丽的风景，成为以德育人最具特色的篇章。

二、主题化设计，促进学雷锋活动体系化

梳理半个世纪的学雷锋活动，学校发现，不断带领学生走出校门学习交流，不断营造强化氛围，不断引导鼓励学生践行，雷锋这一响亮的名字已经深深地印在中营学子的心中，内化为中营学子的精神品质。

1. 书信往来——传递雷锋精神

学校从 20 世纪 60 年代起，就开始了与雷锋班的书信往来。这一传统的联络方式在中营小学和雷锋班始终就没有中断过，把雷锋班和中营小学紧紧地连在一起。2013 年，雷锋中队的中队长代表全班同学，汇报了中队的队员是如何开展学雷锋活动的，并请雷锋班的叔叔讲讲最近班里的新故事。一个星期后，他们收到了雷锋班第 25 任副班长曲宗明写来的回信。

副班长讲述了一个真实的故事——

前段时间，我们班一名同志外出去医院看病时，在医院门口遇见一位聋哑乞讨者。这时，我们班战士想都没想就掏出了 20 元钱准备给她。旁边一名路人走上前说："小心点，她可能是骗子。"面对这个情况，那名战士说："没事，如果她是骗子，那我就用这 20 元钱去感化她；如果她不是骗子，那就说明我做了一件好事，为社会做了贡献。"

当中队辅导员念完这封信时，同学们的眼神里流露出的是崇敬，是爱戴，他们久久地沉浸在雷锋班叔叔亲切的教诲中。

2. 主题班队会——感受雷锋精神

学校深入挖掘雷锋精神的精髓，注意抓好教育契机和切入点，充分利用班队会课开展教育活动。每周五上午第四节课，是全校的班队会课时间。学校紧紧抓住"三个一"（阅读一本书，诵读一条格言，观看一部电影），在学生幼小的心灵中播撒下雷锋的种子，引导学生用心感受雷锋对中国共产党的热爱，并让雷锋精神滋润学生纯真的心灵。

阅读一本书，即班主任组织学生走进学校图书馆借阅与雷锋相关的书籍。一本本《雷锋的故事》与《雷锋日记》被一代代中营人阅读，纸页已经发黄，这本身就是一种资源。学生争相借阅，渐渐地，对雷锋故事学生记忆深刻。

诵读一条格言，即学生诵读雷锋格言。班会课上，学生不仅诵读《雷锋日记》，还摘选《雷锋日记》的内容，制作雷锋格言小书签。

观看一部电影，即学生观看雷锋主题的电影。学生围聚在一起，观看电影《雷锋》。"一瓶汽水，雷锋叔叔都舍不得喝。""雷锋叔叔的袜子都成了千层底了。""雷锋叔叔用过的牙刷都没有毛了。"……看过电影之后，学生还热烈地交流着自己的所观所感。

3. 夏令营——体验雷锋精神

1994年、1997年、2004年、2007年、2009年学校组织学生以"我们是雷锋班预备役小战士"为主题开展学雷锋夏令营活动，五次赴辽宁省抚顺市顺城区81815部队雷锋班开展活动。小营员们同战士一起出操、一起军训、一起生活，营员住在雷锋班宿舍，而战士们一连几天都睡在卡车车厢里，硬邦邦的铁板没有蚊帐。看到战士们被蚊虫叮咬的红疙瘩时，不少孩子落了泪。一位营员在日记中写道："在这里，叔叔们的一举一动让我看到了老班长雷锋的影子；在这里，我随时随处感受到一种关怀。我也要像叔叔那样，做雷锋的传人。"活动中中营小学的营员们与辽宁省抚顺市望花区雷锋小学的师生们一起参加了全国雷锋小学大联盟"相约雷锋城"暨"雷锋精神与未成年人思想道德建设"论坛活动，与来自全国14所雷锋小学的师生代表、著名英雄模范和雷锋班班长等一起倾心交流，感受着雷锋精神的时代内涵，表达了对雷锋叔叔的深切怀念及继承雷锋精神的坚定信念。活动中中营小学充分利用雷锋纪念馆、雷锋生前所在部队、雷锋大道、雷锋辅导过的学生、雷锋生前的战友等宝贵的教育资源把学雷锋活动引向深入。同学们还参观了雷锋纪念馆、原沈阳军区雷锋班、"九·一八"历史博物馆、抗美援朝烈士陵园，英雄模范的精神渐渐融入思想道德之中。

4. 辩论会——传承雷锋精神

雷锋精神的提出到现在已经50余年了，50余年来，特别是改革开放以来，中国发生了翻天覆地的变化，当代中国人的社会生活实现了一系列重大跨越，物质生活不断丰富。当人们对新时期雷锋精神产生怀疑的时候，学校以"新的世纪，我们是否还需要艰苦朴素的精神"为主题召开辩论会。在辩论中，反方同学认为：20世纪，我们的生活还不富裕，所以需要有艰苦朴素的精神；而现在，进入了21世纪，人民生活富裕了，可以不必处处苛求自己。面对反方同学的观点，正方同学出示了一道道数学题：假如全国人民每人每天浪费1粒米，一天就会浪费13亿粒米；一粒米的重量大约是0.02克，那13亿粒米，是26000000克，合26吨；如果按每吨大米3000元计算，全国人民每天浪费1粒米，折合成人民币是78000元，它可以用来做多少有意义的事情啊！面对这一组组震撼人心的数字，同学们无不意识到：我们的生活富裕了，但依然需要雷锋同志艰苦朴素的精神来激励自己，也更进一步明确了艰苦朴素在不同的时代有不同的含义。过去我们提倡艰苦朴素，是因为我国的经济水平落后，没有足够的产品供人们消费，现在国家经济繁荣发展，可以适度消费，但艰苦朴素、节约资源的精神是什么年代都不能丢掉的。辩论中同学们唇枪舌剑，从不同的立场，以不同的视角去看待同一个问题，在精彩的辩论中，学生的思想道德意识，分析、解决问题的能力得到不同程度的提高，能够更全面、客观地思考新时期怎样传承雷锋精神。

三、拓宽实践途径，推进学雷锋活动协同化

利用社区资源，开展学雷锋实践活动。学生对雷锋精神由感动转化为行动、由怀念转化为信念，学雷锋活动也正在由他律转化为自律，由外在推动转化为内在需求。学校把学雷锋活动引入社区，与学生户籍所在的六个社区建立校外学雷锋活动基地，与鼓楼街道、鼓楼派出所、武警部队、五马路消防支队、南开区检察院、南马路交通支队、903公交车队、天津市儿童福利院、天津市第一养老院、天津工业大学等单位签订协议，建立学雷锋基地，充分利用社区资源，开展学生校外学雷锋实践活动，在实践中培养学生的雷锋精神，并通过这样的实践活动，宣传雷锋精神，让中营的每个学生成为雷锋精神的宣传员。

拓展实践渠道，与志愿团体建立联系。学校与天津市春雷志愿服务队、苗苗义工服务队、妈妈志愿服务队建立联系，组织学生参加志愿团体举办的各种活动。活动中，学生关爱白血病患儿、自闭症患儿，参加公益售卖，参加彩虹天使在行动、青少年跳蚤节、水滴公益、幕天公益等活动，捐钱捐书，将义卖的钱全部捐给了山区儿童。

课余走出校园，学习道德模范事迹。课余时间，学生们还走进了天津工业大学，聆听全国道德模范徐伟讲述自己勇救落水儿童、刻苦学习的故事。学生们坐在徐伟的身边，聆听他的模范事迹。他们拿出心爱的笔记

本，请徐伟书写下赠言："努力学习，刻苦钻研，帮助身边的人，争取做一名合格的'四有'新人。"活动后，学生在日记本中这样写道："每当我捧起《雷锋日记》时，眼前便出现了您的身影。我们忘不了，您在大学的学习生活中，刻苦钻研，勇于创新，连续两年获得学校一等奖学金；我们忘不了，您每天的生活是那样有规律，按时起床，早早地来到教室，认真听讲，不放过老师说的每一句话；我们忘不了，您每天回到宿舍，第一件事情就是要看一下暖瓶里有没有开水，如果没有，就把暖瓶打满水；我们忘不了，他人需要帮助时，您挺身而出，给予他人无私的帮助……"

学校依托实践基地，开展不同主题的社会实践活动。学生们在实践活动中形成了强烈的社会责任感，在不知不觉间净化身心，懂得关怀他人、服务社会，既继承了中华民族艰苦奋斗、服务奉献、善良诚信的传统优秀道德品质，又践行了人们共同追求的友善博爱、正义平等的价值取向。

50多年来，学校坚持开展多种形式的学雷锋教育活动。一个个"雷锋"在成长，中营校园涌现出一大批雷锋式的先进集体和模范人物。多个班级被市区评为"雷锋班""周恩来班"。学校被授予全国百所德育示范学校、天津市德育工作先进学校等多个荣誉称号。如今我们不仅把雷锋精神保留下来，同时被保留下来的还有坚持本身。正是这种坚持让雷锋精神在中营校园薪火相传。

▶ 案例点评

搞一次热热闹闹、夺人眼球的社会主义核心价值观教育并不难，难的是几十年如一日地坚守，将其做成一种学校文化，变成一代又一代学生的传承。伴随着社会的发展以及教育变革，包括价值观教育在内的学校德育很容易在改革中追求时髦和花样而忘记初心，难以持久。中营小学最难得的就是将学雷锋教育持之以恒地坚持了半个多世纪，同时能够以此为特色而与时俱进，在坚守中创新，在创新中坚守。学校通过拓展活动内容，更新活动载体，突出活动特色，不断赋予学雷锋活动以时代特色和现代元素，在继承学雷锋传统经验做法的基础上，学雷锋活动常做常新，增强了学雷锋活动的吸引力和感染力。

学雷锋活动要取得实效性，必须正本清源，理解开展学雷锋活动的本意。在实践中，要注意两个问题：第一，不能把学雷锋固化为纪念性的学习活动，否则就会出现"一时轰轰烈烈，长期冷冷清清"的现象。第二，不能把学雷锋固化为宣传性的学习活动，否则就会重宣传，轻效果，为了宣传而开展活动。

弘扬王杰精神　绽放时代光芒

金乡县王杰中学

王杰，一名伟大的共产主义战士，一个让共和国无法忘却的名字。毛泽东主席为这名平凡而又崇高的战士题词："一不怕苦，二不怕死。"2017年12月13日，习近平总书记看望了第七十一集团军某旅王杰生前所在连官兵，参观了写满光荣、写满奉献的连队荣誉室。习近平总书记特别强调："王杰精神过去是、现在是、将来永远是我们的宝贵精神财富，要学习践行王杰精神，让王杰精神绽放新的时代光芒。"

金乡县王杰中学结合自身优势，以王杰精神为引领，践行着社会主义核心价值观，让爱国、敬业、诚信、友善之花开遍校园内外。

一、以王杰精神为核心开展校园文化建设

学校以提高办学品位为根本目的，以凸显王杰精神为特色，努力构建完整的王杰文化体系。

1. 打造融入王杰精神的校园物质文化

在操场上安放王杰塑像，上面刻有"一不怕苦，二不怕死"，代表了"两不怕"精神。学校对所有建筑的外墙、操场围栏、办公室、教室、功能室、会议室、公告栏、宣传栏等，全部以王杰的生平、日记、英雄事迹等为素材，进行全方位布置。在师生的服饰、印刷材料、信息化媒体、办公用品上均注入王杰精神元素。

2. 拓展推广王杰精神的各类宣传渠道

学校依托王杰母校的优势，不断改造、提升现有资源，创新展馆陈设，完善硬件设施，通过多种形式、多种手段，系统挖掘、整理王杰生前光荣事迹、文字影像等资料，并进行拓展研究，不断丰富王杰精神内涵。设立高标准的王杰事迹展室、德育艺术展室，采取图文、实物结合的方式，多样呈现王杰生平事迹及社会反响。

在教学区开辟以学习、实践王杰精神为主题的德育区以及科普文化区、艺术教育区，使校园彰显"国防之园"的特点。每月班级板报也要求开设反映学英雄、爱英雄的文化专栏。

另外，学校还充分利用校园广播、宣传栏、电子屏、手抄报、黑板报等形式，宣传王杰事迹，营造浓厚的宣传学习氛围。

总之，从进入王杰中学大门开始所看到校园的每一个细微之处，都凸显了王杰元素，让"英雄之花"时刻绽放，让英雄精神浸润到每个学生心中。

二、围绕王杰精神开展丰富多彩的校园活动

为提高德育工作效果，学校通过开展"践行王杰精神"系列活动，全面学习贯彻落实习总书记视察王杰班讲话精神，学习王杰"一心为革命"的理想信念、"两不怕"的战斗精神、"三不伸手"的高尚情操、"四个自问"的人生境界。

1. 开展宣誓签名活动

学校召开"学习践行王杰精神，做共产主义接班人"的动员大会，举行庄严宣誓，并在"学习践行王杰精神，做共产主义接班人"条幅上签名，表达践行新时代王杰精神的信心和决心。

每周利用升旗讲话时间对学生进行"学英雄、见行动"教育，并引领

全体学生在塑像前庄严宣誓。

2. 开展主题实践活动

以主题活动为载体，介绍王杰烈士生前的光辉事迹，畅谈王杰精神，观看电影《青春红似火》，形象地感受王杰生前的朴实生活和伟大壮举，并开展"王杰精神我知道""王杰故事我会讲""新时代王杰我来做"等一系列活动，深刻缅怀英雄王杰，号召团员学习新时代精神，带头学习好、弘扬好、践行好王杰精神，以实际行动践行社会主义核心价值观，为实现伟大的中国梦而努力。其间，学校还邀请王杰生前战友韩义祥同志讲述王杰生前的感人事迹，加强革命传统教育。

3. 开展烈士纪念活动

组织团员和学生干部代表到王杰出生地王杰村王杰烈士纪念馆开展"学习践行王杰精神，做共产主义接班人"的爱国主义教育活动。新生入学第一课必须开展学习王杰精神教育活动，组织全体新生参观金乡县王杰中学王杰事迹展室、鲁西南战役纪念馆等王杰精神教育阵地，让学生亲临现场，感受永垂不朽的王杰精神。

4. 唱响红色歌曲

编创校歌《英雄伴我成长》，对英雄精神进行传颂。

举行"弘扬王杰精神，争做时代青年"主题歌咏比赛。"王杰的枪我们扛，王杰的歌我们唱，一心为革命，永远跟着党……"一曲高亢激昂的《王杰的枪我们扛》在校园唱响。作为英雄王杰母校的优秀学子，各班级学生精神饱满，列队整齐，秩序井然，配合默契，以一曲曲气势恢宏的歌曲唱响新时代王杰精神，用嘹亮的歌声倾诉对党和祖国的热爱，唱出了当代学子对党、对祖国的深厚感情。

三、以校本课程开发为主全面推动王杰精神进课堂

通过不断地发展，践行王杰精神由单项活动发展为系列活动，由系列活动发展为综合课程。学校开发了"王杰精神绽新光"校本课程。在校本课程实施的过程中以有教育目标、有课程标准、有教学内容、有课时安排、有任课教师的"五有"系统课业设置为标志，将王杰精神教育正式纳入学校德育体系，强化社会主义核心价值观对青少年的影响。

课程具体安排是：初一学年到初二学年开课，每两周1学时，每学年16学时，全学段48学时，依据初中生心理需求和能力水平，综合考虑初中生的学习任务，以理解领会、情意跟进为重点，以事例和相关知识为主要载体，设置专题式课程内容。既引导学生理解感悟王杰精神的实质，又帮助学生将王杰精神内化为主观需要，转化为行动；既重视采用多元化、现代化的呈现方式，又考虑学生的年龄特点因材施教，还关注育人规律和教育教学效益；教师既要满怀激情解读文本中的实例，引导学生置身于动漫、视频、照片所设置的情境中，又要用自己的真情实感感染和打动学生，创设情境，合理设问，让学生表达内心的想法。

以课程为载体，以课堂为保障的教育模式的形成，标志着王杰精神由阶段性分散的文化润泽活动发展为持久恒定的育人课程。

进入新时代，实现新跨越。我们相信，王杰中学全体师生以英雄王杰为榜样，在王杰精神的引领下，在英雄光环的照耀下，大力培育和践行社会主义核心价值观，王杰精神一定会绽放出新的光芒，王杰中学必将迎来更加光辉灿烂的明天！

⊙ 案例点评

　　革命传统精神是中华民族战胜一切艰难险阻的瑰宝。传承红色基因，学习优良传统，是学校教育的重要内容。作为英雄母校的王杰中学，以王杰精神为引领，致力于培养学生爱国、敬业、诚信、友善的品质。王杰中学多管齐下，探索了多条路径，丰富了学生对历史人物的认识。王杰中学通过精心开发的校本课程让学生对英雄所处的时代有所了解，对英雄在所处时代做出那些行为的意义有所感悟。学校还开展了学习榜样精神的实践活动，让学习生动起来。

　　传承红色基因要处理好继承和创新的关系。未来学校可以考虑从两方面进行改进。一方面是要进一步挖掘王杰精神，结合时代及社会主义核心价值观的要求，进行富有现实意义的解读，让王杰精神与学生的日常生活发生联系，促使学生在自己的学习生活中践行王杰精神。另一方面是要进一步调动学生的学习热情，可以通过创建学习团体，引导学生积极探索学习的形式，促使他们自觉开展对话和讨论，让他们成为学习的主体，增强其学习的自主性。

6 向身边人学习，
让榜样人物可敬可学

榜样教育，不仅仅局限于英雄人物、模范标兵，一些学校还从学生最熟悉的人——家长入手，通过组织家长开展一系列活动，让学生重新发现父母这第一任老师的榜样力量。需要"重新发现"，一是因为在过于熟悉的关系中，学生往往不会意识到父母也可以成为自己的道德榜样；二是因为在过于熟悉的关系中，家长也常常不具备价值教育的自觉，他们可能会在言语中强调某些价值的重要性，但不曾发现自己的行为带给孩子的真实影响；三是因为在当下的家庭教育中，由于父母忙于工作，家长和孩子原本应该亲密的关系有可能疏远，如果父母无法陪伴孩子，价值教育就必然缺席。

合肥市望湖小学和苏州工业园区新城花园小学在家校合作中有了新思路，通过家长志愿服务和"父教"品牌活动，引导学生发现家长身上的诸多优秀品质，并积极向父母看齐。两所学校的教育实践之所以能够重塑家长的价值影响，其共同之处在于：1. 提供机会，让家长在学生面前重新亮相。这有两层含义。首先需要让家长能够有机会亮相。一般情况下，学校教育与家庭教育分属两个不同时空，家长是很少在学校教育中扮演角色的。合肥市望湖小学通过组建一支家长志愿服务队伍，让家长的身影遍布校园的各个角落。其次是要让家长能够以价值榜样的形象亮相，家长志愿者的敬业带给学生无数感动，受到感召的学生也成立志愿服务队伍，将志愿精神传播下去。2. 给予支持，让家长价值教育能力逐步提升。家长能够以价值榜样的形象亮相，需要学校给予重要的组织支持和专业支持。在组织方面，合肥市望湖小学除了利用学生发展部进行专门的对接工作，还设立了校级和班级两级家委会，使志愿服务工作有序进行。在专业方面，苏州工业园区新城花园小学对家长进行志愿服务培训，通过"爸爸书房"让父亲增长教育理论知识，帮助家长以更专业的姿态对学生进行价值教育。

家长志愿服务：
开启价值观教育的另一扇窗

合肥市望湖小学

众所周知，家长是孩子的第一任老师，家庭是孩子的第一所学校。家长的一言一行很大程度上影响着孩子的发展。常有这样一句话——"从孩子身上能看到家长的影子"，以此来形容家长对于孩子成长的影响。只有学校教育与家庭教育形成合力，才能促进孩子更好地成长与发展。

近年来，合肥市望湖小学以家长志愿服务为抓手，发展合作互助的家校文化，让广大家长成为学校教育最大的支持者和孩子成长最重要的教育资源。

一、完善家长志愿服务活动：追求专业且敬业的精神

志愿服务并非一种职业，来校参加志愿服务的家长往往来自社会的各行各业。如何提升这数千名家长的志愿服务水平，让家长志愿服务组织化和专业化？望湖小学的创新之处在于，以"敬业"为核心关键词，另辟蹊径，开启了价值观教育的另一扇窗户，帮助孩子们从小扣好人生第一粒扣子，取得了理想的效果。

1. 加强组织建设，让家长志愿服务有保障

为了推进学校家长志愿服务工作更加标准化、有质量、体现系统化，加强对家长志愿服务的指导和引领，学校成立了专门的对接部门——学生

发展部，指导家长志愿服务的日常工作。学生发展部定期召开校级家委会议、开学计划会、期末总结会，让每个家委会委员都能感受到自己的重要性，增强委员的主人翁意识。

面对数以千计的家长志愿者，学校还成立了校级家委会和班级家委会，具体负责家长志愿者活动的组织和开展。两级家委会还分别根据学校日常工作，设置了诸如安全部、活动部、护花部、财务部等部门，研制了具体的规章制度，具体负责对接学校和班级层面的有关志愿服务工作。两级家委会的建立，让四千余名学生家长不再是一个个单独作战的个体，而是有了自己的组织。如护花部的工作，这是全校家长都要参与的活动，人员覆盖面广，工作任务繁重且重要。每个班级选出一位责任心强、平时时间充裕的家长加入到校护花部，拟定护花工作职责，制定班级护花工作表，并在本班护花的时候，坚持天天到岗，用照片记录下护花家长的最美身影，在本班的班级群中做好宣传，使所有家长都意识到此项工作的重要性，并在工作中感受到志愿服务的快乐。

2. 提供专业培训，让家长志愿服务有水平

本着"不培训不上岗，培训合格才上岗"的原则，每学期开学初和期末，学校都会召开以"我如何更好地做志愿服务"为主题的校级及班级家委会工作会议，对家长志愿者进行日常服务的系统化培训，让志愿服务体现出一定的专业化水平。担当培训的老师是来自各行各业的学生家长，他们自己制作 PPT，图文并茂地无偿分享自己志愿服务岗位上的好方法。学校管理部门也及时就"如何更专业"提出指导意见，这样就能保障日常志愿服务的工作更加有效。比如学校的图书馆志愿者，上岗之前就要经历"排架、修补、检索、借还登记"等方面的系统培训，培训合格之后才可以正式上岗。2015 年，望湖小学图书馆获评文化部颁发的"2015 年最美基层图书馆"，这背后，图书馆志愿者功不可没！

3. 强调敬业精神，让家长志愿服务更走心

相对于技能方面的专业，态度和理念在家长志愿服务过程中显得尤为重要。"要我做"还是"我要做"，结果往往大相径庭。2014年春季刚开学，为了激发家长参与志愿服务的主观能动性，吸引更多的志愿服务力量，学校牢牢抓住思想动员不放松，以"家长志愿服务对于学生社会主义核心价值观的养成"为主题，组织了各班家委会成员进行大讨论。大讨论让家长们无不深刻地意识到自己的志愿服务在潜移默化地影响着孩子，意识到社会主义核心价值观的养成需要从小抓起。

为了进一步升华理念，提高认识，学校层面召开校级家委会讨论会，大家最后提出了"身教大于言教，我们可以让孩子们看看我们是怎样敬业的""用我们的敬业服务告诉孩子们干什么事都要专注和用心付出"的想法。于是"敬业"这一志愿服务关键词在讨论会上成为大家的共识。各位家长志愿者在会上也充分表达了对敬业的理解与认同。"虽不专业，可以学得更专业，敬业不需要技能的学习，只要有心用心，就一定会做好，关键受益的还是我们的孩子们"，校家委会委员魏来妈妈如是说。自此，"敬业"这一理念迅速在各班级家委会间通过会议及具体活动传递开来，时至今日，已经成了望湖小学家长志愿者参与志愿服务的一个核心理念。

近几年，随着望湖小学办学知名度的不断提高，来校指导工作和参观的各级领导和教育界人士越来越多。了解了学校的家长志愿服务工作后，专家们无不交口称赞。那穿上志愿服务红马甲的志愿者，是望湖小学一道亮丽的风景线。

二、举办优秀家长志愿者表彰大会系列活动：发现并表彰敬业者

望湖小学自2010年办学以来，一届又一届的家长志愿者们无私地投

入志愿服务队伍中来，共同为孩子们唱响敬业的赞歌。在志愿者的努力和付出中，望湖小学得以更快更稳地发展，孩子们也在充满爱和温暖的书香校园中快乐成长。

1. 举办优秀家长志愿者表彰大会

为了更好地促进家长志愿服务工作，深刻理解"敬业"这一志愿服务的精神内涵，望湖小学结合每年 12 月 5 日志愿者日，特地组织开展了优秀家长志愿者表彰大会。这是学校建校以来历年坚持开展的常规大型活动，至今已经成功举办了八届。

为了更加直观地感受志愿者的服务与奉献精神，学校还特地拍摄了志愿者们的活动视频资料。在播放志愿者服务的视频时，会场顿时安静无比，每一个望湖人都被家长的点滴付出深深地感动了。无论是在图书馆还是在校门口，无论是在操场还是在班级中，都会发现他们的身影。温暖他人，也温暖自己；感动他人，也感动自己。无数个永难消逝的瞬间，无数个终不湮灭的画面汇成温暖的感动，共同见证爱与被爱。望湖小学的家长志愿者们用实际行动为孩子们诠释着敬业这一志愿服务信念。

2. 开展发现优秀家长志愿者系列活动

为了扩大影响力，让孩子们成为家长敬业精神真正的继承者和受益者，让孩子们更进一步理解爸爸妈妈的敬业精神，学校还在每年的家长志愿者表彰日之前，组织全校学生开展寻访"望湖最美家长志愿者""发现最美志愿者"等活动。并针对不同的年级，开展了诸如一、二年级画下最美志愿者服务的身影，三、四年级拍照留下最美志愿者服务的身影，五、六年级书写最美志愿者等系列活动，通过画一画、写一写、说一说、拍一拍、问一问等形式，记录下孩子眼中的最美家长志愿者，寻找、发掘、宣传有代表性的家长志愿者，展示望湖小学家长志愿者的敬业精神和风采，宣传家长志愿者的感人事迹，宣传家长志愿者甘于付出、敬业奉献的时代风采。此外，学校还为优秀家长志愿者印制宣传海报，通过学校官网和微信公众号等进行大力宣传，以达到进一步传播正能量的效果。

谈起家长志愿者，望湖小学校长胡冬梅充满了感激："家长志愿服务是一种灵活有效的家长参与学校教育和管理的实践形式。它是整合家庭、学校和社会的教育影响和形成教育合力的有效抓手。……最重要的是，无私奉献的家长志愿者们在给望湖的学子们树立最好的榜样，身体力行传达敬业正能量！敬业，是一件快乐的事！"

六（3）班的吴婧萱同学在他的作文《最美——家长志愿者的身影》中这样写道："有一天，气温很低，还飘着雪花。我因班级有事迟了20分钟才放学，刚走出班级就被冻得瑟瑟发抖。猛然抬头间，看见校门外'护花使者们'的身影仍在寒风中伫立。我走上前去问一位阿姨：'不是都已经放学了吗？您怎么还没有走？'阿姨的脸被冻得通红，手仿佛也有些僵硬了，可她还是微笑着回答：'还有一个班级没有放学，我们要站完最后一班。'听了她朴实又温暖的话语，顿时有一股暖流涌遍我的全身，让我觉得不再寒冷。当我坐上车，回头凝望校门口那些平凡的家长志愿者的身影时，顿觉他们很美，很伟大！"

正是有了望湖小学这样一批具有敬业和奉献精神的家长的感召，孩子们从小在心中埋下了正确的价值理念的种子。今天的望湖小学有越来越多的孩子参与到志愿服务队伍中来，他们或利用寒暑假，或利用双休日，走进社区、走进社会福利院、走进高铁站等，开展志愿爱心帮扶、义卖等服务活动。孩子们以一颗颗赤诚的敬业奉献之心，表达着对家长志愿者最崇高的敬意，诠释着他们对于社会主义核心价值观的最美理解。

⊙ 案例点评 //

　　家长志愿服务是当前家校合作中的常见形式。望湖小学的家长志愿服务之所以能够真正让学生动情，并愿意主动效仿家长的行为，展开自己的志愿服务实践，乃是因为该校注重发挥家长志愿者的榜样效应。首先，学校注重对家长的思想动员，让家长意识到自身行动在学生价值成长中的深远意义。其次，学校注重对学生实施教育引导。不同于其他学校，让家长志愿者参与学校工作，一方面是为了民主管理，另一方面则是为了在学校教育资源不足的地方提供支持，望湖小学通过一系列手段让家长成为学生价值观的重要影响人。学校为家长志愿者举办表彰大会，并设计了不同学段的寻访"望湖最美家长志愿者"活动，让学生看到家长志愿者的精神风貌，自然而然地产生敬佩之情。

　　在未来的教育实践中，学校可以考虑加强学生自主管理学校的意识，如护花工作，是否可以由家长转交至学生，让学生自己投身班级服务？学校不妨这样尝试一下。

打造"父教"品牌，
让爸爸在场

苏州工业园区新城花园小学

老师采取迂回战术，邀请妈妈们旁听"爸爸书房"活动。听后妈妈们大声叫好，回家纷纷做爸爸们的工作。随后，报名加入"爸爸书房"的人数不断增加。截至目前，已有近百名爸爸参加了"爸爸书房"活动。

苏州工业园区新城花园小学地处园区金鸡湖西，作为园区第一所公办小学，有着优秀的德育传统。学生家长大多数都是高学历的园区引进人才，对孩子教育有着很高的期待。但同时，根据调查，园区的爸爸们仅有一成参与家庭教育，其他均是由妈妈们负责或由祖辈、保姆代替。"父教"在家庭教育中的严重缺失，使得家庭教育始终不能发挥出令人满意的效果。

针对这样的情况，学校由父亲的教育影响入手，着力打造"父教"品牌，尝试引导父亲回归家庭教育。通过学校"新城爸爸帮"的系列教育活动，父亲们不仅重新树立起教育自觉，而且通过良好的亲子关系，不断向孩子传递积极的价值影响，成为学校社会主义核心价值观教育的好帮手。

一、由亲子屋开启教育关系

由于许多爸爸忙于工作，疏于对孩子的陪伴，所以孩子们常常觉得爸爸离自己很远。而真正的教育恰恰发生在关系之中，若爸爸与孩子之间没有建立亲密关系，许多教育影响就无从谈起。

于是，学校设立了亲子屋。亲子屋中有舒适的沙发、生动的亲子绘本等精彩的书籍，让父子可以享受温馨的亲子时光。亲子屋提供专业的亲子咨询，帮助家庭修复亲子关系。亲子屋每学期邀请爸爸们来校，参加亲子心理体验游戏。

通过亲子屋的活动，爸爸不再是那个只会赚钱养家、不问孩子教育的背影，而是真正能够对孩子产生教育意义的道德榜样。小江的爸爸很忙，但参加了亲子屋的活动后，坚持每天给孩子打电话，小江开心地表示："我的爸爸在外地工作，只有周末才能回家，爸爸参加亲子屋的活动后，答应每天晚上和我视频通话10分钟，与我沟通我每天的学习生活情况。我非常高兴的是他为了遵守诺言，推掉了很多应酬，让我每天都能感受到他的爱，谢谢爸爸！"小江爸爸正是以自己的行动教会孩子信守承诺，让孩子明白诺言的意义。

二、用亲子轮滑增进教育影响

作为轮滑特色学校，学校利用每个学生都会轮滑的优势，组织开展了亲子轮滑活动，让孩子教爸爸学轮滑。因为家长们绝大多数是零基础，从穿装备、起立踏步、摆臂行走、刹停到摔跤保护，对于一次都没有体验过轮滑的爸爸们而言，多少有点紧张。本次活动的最大亮点就是除了专业的教师指导之外，还有特别的助教小老师——自己的孩子参与，帮助爸爸一起穿戴轮滑装备，搀扶着爸爸一起学习。通过孩子们的帮助，很多爸爸都能够很顺利地进行踏步、行走，很难相信他们都是第一次穿上轮滑鞋。活动中游戏的开展，有效地增进了父子之间的感情。父子角色的转换，促进了彼此间的理解和包容，爸爸对孩子的学习有了更多的耐心，也更体贴孩子了，孩子也懂得了爸爸平时对自己学习、生活指导所付出的辛苦与努力。正如李同学所说："今天的活动，我最大的感受就是教爸爸轮滑不容易，他今天虽然只是学会了走路，可他所付出的努力是我学习时的好多倍，爸爸学习的态度非常端正、积极，这是我在学习中还需要加强的。爸爸，谢谢你！尽管今天我是小老师，但是我也从中学到了很多！"

三、以"爸爸书房"提升父亲的教育能力

家庭生活中，父母常常能感受到孩子的价值偏差，进而展开一系列教育活动，但其中收效明显的寥寥无几，因为许多家长并没有掌握价值教育的方法。为此，学校开设了"爸爸书房"，由学校的家庭教育指导师在学期初给爸爸们各送上一本书。这些书都是指导师精心挑选的"父教"精品，如《忙碌爸爸也能做好爸爸》《父教力度决定孩子高度》《爸爸学校》《好爸爸胜过好老师》等家庭教育专著。爸爸们拿到书后都如饥似渴地阅读起来。学校会每月定期组织一次活动，召集爸爸们聚在一起进行集体阅读、交流、碰撞、分享，可以是针对书中某个段落或者书中的某个观点，讨论当下某个比较热门的话题，比如前几期的话题"如何引导孩子正确使用电子产品？""孩子的压岁钱怎么处理，还是让妈妈替你保管吗？"和沙龙"隔代教育的利与弊"，都很好地引发了爸爸们的思考，提升了爸爸们的家庭教育能力。截至目前，已有近百名爸爸参加了"爸爸书房"活动。

四年级学生家长方爸有个让他头痛的儿子，他常用拖拉、懈怠来抗拒学习、抗拒父母的教育。加入"爸爸书房"前，方爸做得最多的就是和孩子谈心。可是让方爸困惑的是，谈心换来的儿子的好状态总是持续不了几天。参加了"爸爸书房"的阅读活动后方爸意识到，教育孩子不能只靠演讲式的说道理，而是要懂孩子。于是，方爸开始一边读书，一边写教育日志，记录下自己和孩子交流的事件，记录下父子交谈的每一句话。每晚儿子入睡后，方爸便对照日志的内容反思自己、审视自己。方爸在日记中写道："晏阳初说过，家庭教育的内容主要侧重于道德教育，因为道德教育

在儿童教育中居于核心地位，它贯穿人生的全过程。要培养儿子的公民道德，我认为作为家长，首先要给孩子创造一个舒适的环境，让孩子能感受到父母、祖辈的爱和家庭的温暖，在这种环境中长大的孩子也会把他的感受传播给他人。其次在具体方法上要对孩子的'知、情、行'进行相应的指导。……通过学习，对儿子如何进行具体的品德教育，我不但有了进一步的理论认识，而且还有了更多的具体实施策略。"

四、以"父范学堂"引领发展

在专家的建议下，我们策划了"爸爸课堂""爸爸微讲堂""爸爸书房""爸爸厨房""爸爸智慧云""爸爸运动场"等活动，根据各个年级的特点开展相应的活动。不仅仅让爸爸们参与到活动中，而且要让这些爸爸成为家庭教育的主力，这就是我们把"新城爸爸帮"升级为"父范学堂"的初衷，期待爸爸们从理解自身的"父职"，到承担相应的"父责"，最后能够成为"父范"。"父范学堂"的形式更加多样，内容更加丰富，吸引了更多的爸爸参与到活动中来，让爸爸们在场、在岗、在职。

园园是个独生女，集全家宠爱于一身，她的东西同学碰不得，但看到自己喜欢的东西她总会"想方设法"占为己有，所以和同学的关系不是很融洽，在学校里也没有朋友。园园爸爸参加了"新城爸爸帮"的"爸爸书房"和"爸爸智慧云"活动，通过学习家庭教育理念，听取专家的建议和意见，带着园园参加"新城爸爸帮"组织的亲子活动，爸爸妈妈和老师都渐渐地感受到了园园的变化：她对同学开始友爱了，也有了自己的好朋友。听说学校有了"父范学堂"，园园爸爸积极参加各项活动，努力提高自己的理论水平，他激动地说："我是第一次做爸爸，真的没有啥经验，很多时候是需要学习的，实在苦于学习无门，想花钱进行专门学习但没有这门课程。幸亏我遇到了'新城爸爸帮'和'父范学堂'，在这里我遇到了更好的自己，也让孩子成长为最好的自己！"

为了进一步规范学校"父范学堂"的管理，激励更多的爸爸参与到活动中来，学校精心设计、制作了《父范学堂体验护照》，让爸爸们把参加活动的过程记录下来，留下陪伴孩子成长的足迹。

从亲子屋到"爸爸书房"再到"爸爸智慧云"，教育能力得到提升的爸爸超过百位。他们相互交流，助推进步，形成了"新城爸爸帮"，而这一切最终受益的是成长中的孩子。教师和家长们都感受到孩子不仅在这些活动中与爸爸建立了更为亲密的关系，而且通过爸爸的有意引导，培养了坚毅、勤奋、诚实、友爱等诸多可贵的品质。

▶ 案例点评

"管生不管养，管物质供给，不管教育引领"，父亲缺位于家庭教育，是常见的现象，但很少有学校在家校合作中以此作为突破口来形成教育合力。苏州工业园区新城花园小学以"让爸爸在场"作为切入点，让父亲真正成为学生价值成长过程中的陪伴者。而且，学校的工作思路符合教育规律，即首先让父亲真正在亲子关系中在场，然后才提升父亲的教育能力，以便父亲在亲子关系中实施教育。为什么提出"让爸爸在场"？因为一些忙于工作的父亲和孩子只存在血缘和法律上的亲情，实际上并未建立教育学家诺丁斯所谓的"关怀关系"，而没有建立关怀关系时，孩子的心门未必向父亲打开，对于父亲的教导他们可能"左耳进右耳出"，更不用提正面的价值影响。学校以亲子屋、亲子轮滑等教育设计，让父亲与孩子的关系真正亲近起来，使父亲对孩子的教育影响成为可能。

在未来的教育实践中，学校可以加强实质性的家校合作，即不仅可以通过一系列活动让父亲成为有能力的家庭教育者，而且可以通过新的手段让父亲与教师一同解决孩子在学校教育中出现的问题。

从小做起

习近平总书记对少年儿童说："从小做起，就是要从自己做起、从身边做起、从小事做起，一点一滴积累，养成好思想、好品德。'少壮不努力，老大徒伤悲。'千里之行，始于足下。每个人的生活都是由一件件小事组成的，养小德才能成大德。少年儿童不可能像大人那样为社会做很多事，但可以从小做起，每天都可以想一想，对祖国热爱吗？对集体热爱吗？学习努力吗？对同学们关心吗？对老师尊敬吗？在家孝敬父母吗？在社会上遵守社会公德吗？对好人好事有敬佩感吗？对坏人坏事有义愤感吗？这样多想一想，就会促使自己多做一做，日积月累，自己身上的好思想、好品德就会越来越多了。听说有的同学喜欢比吃穿，比有没有车接车送，比爸爸妈妈是干什么工作的，这样就比偏了。一定不能比这些。'自古雄才多磨难，从来纨绔少伟男'、'少年辛苦终身事，莫向光阴惰寸功'。要比就比谁更有志气、谁更勤奋学习、谁更热爱劳动、谁更爱锻炼身体、谁更有爱心。"

践行，既是价值教育的目标，亦是价值教育的方式。培育和践行社会主义核心价值观，就是希望学生能够将其落实于自己的行动中。价值学习的过程是一个在游泳中学游泳的过程，只有在实践中才能真正收获价值。正如亚里士多德所说的："我们做公正的事情才能成为公正的人；进行节制，才能成为节制的人；有勇敢的表现，才能成为勇敢的人。"① 相较于知意与动情，践行是一个平行概念，即知意、动情、践行构成了一个闭合循环，在这一循环中，认识—实践—再认识、认同—实践—再认同两条线索并行，实践成为认识深化和认同升级的必要环节。不仅如此，从另一个角度来看，由于"社会生活在本质上是实践的"②，因此，践行还是一个上位概念，也就是说，践行包含着知意与动情，实践是一个复合的过程，认识深化和认同升级本身也是在实践中完成的。这就解释了为何在之前所呈现的案例中，学校让学生领会价值意涵、产生价值共鸣时，也会采用让学生亲身实践的教育手段。

---

① 亚里士多德.尼各马科伦理学 [M].苗力田，译.北京：中国社会科学出版社，1990：26.

② 中共中央马克思恩格斯列宁斯大林著作编译局.马克思恩格斯选集：第一卷 [M].北京：人民出版社，1995：60.

7 以课程创新为龙头，让价值实践常做常新

　　课程毫无疑问是社会主义核心价值观融入国民教育全过程的重要载体。实际上，任何课程都必然包含价值教育的要素。对此，赫尔巴特明确表示："我想不到有任何'无教学的教育'，正如在相反方面，我不承认有任何'无教育的教学'。"这就意味着情感、态度、价值观的培养是所有课程必须予以落实的重要目标。

　　因此，所有的课程都天然具有价值教育的功能。只不过是有些课程的价值教育是直接的，而有些课程的价值教育是间接的。这实际上提示我们，通过课程开展社会主义核心价值观教育有两条基本途径：一是直接的社会主义核心价值观教育课程；二是间接的学科价值观教育课程。在设计直接的社会主义核心价值观教育课程时，要突出价值教育的特殊性。其中，对学生主体性的高度唤醒是一个非常重要的条件。在开发间接的学科价值观教育课程时，应把握好的一个分寸就是，不要把学科价值观教育等同于直接的价值教育，否则就会损害学科教学本身的科学性。因此，学科价值观教育不能仅讲渗透，而不谈挖掘。

在很大程度上，用挖掘而不是渗透的思路开发学科教学的价值观教育功能更具科学性。

下面三个案例在通过课程进行社会主义核心价值观教育方面具有一定新意。时事沙龙不同于一般主题班会一味地正面引导，而是让学生通过时代感极强的时事新闻辩论，提高道德判断能力。思想政治学科社会实践活动有别于思想政治课的常规教学，让学生走进社区，在社会这个大课堂中增加价值体验。"爱国诗歌背诵达人赛"等活动不同于一般的诗歌背诵活动，乃是教师结合教学内容，针对社会主义核心价值观中的主题，精心设计的专题活动。

时事沙龙：
在辩论中明是非

沈阳市沈河区泉园第二小学

甲方同学：我方的观点是，在高速公路上开车打电话危害自己、危害他人，并且违反《中华人民共和国道路交通安全法》，是社会主义法治所不允许的，所以我们认为女儿的做法是正确的。

乙方同学：我方不同意对方的观点。开车打电话固然不应该，但作为女儿她应该晓之以理、动之以情，用劝阻爸爸等方式来解决。女儿举报自己的亲生父亲是何等不近人情，让人情何以堪！

这是沈阳市沈河区泉园第二小学时事沙龙德育微课的一个片段。学生们围绕某年高考材料作文"亲情与法律"展开激烈辩论。话题是：一名男子在高速公路上打电话，家人屡劝不止，最终女儿决定向交警举报，她到底做得对不对呢？通过甲乙双方的辩论，法治观念落实中的张力凸显出来，学生们正是在这样的道德两难中越辩越明。

时事沙龙微课程是对传统班会课程的创新和发展，是对学生进行价值教育的实践和探索，是学校落实立德树人根本任务的重要渠道。时事沙龙的活动主题由学生、家长、教师提供，由学校的德育团队和班主任挑选。师生围坐在一起，关注社会、关注政治、关注生命，畅所欲言，各抒己见。

为了保证每次时事沙龙有序开展，学校规定活动要按五步开展：明确主题，收集素材，确定观点，课堂交流，课后反思。同时，明确了课堂教学五环节：介绍新闻事件，引出活动口号，学生分组交流，学生自由辩论，教师点拨提升。

一、明确主题

首先，确立团队。学校的德育团队和班主任成为组织时事沙龙的主力。其次，确定标准。面对繁杂的时事新闻，如何选择沙龙的主题，必须有清晰的标准。于是，负责时事沙龙的团队确定了如下三个最重要的标准：时事内容是否属于价值教育、时事是否贴近学生生活、时事是否易于辩论。

在近几年的实施过程中，学校开展了"让座风波话文明""纠结的射门""老人摔倒后扶不扶""抵制外国商品是不是爱国""以'理'服人还是以'礼'服人""家务劳动换钱好不好"等近百场时事沙龙。学生从中学会了辩证地看问题，掌握了价值判断方法，增强了关心社会发展的公民意识和责任意识。

二、收集素材

学生依据提供的辩论主题，进一步熟悉新闻事件，收集辩论使用的发言素材。学生收集素材的多少和质量影响着学生对时事新闻真实价值的理解，因此，教师特别重视对学生收集、处理素材能力的指导和培养。

为提高学生收集素材的能力，在指导学生收集素材时，班主任为学生确定了"三步法"。①制定清单。在收集素材前要明确自己的收集目的，并根据时事要闻和辩论需求，制定出收集清单，根据清单逐条收集。制定清单可以让学生在收集素材时有很好的聚焦性。②确定方式。结合清单列出的内容，为每一项需要了解的内容选择一种自己认为最适合、最高效的收集素材的方式，确定是通过查阅书籍、网络搜索、咨询家长、采访专业人士还是利用综合性的方式，让学生理解方法的重要性。③预设困难。对自己在收集素材过程中可能会遇到的困难要有预设，并初步思考好解决的方式方法，以提高收集素材的效率。如适当调整清单内容、更换收集方式、变更采访对象等。

素材的整理和分析是对收集的素材进行初次加工的过程，是给素材提纯、确保素材有价值的过程。在这一过程中，教师会对学生进行技术性指导。①真伪判断。指导学生在收集素材的过程中要注意素材的真实性和有效性，权威性媒体、书籍、报刊的可信度高，相似论点多的可以重点考虑等。②有效整合。对收集到的大量素材经过自己的阅读和分析后，要删除错误的内容，调整重复的内容，概括复杂的内容，整合形成自己的观点。③运用方法。要学会运用自己在综合实践等课上学会的列数据、举事例、画图表等方法对收集到的素材做好归类，以方便使用、直观简洁为原则，如涉及数字的用列数据的方法会更直观，涉及真人真事的用举事例的方法会更有效。

三、确定观点

学生依据对新闻事件的判断，再结合自己收集到的素材，进行比较之后，确定自己的辩论方向。学生明确辩论方向之后，需要围绕辩论主题对自己收集到的素材进行二次整理，如选择正方"人生而平等"的学生就需要围绕生而平等去准备发言的内容，这是提升学生处理信息能力的过程。

确定观点之后，教师要指导学生共享素材。在这个过程中，教师指导学生与辩论方向一致的同学进行研究，相互间做好材料的交换和补充。学生利用课下时间找辩论方向一致的同学交换阅读对方收集到的相关素材，补充自己遗漏的内容，利用其他同学收集到的素材巩固本方观点，以使本方同学手中有用的素材最多，对观点一致认同。在交换补充的过程中要明确素材的用处，交流为什么选择这个素材作为佐证材料。为保证研究的有效性，避免出现矛盾，在本方同学研究交换材料的过程中要把握以下几点：①同方同学资料无私共享；②交换时说清使用节点和论证用途；③如收集到素材的同学明确素材自己使用则可不交换。共享素材既是对素材进行再次整理和分析的过程，也是锻炼学生沟通协作能力的契机，将为课堂交流发言打下良好的基础。

四、课堂交流

教师作为主持人依据课程设置环节组织学生进行交流讨论。第一个环节，教师在课堂上播放学生前期收集的新闻事件。第二个环节，教师用过渡语引导学生说出口号"风声雨声读书声，声声入耳；家事国事天下事，事事关心"，激发学生的讨论热情。第三个环节，学生依据自己确定的观点分成正反两方，开始研究对策，选出本方的辩手，做辩前的准备。第四个环节，正反方自由辩论。例如，正方同学以"生命面前人人平等""时间面前人人平等"，甚至引用陈胜吴广起义时所疾呼的"王侯将相宁有种乎"来立论人生而平等，每个人的财富和社会地位是自己通过后天的劳动换来的，与出身无关。反方同学认为"人生而不平等"，以每个人出生的家庭环境不同、人分三六九等、父母对每个孩子严厉不等、家庭条件决定给的零用钱不均来证明人生而不平等。第五个环节，教师点拨提升。在辩论时教师细心观察、认真聆听、适当引导，防止同学之间造成人身攻击或谈论的内容超出话题范围，在总结点拨时引导学生多角度、全方位思考问题，促进学生形成正确的价值认识。

从小做起

五、课后反思

师生撰写参与活动的反思，并通过交流、展示等方式进行分享。课后，教师鼓励并指导学生围绕初始感受、收集处理素材能力的提升、沟通合作技巧的掌握、他人的价值观点、形成的价值判断等方面撰写反思，让教育活动形成一个闭环。学生会写出自己的活动感受和价值判断的形成过程，这有利于教师了解学生的思想变化，也有利于学生了解自己的认知过程。分享反思，可以让学生在交流中进一步相互学习、相互影响，提高思辨能力，提升表达能力，促进正确价值观的形成。

分享交流是一节独立的 20 分钟微课。学生首先在学习小组内分享自己撰写的活动反思，教师到各组中间去聆听，适时指导表述的方式方法，然后学生在组内交流推荐出参与班级分享展示的同学或同学组合。进入班级分享阶段后，由选出的学生代表进行分享展示，展示时可以利用个人汇报、小组汇报、PPT 演示等多种形式，学生再围绕语言组织、流利程度、观点是否鲜明、价值观是否正确等进行个人点评。

六（1）班韩美奇同学在反思中写道：

我们都很喜欢时事沙龙课程，因为它不但锻炼了我们收集信息的能力、语言表达的能力和小组合作的能力，更让我们在唇枪舌剑中明辨是非，懂得很多做人的道理。像参加"人是否生而平等"这一期活动，让我对"平等"有了一个新的认知。我们应该学会多角度去考虑问题，每个人都有平等的生命权利、受教育权利和健康权利，都有平等的尊严，有平等的追求幸福生活的权利，我们不能因为别人暂时的家庭条件、长相穿着等瞧不起别人，与同学相处要友善。

几年实践下来，时事沙龙取得了很好的教育效果。教师们在实践过程中不断总结、完善，建构了新型德育课的课堂模式，探索出了对学生进行时事教育，落实社会主义核心价值观教育的有效实施途径。学生在素材的准备、参与交流、课后反思等环节中，锻炼了收集和处理信息的能力、团结协作的能力、勇于探究的能力和明辨是非的能力。时事沙龙培养了学生关心社会发展的责任意识，促进了学生公民道德意识的形成，让学生在感受真善美的过程中，学会了树立正确的世界观、人生观、价值观，学会了在生活中自觉践行社会主义核心价值观的要求。

正如五（4）班的陈照源同学所说：

以前我有一些外国的玩具，也挺喜欢外国的动画片的，后来看到电视中有关抵制外国货的新闻，就有意回避外国的产品，但也很纠结，忍不住时偶尔看看玩玩，像小偷一样，不知道自己这样算不算卖国贼。后来我们老师组织了一期"抵制外国商品是不是爱国"的时事沙龙，我对爱国有了更好的理解。爱国体现在很多方面，升国旗时我认真地敬队礼唱国歌是爱国，我现在好好学习长大后能建设祖国也是爱国。梁老师说，应当理性地面对和选择外国商品。现在全世界很多国家在中国开设工厂，很多东西是在中国制造的，这在一定程度上帮助中国解决了大量的就业问题，而且外国也在大量使用中国制造的商品，现在经济全球化了，不应当一味地崇洋媚外，也不应当一刀切地排外。

时事沙龙让学生能够学会把目光投向社会，让心灵与世界连接，为学生从小种下价值教育的种子，为学生将来成为一个具有家国情怀、责任担当的合格建设者和接班人奠定了良好的基础。

⊙ 案例点评

价值观教育如何真正触及学生的价值观是关键性的挑战。价值观本身的抽象性极容易使教育过程流于表面或隔靴搔痒。正是由于价值观教育的这一特征，才使得泉园第二小学的时事沙龙德育微课程显得难能可贵。第一，他们选择了辩论这一改变道德认知的适宜的价值教育方式。"理不辩不明"，学校选择的时事热点，往往呈现了道德情境的复杂性，辩论双方的观点在其各自的角度都具有一定的合理性。正是在这样的两难考验中，学生的道德判断能力才得以提高，对社会主义核心价值观的认识才能得到升华。第二，他们能将一种德育方式经过科学系统的设计，构建成具有程序性、系统性的完整有效的德育模式。从主题选择的标准到素材收集处理的指导，从辩论实施的环节到辩论后的交流反思，具体明确而又扎实有效。

其他学校在借鉴辩论这一价值观教育方法时，尤其应该注意，"价值澄清"与"价值引导"是相结合的，既要鼓励学生拓展思路，又要注重辩论之后的总结和提升。学校和教师要用心建构一个健康、理性且有方向的辩论模式，更好地实现价值观教育的效果。

在思想政治学科社会实践活动中培育价值观

北京市陈经纶中学

有的学生这样总结自己的社会实践活动："背多少居委会的性质和意义的知识，都不如真真切切地进入居委会去了解它。那时，你会发现它不再是课本上说的枯燥和抽象的基层群众自治组织，而是时代的微光，每当'黑暗'来临，它们便会扑棱扑棱地飞到你身边，带着自己特有的小小光芒，在这个无边的世界里，为你照亮，哪怕只有一平方厘米。"

北京市陈经纶中学一反思想政治课以教师讲授为主的常态，以学科社会实践活动开辟一条新路径，成就学生价值成长。学科社会实践活动即学科内容的教学与社会实践活动相结合。社会实践活动包括志愿服务、社会调查、专题访谈、参观访问以及各种职业体验等。校外社会实践活动为教学提供了更广阔的空间、更丰富的资源、更真实的情境，通过让学生走进社会生活大课堂，置身于真实的而不是创设的情境，可以激发学生的兴趣，调动学生的情感，引发学生的思考。

具体而言，陈经纶中学的思想政治课教学团队乃是通过对活动前、活动中和活动后的整体规划，达到学生对社会主义核心价值观的潜移默化。

一、结合教材内容，铺设价值暗线

学科社会实践活动不同于一般社会实践活动的地方在于：教师对社会

从小做起

实践活动的主题具有一定的主导权。教师可以根据教材内容的需要，向学生建议开展何种内容的社会实践活动。正是在内容的建议方面，教师可以考虑一些重要却抽象的价值如何通过学科社会实践活动具体化。

例如，高一思想政治教材《政治生活》的主线是发展社会主义民主政治。公民参与政治生活的途径包括民主选举、民主决策、民主管理和民主监督等。"民主"对学生来讲是个抽象的概念。在学习"民主管理：共创幸福生活"的内容前，我们进行了关于居委会的调查，提出了这些问题：

1. 你了解居委会的工作吗？

2. 你曾经向居委会提出过意见和建议吗？

3. 你曾经找居委会寻求过帮助吗？

4. 你了解居民会议吗？

调查结果显示，97% 以上的学生对以上四个问题都选择了"否"。教师可以通过在课堂上讲授"民主管理"相关知识让学生知道上面四个调查问题的答案，但是对学生来说这可能只是了解了相关知识，会背会默而已，缺乏真正的生活认知。如何让学生体验真实的民主是我们一直在思考的问题。我们决定组织学生走进自己生活的社区，去了解基层民主，去看看社区工作人员的敬业和奉献，去感受社区是和谐生活的家园。

又如，尚未迈入社会的学生对"诚信经营"的理解也只停留在宣传口号上。我们结合高一思想政治教材《经济生活》中"企业的经营"这部分内容，通过设计社会实践活动回应学生"企业是如何经营的，经营状况如何"的疑问。教师组织学生走进老字号企业同仁堂参观调研。学生通过同仁堂的祖训"炮制虽繁必不敢省人工，品味虽贵必不敢减物力"，感受诚信的力量；通过参观企业文化展厅，了解传统制药过程、草药植物等内容，感受传统文化的魅力；通过参观现代化的生产线，感受技术的力量。

从以上事例可以看出，学科社会实践活动对于阐释思想政治课中的价值观念的重要性。高中政治教学的理论性和抽象性都比较强。通过开展社会实践活动让学生把政治理论、政治观点与政治、经济、文化生活结合起来，能够帮助学生将一些课本中的概念转化为政治生活、经济生活中的实际体验，让学生真正了解这些价值的内涵。

二、规范参与程序，融入价值理念

学科社会实践活动要想真正落实教师们在设计活动时的价值期许，就必须规范参与程序。由教师引导活动过程，才能够保证整个活动有条不紊地进行，预期的价值目标才能够顺利实现。让学生自由竞争，才能够让他们在平等的参与机会和公正的参与程序中，理解平等和公正的内涵。让学生在团队合作中相互磨合，才能够帮助他们收获与队友友好相处的能力。

（一）教师引导活动过程

社会实践活动初期，教师作为活动的组织者对学生起着引领的作用。教师根据学生学习需要设计活动方案，确定活动的教育目标，组织学生填写活动前的调查问卷，与学生共同学习理论知识，研究和探讨社会实践活动调查问题等。社会实践活动中期，教师作为活动的参与者，与学生共同完成学习任务。在这个过程中，学生成为学习的主体，在问题的引领下，通过各种方式，不断寻找问题的答案和解决的方法。社会实践活动后期，教师作为活动的评价者，通过对社会实践活动的总结，与学生共同反思，共享成果。

教师和学生在社会实践活动中密切配合、相互促进，形成了融洽和谐的活动氛围，有利于社会实践活动的顺利开展。

（二）学生把握机会，主动选择

我们组织的学科社会实践活动，由于受到各种条件的制约，有时无法满足所有选择参加活动的学生的需求。以往教师单方面选择学生参加学科社会实践活动的做法引起了一些学生的不满，他们认为这样不公平：为什么他能去我就不能去？于是，我们把主动权交给学生，让他们通过公平公正的竞争获得参与的机会。参观外交部的名额限定 50 人，有近 200 个学生报名。我们引导学生通过网络等渠道查阅相关资料，结合教材的相关内容和自己的关注点，提出实践活动中互动交流的问题，教师以学生提出问题的多少与质量作为选择的标准，并在班级中展示入选学生提出的问题。某企业庆典活动，需要 20 名学生做活动志愿者，而报名的学生达到了近百人，我们就组织面试，由学校领导和政治组教师组成评委会，学生通过答辩获取参加活动的资格。

这种公平公正的选择方式得到了学生的认可。选上的同学说："能否参加是掌握在我们自己手中的，是公平竞争的结果，我们服气，也会格外珍惜这次活动的机会，一定会好好表现！"没选上的同学也能明白没选上是因为自己提出的问题质量不高或在面试中的表现还不理想。

（三）学生组建团队，合作共赢

如何在活动中选择同伴，构建自己的团队，同样需要学生在实践活动中学习。在活动中，学生需要了解哪些同伴与自己志同道合，同伴适合在团队中负责怎样的工作。在选择同伴形成团队后，要本着负责任的态度，在活动中不断磨合、相互协作，以达到最佳的合作状态。

在"走进社区"的实践活动中，我们要求学生为社区的发展提出合理化建议并付诸行动。对社区发展关注点一致的学生组成一个小组。如"为小区狗屎问题出谋划策"的小组，组员来自不同的班级，通过交流后彼此有了初步的了解，他们做了人员的分工，有的负责问卷调研，有的负责拉赞助，有的负责撰写方案等，通过小组内各成员之间不断磨合、与社区居委会进行沟通交流，他们做出了符合社区特点的活动方案。最终，该活动方案入围了 2016—2017 学年北京中学生社会实践挑战赛 TOP 15。

以小组团队的形式开展社会实践活动，组员之间团结友爱、通力合作，既提高了社会实践活动的实效，也增进了学生之间的感情。

三、重返课堂讨论，实现价值提升

在社会实践活动中，学生收集到大量鲜活的资料，再通过对资料的分析研究，得出对问题的认识。在这个过程中，不同的学生通过学习都能有所收获，有的学生对书本上枯燥的理论知识增强了感性认识，觉得教材上的知识变得生动和丰富起来了；有的学生在参观考察中，对接触到的具体的社会生活现象提出了自己的思考，生成了新的探究课题，并把它带到课堂中，使课堂的学习获得有效的拓展和延伸。

社会实践活动后，教师把活动成果、加工处理后的学生反馈信息引进课堂。课堂上学生争相发言，介绍自己的所见所闻，阐述自己的认识与感想，其内容的丰富性和深刻性已经远远超出了教材所涉及的范围。学生对理论和现实问题的认识有所提高，进一步增强了责任担当意识。

在参加"走进居委会，了解社区生活"社会实践活动后，学生对敬业、责任和奉献有了新的体会和认识。在课堂交流中，高一（3）班学生孙婧滢说："我对社区工作的印象是'上面千条线，下面一根针'，尽管事务繁杂，但工作人员做一事忠一事、做一行敬一行，这种态度值得我们学习。"高一（10）班学生付辰雨说："居委会的阿姨甚至能够背下那些独居老人都住在哪一栋楼、哪个单元、哪一层，与每个独居老人都有'直线'联系，这让我明白了责任的真正含义是什么。"高一（4）班学生寇雅岚说："社区工作者的工作比我们想象的要复杂得多，他们的工资并不高，但是他们对工作很尽心，言语间透露出认真负责的态度，他们都有着一颗甘于奉献的心。"通过社会实践活动，学生对居委会的职责和作用有了深入的了解，更重要的是，他们亲身感受到居委会工作人员的工作态度，并为他们的敬业奉献精神所感动。

在学科社会实践活动中，学生会自觉不自觉地思考或尝试做一个有立场、有理想的中国公民，一个有思想、有理智的中国公民，一个有自尊、守规则的中国公民，一个有担当、有情怀的中国公民。我们相信在社会、学校、教师、家长和学生的共同努力下，思想政治学科社会实践活动一定能够培养学生成为社会主义核心价值观的真正践行者！

⊗ 案例点评

在一般思想政治课的课堂上，说理是教师常用的手段，但在北京市陈经纶中学的学科社会实践活动中，教师却说得很少，学生依然能够明理，甚至是更深入和透彻地理解价值。原因在于，学科社会实践活动的形式正好符合了价值学习的特殊性。不同于一般知识的学习，价值学习需要"践行"这一环节，来检验和加深对这些知识的理解和认同。以往的直接德育课程效果不佳，就是因为将价值学习与一般学习混同起来，用追求真的方式帮助学生追求善。可以说，在课堂之中的说理只是道德教育的准备状态，学生了解了有关价值的知识，但明白这种知识并不意味着他们会践行这种知识指向的行为。只有在实践中，学生才能够真正获得道德本身。

其他学校在借鉴这一案例时需注意，并非简单组织学生走出校门进行社会实践，就能够收获正确的价值观。仔细研读北京市陈经纶中学的案例就可以看出，教师们的精心设计，才使得学科社会实践活动更好地发挥出价值教育的作用。

以文明道：
语文教学中的价值观教育

山东省淄博第六中学

在"诗歌鉴赏"和"典故赏析"中，学生真实地感受到了什么是爱国、敬业；在"我写你猜"和"细节传神"中，学生明白了什么是诚信、友善；在"时事评论"和"热点快递"中，学生明白了什么是富强、民主；在"人物推介"和"素材展示"中，学生明白了什么叫文明、和谐……

山东省淄博第六中学（简称"淄博六中"）始终遵循教育发展规律，根据学生的身心特点培育和践行社会主义核心价值观。其中一个重要特色就是将社会主义核心价值观教育与学科教学紧密结合，实现了德育与学科教学的相得益彰。这其中，语文学科因其自身学科特点而成为德育教学的重要阵地。语文学科兼具工具性和人文性，语文教学不仅要体现训练和培养语言素养的工具性，还要发挥教人求真、促人向善、引人崇美的人文性。"以文明道，以道释文，文道合一"地传授社会主义核心价值观是语文教师、语文课堂的必然选择。

在实际教学中，淄博六中语文教研组坚持以创新理论武装头脑，在继承和坚持"朗读感悟、文本细读、角色扮演、专题写作、校刊编发、好书荐读"等成功的教学模式和活动外，还积极创新形式，力求摆脱枯燥说教，远离简单粗暴，真正使语文课成为社会主义核心价值观教育的加油站和催化剂。

一、主题活动课——课堂思路新，学生上了心

主题活动课是指以班级为单位，定期进行主题教育展示活动。社会主义核心价值观内涵丰富，如何才能让学生全面深入地理解和把握？教研组老师转变思路，以新思路寻找新方法。老师们借鉴"中国诗词大会""中国成语大会"等电视节目的形式，在全校举办学生自己的诗词大会、成语大会等，以竞赛对抗的方式来让社会主义核心价值观的教育"活"起来，更"火"起来。活动分初赛时的班内选拔赛、复赛时的班级对抗赛、决赛时的全校挑战赛三个阶段，形成了"人人参与，个个争先"的学习热潮。

首先，教研组老师群策群力，紧紧围绕教学内容确定活动主题，之后再根据主题来选择确定集知识性、趣味性和可操作性于一体的主题活动。比如确定"爱国"这一主题之后，教研组结合"唐诗宋词鉴赏"这一教学内容开展"爱国诗歌背诵达人赛"和"爱国诗歌书法展"。

然后，教研组与年级管理中心积极沟通，确保活动过程中各个环节的畅通，为活动的全面展开、推进创造良好的外部环境。教研组统一下发活动倡议书和活动流程及细则，从时间、地点的安排到评委人员的确定等都做到准确无误。

待各项前期准备工作都完毕后，活动进入具体实施阶段。各年级、各班级积极发动，教师指导学生进行专题诗歌的梳理，从量的积累到质的考量，学生为了共同的目的而积极行动起来。

班级参赛人员确定之后，各年级组利用课外活动进行班级对抗赛。最后各年级选手会聚一堂，进行年级挑战赛。此时，比赛难度与要求进一步加大，不仅要求学生要展示出自己量的积累，还要求学生表现出相应的理解鉴赏能力和适当的深化拓展能力。在题目设置上除了前期的背诵之外，还进一步创新形式，"抢答""接龙""飞花令"等环节进一步加强了比赛的

激烈性和趣味性。

这一主题活动改变了以往诗歌教学"内容生硬、形式僵硬、过程干硬"的老思路、旧套路，极大地激发了学生的好胜心和荣誉感，学习的积极性彻底被调动起来。

二、十分精彩语文课——主讲换了人，学生入了门

"十分精彩语文课"，一是指时间为十分钟，二是指要呈现的形式与内容精彩。每节课留给学生十分钟的时间，各班学生全员参与，教师全程跟踪，助教全力配合。围绕社会主义核心价值观进行教学内容的选材组织，既考验学生的胆识，又锻炼学生的能力，使得学科课堂成为学生相互学习和切磋的主阵地。这样的形式一改传统道德教育"讲得口干舌燥，听得乏味枯燥"的状况，小角度切入，多角度展示，用小细节、小事例来诠释大主题、大境界，让学生结合自身实际，巧联系、多感悟、举实例、动真情，借助多媒体技术的渲染，图文并茂、深入浅出地诠释社会主义核心价值观的内涵。各班学生组织开展的"好书推荐""细节之美""素材展示"等活动，形式不拘一格，内容百花争妍，但社会主义核心价值观的渗透始终不变。此外，学校还组织开展了"诗歌鉴赏""典故赏析""我写你猜""细节传神""时事评论""热点快递"等活动，引导学生在活动中感受社会主义核心价值观，使社会主义核心价值观内化为学生在生活中的行为准则。

微课虽小，但作用不小，它激活了社会主义核心价值观学习的"一池春水"。学生变老师，被动变主动，无论是对学科知识的具体运用，还是对价值观的深入理解，学生都入了门，进入了一个新境界。

三、场景体验课——现场感受深，德育生了根

学校一直注重校园文化的建设，近年来新增展板 800 余块，共安装了

从小做起

149

31组特定主题的宣传橱窗，使学校楼宇文化呈主题化设置，打造了孔子园、廊榭园、校友寄语墙等十几个主题文化区，真正实现了每一面墙壁都会说话的教育环境的创设，学校文化层次和文明氛围全面提升。

语文教研组充分利用校园文化主题化这一鲜明特点，将课内教学与课外学习有机融合，引导学生深思博取。教师结合课上讲解的内容，让学生以小组为单位，到校园特定场景中进一步感受和品味，以鲜明的仪式感让学生在思想上产生更强烈的共鸣。无论是圣哲先贤的哲思睿语，还是饱经沧桑的实物展品以及丰富生动的图片资料，都让学生感受到优秀传统文化的源远流长和社会主义核心价值观的丰富内涵。在一次次的场景体验中，实现了春风化雨、润物无声的学科素养教育和价值观渗透体验，从而让社会主义核心价值观在学生心中生根发芽。

这些教学活动通过形式和内容的创新，突出了语文学习主题的鲜明性、内容的鲜活性和教学的艺术性，从而让语文课变得有料、有趣和有味，学生能听得进、学得快、记得牢，社会主义核心价值观教育与学科教学叫好又叫座的"双赢"结果自然是水到渠成。

纵观这几年的教学实践，语文教研组在社会主义核心价值观教育上的亮点主要体现在以下方面。

一是主体更丰富，由"一言堂"变为"大合唱"。通过这样的"大合唱"，人人参与，个个展示，搭建起来的既是互学互帮互促的平台，也是质疑解疑去疑的舞台。而且在整个过程中，坚持"平等对话、自由交流、民主协商、文明发言、气氛和谐"的原则和要求，因此，讲的过程既是相互学习、共同提高的过程，又是深化认识、统一思想的过程，更是体现和践行社会主义核心价值观的过程。

二是方式更实际，由"踩高跷"变为"接地气"。在活动设计与推进中，正确处理"在地面步行"和"在云端跳舞"的关系，坚持"既要仰望星空，也要脚踏实地"，充分考虑学情，力求实效。始终坚持"有想法"还要"有办法"，"有意义"也要"有意思"。通过一系列"有趣有味"的教学活动，使语文课变得"有正气、接地气、有生气"，使学生"坐得住、听得进、记得牢"，从而达到了"把实事做好，把好事做实"的效果。

三是效果更长久，由"一阵风"变为"全天候"。通过"主题活动课专题学、十分精彩语文课交流学、场景体验课感悟学"的全天候学习，形成"时时讲学习，处处有学习，人人要学习"的良好氛围，实现"知识复习无死角，知识掌握无遗漏，知识衔接无缝隙"，真正做到了学习的常态化、持续化。

一直以来，淄博六中语文教研组紧扣时代脉搏，紧贴语文教材，通过形式创新、内容创新、方法创新，在充分遵循教学规律的基础上积极主动地进行社会主义核心价值观教育，使语文课更生动鲜活、丰富灵活，大大增强了在学科教学中渗透德育、美育的教学效果，为学生形成正确的世界观、人生观、价值观奠定了坚实基础。

⊙ 案例点评

学校开展社会主义核心价值观教育的着力点要放在学校教育的主渠道即学科教学之中，进一步来说，是放在学科教学中的学科知识内在意蕴的开发与运用之中。学科知识内在意蕴是人类智慧的结晶、情感的交融、思想的体现和人格力量的外化，可为品德培养奠基。文化传承与理解是语文学科核心素养之一，语文学科以文明道，有着显著的优势。淄博六中积极探索语文教学改革，尊重学生主体地位，以学生喜闻乐见的形式开展教学，让语文学科充满趣味性、艺术性，调动了学生学习的积极性，使学生在无形中习得社会主义核心价值观。

学科教学虽然是开展社会主义核心价值观教育的着力点，但是不同学科的性质是不同的，具体的教学内容、教学方式和教学目标也是不同的，所以利用学科教学开展社会主义核心价值观教育，各学科要根据本学科的特点来进行，谨守本位，不能越位，不能将语文课上成历史课，将数学课上成道德与法治课。

8　以习惯养成为契机，
　　让价值实践从小做起

　　社会主义核心价值观要想从宏大的政策话语转变为具体的教育实践，就必须紧紧贴近学生生活实际，从小、从细做起。对于学生而言，习惯养成是其成长过程中的重要课题。因此，在学生的习惯养成中自觉融入社会主义核心价值观教育，可以有效确保社会主义核心价值观教育更好地融入学生日常的点滴生活之中，解决价值观教育与学生生活实际的"顽强的疏远性"，从而真正达到社会主义核心价值观"内化于心，外化于行"的教育效果。

　　实际上，受到社会广泛认可的行为习惯，其背后都必然包含着人们对特定价值生活方式的期待。也就是说，人们认可或拒绝某种习惯，不仅仅表达的是对该行为本身的支持或反对，更表达的是对与该行为联系在一起的价值观的赞同或否定。因此，行为习惯本身就天然带有价值观的意涵在里面。但遗憾的是，长期以来，对学生的习惯养成教育，更多的是采用一种机械的行为主义的强化理论来指导实践，即学生的习惯养成过程主要就是一种简单的行为操练过程，其核心目标主要是形成学生对特定情境的一种自动化的行为应答。这样一种习惯养成教育固然在短时间内有助于学生形成某种行为，但是，过于机械的行为训练会导致在学生的习惯养成教育中只见物不见人，只见行为而不见价值。这就在很大程度上弱化了习惯养成本身所具有的价值教育作用，同时，也使得习惯养成教育由于缺乏价值观的滋养而变得无趣。因此，在习惯养成中落实社会主义核心价值观教育，重点就在于充分实现事和理、行为和价值的有机结合。

济南外国语学校通过推行"原样交接"、设置分类垃圾桶、设计图书捐赠活动、实行"过失代偿"等看似细小的养成教育，不仅帮助学生养成了良好的习惯，而且在这些习惯养成的过程中，充分将文明、友善等价值观自然地融入，实现了价值观对行为习惯的引领。而东营市垦利区董集实验学校则以更为具体的学生生活事件——食堂就餐为养成教育的切入点，很好地将学生良好就餐习惯的培养与文明、和谐、友善等价值观有机对接，从而赋予了这些看似烦琐的外在要求以内在的价值灵魂，有效地避免了习惯养成教育过程中的机械行为训练，也使得行为本身因为有价值内涵的充盈而更具感召力。巨鹿县育蕾小学和重庆市巴蜀小学则对习惯养成教育进行了趣味化的改造，并且这两所学校之所以能够取得成功，是因为其做法符合这一阶段学生的道德认知水平。小学阶段的学生，道德认知普遍处于科尔伯格道德认知发展理论中的第二阶段（相对功利阶段）和第三阶段（寻求认可阶段）。"道德品行银行"，把对学生的品行要求转化为道德积分，并允许学生用积分兑换物品，使学生明白自己的良好行为将会得到丰厚的报偿，最大限度地唤起了他们的道德动机。榜样章的"现场授章、授章有因"的设计，让学生发现，自己的正确行为随时随地都可能得到他人的认可。虽名为"榜样"，却并不仅仅是学习他人，而是要成就自我，将学生自我实现的愿望调动起来，让他们做最好的自己。

通过细节铸就文明

济南外国语学校

"砥砺筑梦　黄河徒步行"活动是济南外国语学校（简称"济外"）初三年级每学期都会组织的综合实践课程，全体师生要沿黄河徒步近20公里，中午在黄河岸边休憩进餐，午餐过后所有人都会自觉地将产生的垃圾收拾干净，学校派专车负责回收垃圾。大部队前行后，休息场所整洁如初。

学校作为育人场所，应是文明风尚的高地和培育、践行社会主义核心价值观的主阵地。济外以文明引领学生成长，以美德塑造学生人格，努力增强德育的时代性和实效性，在学校生活中培育和践行社会主义核心价值观，引导学生成为具有现代文明素养的社会公民。

学校注重从多角度、全方位培养学生的文明修养，用点滴事件，让文明内化于心、外化于行；全新地阐释文明，让文明内涵具体化，让文明培育可操作。在济南创建全国文明城市、济外创建全国文明校园的"双创建"工作中，学校将已有的"文明引领"系列教育进一步凝练提升，让学校的文明教育得以深化、延续和拓展。

一、在"原样交接"中盛开文明之花

所谓"原样交接"，就是指校内所有公共场所，包括教室、餐厅、图书馆、实验室及运动场馆等，使用后要保持物归原样，完好交接。例如，大型活动举行完毕后要保持场地的整洁和物品的完好，下课后自觉把教室整理干净，就餐完毕后整理好自己的餐桌，在各楼层的开放式书架阅读完后要将图书放回原位并将座椅归位，等等。

作为一项常规管理制度，"原样交接"从既往检查、评比的惯性中走出来，更侧重于管理机制的建设和管理节点责任的强化，既体现对卫生、公物、秩序管理的常规要求，又是对学生个人文明素养的有效提升。个人的举手之劳，体现的是"与人方便、与己方便，人人为我、我为人人"的文明美德。每个人都是自我管理者，也是直接受益者。"原样交接"已经深入每一名师生的内心，并转化为他们的自觉行为，他们不仅在学校严格落实，而且在家庭中、在社会的公共场所，也都自觉地保持着这种良好的文明习惯。"原样交接"的做法被济南市教育局在教育系统广泛推广。

二、在垃圾分类中追求生态之美

在生态文明社会，垃圾被视为放错了位置的资源。垃圾分类在不少发达国家已成为生活常态，它反映出公民和社会的文明程度，体现了人与社会和大自然的和谐相处。在我国，垃圾分类管理还处于起始阶段。建设友好型社会，应重视对生态文明的建设。环保低碳生活，不应仅仅挂在嘴边，止步于宣传呼吁，更要落实到行动上。

早在 2011 年 9 月，济外就提出"绿色学校，人人有责，践行环保，从垃圾分类做起"的倡议。每个新生接受的入学教育、每个学期的升旗教育、主题班会都要包含垃圾分类知识。校园里，所有教室、公寓和公共场所均放置颜色不同的垃圾桶，分别盛放可回收与不可回收垃圾，在楼层中放置红色的有害垃圾回收桶，学生和教职工餐厅设有厨余垃圾桶。基础设施到位，监管跟进，学生会每天对学校近百个教室和餐厅进行检查打分，每周对各班垃圾分类工作进行量化评价，并及时向学校和班主任反馈结果，同时还会提出改进建议。

为推进垃圾分类，学校还成立了最大的学生社团——绿风社团，并开办"绿色银行"，每个班级可以将回收的物品，如书写纸、饮料瓶等送到绿色银行，并登记在"存折"上，每学期社团会根据各班情况进行表彰，并以绿植作为奖励。教师亦是如此，学校对教师办公室的检查，除了常规的考勤纪律、办公纪律之外，垃圾分类也是学校检查的重点内容。垃圾分类在济外无死角、无盲区。

2011年9月至今，社团活动开展近8年，参与人数几千人，"绿色银行"变卖可回收垃圾总价共计2万余元，资金用于开展赴贫困山区的助学救困活动、敬老院敬老爱老活动等，使捐贫助困成为一种风尚。学校提倡垃圾分类还产生了良好的社会效应。大众网、《中国环境报》《齐鲁晚报》《济南时报》均对此做过报道。目前，学校加强宣传教育，鼓励学生让垃圾分类进入家庭。文明是一种坚持，文明引领一种潮流。绿风行动，让环保意识从这里开始生根发芽，以期追求人与社会和自然的更加和谐，为构建和谐社会出一分力量。

三、在捐赠赠予中弘扬友善之举

捐赠，是一种文化，更是一种文明。"因爱而生"新年慈善音乐会是济外体现"在捐赠赠予中弘扬文明"最有影响力的品牌之一。通过举办新年慈善音乐会，学校鼓励、支持、组织学生积极参加扶危济困、奉献爱心等社会公益活动。学生用精彩纷呈的演出，募集善款，建设"爱生图书室"。

济外自2011年起，迄今已经成功举办了八届"因爱而生"新年慈善音乐会。8年来，学校已筹集善款270余万元，主要用于捐助贫困山区的留守儿童，为贫困山区的学校捐建"爱生图书室"。在爱心汇聚中，济外公益版图不断延伸，温暖世界的济外温度不断升高。截至2018年，已有 3 座"爱生图书室"落成，引起良好的社会反响。在第八届"因爱而生"新年慈善音乐会上，募得善款 95 万余元。学校将此次善款全部捐赠给湖南省湘西土家族苗族自治州龙山县里耶镇中心小学和山东省潍坊市安丘市辉渠镇夏坡学校，用于"爱生图书室"的建设。

捐赠传递文明，爱心接力希望。2014 新年慈善音乐会，学校为一位身患白血病的学生募集善款 231270 元，给她送去了希望，极大地温暖和鼓舞了她战胜病魔的决心。这名阳光女孩已病愈返校，并考入了澳大利亚悉尼大学。她在给母校的来信中写道："学校不仅能教书育人，还能让生命之花得以延续。我感恩这来之不易的一切，将来也要像您一样，传递爱心，回报社会。"这就是教育，用心去温暖，用爱去点亮。帮助他人的快乐，受助者收获的幸福，还有爱心汇聚的力量，鼓励着济外人不断前行。

每年在六年级、初三和高三的毕业典礼上，学校都会设置捐赠图书环节，毕业生通过自愿捐赠图书，以表达对母校的怀念、对老师的感恩、对学友的期待，每一本捐赠的图书扉页都加盖了学校专门设计的印章，留有捐赠者的赠言。学校为每位捐赠者都发放证书。在学校的书吧还专门设置了赠阅区，学生创办的刊物、中英文习作集、画集等向师生及来访者免费赠阅。

四、在志愿服务中传承友爱之魂

志愿服务是学校着力倡导的文明风尚。学校设有绿地养护、礼仪接待、图书整理、卫生保洁等近 20 个学生义工岗。校内志愿服务岗均制定了相应的服务细则，包括服务内容、服务要求、检查标准和申请流程等。参与志愿服务的学生都会得到志愿服务工时卡，以记录参与服务的情况。学校对每一名学生参与志愿服务有工时要求，同时作为学期末评优的重要考核内容。

多年来，学校与济南市商河县孙集乡教育办、济南市历城区西营镇教育办持续开展高三保送生支教等志愿服务活动。2011 年 20 余名保送生前往济南市商河县孙集乡开展了第一次支教活动。每一年的保送生支教活动都会有不同的形式，而不变的是爱心的传递。2018 年，曾经参加过支教活动的济外校友们又来到了西营小学，同济外 2018 届保送生一起为西营的孩子们组织了班会课，体现了济外人爱心使命的传递与光荣传统的延续。在支教的过程中，济外学子将自己的光与热向更多的孩子播散，体现了他们的成长与担当，体现了他们的人文情怀与人格魅力。支教志愿服务队在帮助他人、服务社会的同时，也培养了自身的社会责任感，他们在校内外传递着正能量。

济外教师志愿服务队也身体力行，传递着文明。学校门口设立由党员干部和教职工组成的志愿者义务执勤岗，每天安排 10—12 名党员、干部和教师志愿者，于上学和放学两个时段，在学校门口开展文明交通执勤活动。教师既做课堂上文明交通的教育者、宣传者，又通过亲身践行，积极做文明交通的参与者、示范者。

目前，学校有教职工志愿者 389 人，学生志愿者超过 4000 人。他们充分弘扬"奉献、友爱、互助、进步"的志愿者精神，用实际行动践行社会主义核心价值观。

五、在"过失代偿"中彰显人文精神

严明的校规体现着学生管理工作的刚性和底线要求。同时我们也发现，随着学生自我意识的增强，简单直接的批评常常收效甚微，严厉的惩处往往容易将学生推向教育者的对立面。鉴于此，对于违纪学生，在批评教育的同时，我们大力推行"择善而行，过失代偿"活动，即不是简单地对学生进行处分，而是让学生通过读好书、做好事和做有意义的事情来得到褒奖，从而进一步提高认识和修养，改变行为偏差。相对于纪律约束、惩处为主的教育管理模式，"择善而行，过失代偿"实践的是不被排斥和拒绝的教育，它充分顾及了学生的情感需求、个性自尊与人格独立，更易于引导学生主动改过，积极向善，不以善小而不为。

学校秉持"致力于每一位学生的健康成长"的办学理念，在德育实施过程中，立足自身实际，从大处着眼、小处着手，以社会主义核心价值观为根本，以文明引领学生成长，在点滴细节中为学生注入向真、向善、向美、向上的基因。学校将继续完善"文明引领"系列教育的内容和内涵，让教育润物无声，让文明可以操作，让价值引领有趣有味，最终学生沉淀下来的就是文明的素养与高尚的品质。

▶ 案例点评

"文明"是社会主义核心价值观在国家层面的一个价值目标。国家的文明依赖于公民的文明，公民的文明体现在一个个细节中，公民文明素养的养成体现在一个个细节的设计中。济南外国语学校推行"原样交接"、设置分类垃圾桶、设计图书捐赠活动、实行"过失代偿"，这些举措都不宏大，但是能有效地帮助学生养成文明的习惯。通过细节培养学生文明习惯，济南外国语学校的可贵之处在于：第一，实施"无痕德育"，让学生在无形中形成文明素养。第二，不是一味求新，而是坚持传统与创新相结合，既有设置分类垃圾桶等传统做法，又有实行"过失代偿"等创新措施。实际上，即使是传统做法，只要设计得当，也一样可以焕发育人的活力。

在文明习惯培养中，除了设计好实施载体，还要注意建构科学的评价体系。评价是动力，是方向，缺少必要的评价，教育活动就很难沿着正确的方向持续地推进。除此以外，文明习惯培养，不仅要让学生"知其然"，还要让其"知其所以然"，这样的文明习惯培养才能真正入脑、入心。

小餐桌上有大教育

东营市垦利区董集实验学校

我们倡导餐桌上的精神分享、文化分享、学习成果分享。虽有"食不言、寝不语"的古训，但对于青春活泼的学生们来说，让他们在餐桌上自由交谈比不言不语更能自在用餐，也更能烘托和谐愉悦的餐桌氛围。

民以食为天。同一张饭桌上，有的人细嚼慢咽、斯文有礼，给人一种赏心悦目的感觉；有的人则用筷子把盆里的食物"翻江倒海"，一边嚼着美味佳肴，一边高谈阔论、唾沫横飞，令同桌人食欲大减；有的人见到自己喜欢的食物就独享，不顾他人……每个人在餐桌上的吃法和吃相，都反映了他的教养，个人最终取得的成就、社会地位与很多因素有关，教养绝对是其中之一。如果孩子苦读多年，却因为一顿饭留下的糟糕印象而错失良机，岂不得不偿失？

东营市垦利区董集实验学校中学部一千多名学生中，有八百多名住宿生。他们每周只能回家一次，去掉完成作业时间，能和父母交流的时间十分有限。毫不夸张地说，这些孩子在不同程度上都缺少必要的家庭教育，如果我们没有重视这一点，就容易让这部分孩子在初中这一价值观形成的关键时期，出现各种问题，而且影响深远。作为老师，不仅要填补家长的空位，而且要补充家庭在孩子价值观形成方面的重要影响。经过反复思考实践，学校找到了一把解决这个问题的钥匙——餐桌教育。

餐桌正是家庭中一个重要的价值影响场所，餐桌上的诸多习惯其实都是价值观的反映。每日三餐，餐桌是一个培养孩子品德、习惯和礼仪的重要平台。我们不仅要考虑如何给学生增加营养，更要注重培育和践行学生文明、和谐、友善的价值观，将社会主义核心价值观内化为每一名学生的价值理念。

基于以上认识，我们将学校餐厅由外包转为自营，不断丰富餐桌教育内容，更新餐桌教育形式，不仅让学生在餐桌上吃出健康，更关键的是让学生在餐桌上"吃"出良好的习惯，"吃"出优秀的品质。

一、有序就餐，餐桌评选：培育学生文明价值观

学生原来的就餐方式是每天放学后一起到餐厅，自主选择饭菜，然后打卡就餐，但是学生们在挑选饭菜时常会犹豫不决，造成时间浪费，而且打餐排队时队伍散乱，甚至有学生因为饭菜的多寡而抢队、插队，整个餐厅如菜市场般吵闹，对学生的行为习惯带来很多不利影响。餐厅自主经营后，我们倡导"学会排队，懂得礼让"的文明打卡行为，让学生在礼让中学会尊重，在排队中学会有序。慢慢地，学生们就餐有秩序了，他们心里种下了文明的种子，我们也在收获着学生文明成长的喜悦。

就餐后餐桌的保洁是一个令人头疼的问题，桌面上的剩汤剩饭、油腻污渍谁都不想碰。针对这种现象，我们发出了"学会劳动，懂得自强"的文明行为倡议，让学生自己动手收拾餐桌。刚开始，有家长和个别老师是有异议的。明明有专业的清洁人员，为什么还要耽误学生的时间呢？而当大家看到学生身上的变化时，质疑的声音逐渐消失了。学生刚开始打扫卫生时，并不知道怎么用抹布把桌子抹干净，甚至越弄越脏。但在食堂工作人员和老师的指导下，他们对餐桌卫生的清扫和整个就餐区的保洁做得越来越好了，甚至超过了原先保洁人员的效率和效果。

学校还推出"最美餐桌"评选活动，以班为单位每周评出一张文明

餐桌。评比标准就是就餐有序、不挑食、不浪费，保持餐桌的整洁干净。只有每张餐桌的所有成员都表现得好，才能获此荣誉。现在，食堂里餐桌、板凳时刻都能保持干净整洁，学生吃完饭后能自觉做好保洁，还能帮助其他小组同学清扫。最重要的是，学生在动手劳动中学会了成长，逐渐养成了文明的就餐习惯和卫生习惯，将文明的价值观外化为主动的行为。

二、集体用餐，值日分饭：培育学生和谐价值观

以前采用自主就餐方式时，餐厅工作人员担心学生吃不饱，发饭时给的饭菜较多，导致很多学生吃不完就将整碗白米饭、整个馒头、整盘菜倒进泔水桶，脸上带着"就应该这样"的平静表情，毫无珍惜之心。为了培育学生节约粮食的意识，学校特地将餐桌进行更换改造，采用学生统一分桌、集体就餐的形式。餐厅工作人员先将饭菜提前摆放于餐桌，学生放学后刷卡进入食堂，按照提前分好的就餐小组在餐桌集体等候，然后由两名值日学生分餐。这样就避免了学生的浪费。同时，学校通过主题班会、图片宣传、倡议"光盘行动"等教育形式深化学生的认识，让他们逐渐明白：节约食物并非一己之事，他们对食物的浪费，其实是对有限资源的无序消耗，违背了可持续发展的原则。经过教育，学生们对节约每日餐中饭，有了更深刻的理解。

三、餐桌分享，杜绝独食：培育学生友善价值观

"妈妈就喜欢吃鱼头"的故事几乎在每个家庭都会上演，其直接后果就是养成了一些孩子吃独食的习惯，在孩子心里播下了自私的种子。这些孩子往往会以自我为中心，无论是物质上还是精神上都很难获得与人分享的快乐。鉴于此，我们提出"餐桌上的分享"，让学生在"学会等待，懂

得分享"的倡议中实现友善价值观的浸润和培养。

　　学校实行集体就餐和值日生轮流分饭制度，要求学生必须在同一餐桌所有成员全部到齐以后才能就餐，通过同样的饭菜供应和值日组长分饭，实现了物质的分享。同时，我们也倡导餐桌上的精神分享、文化分享、学习成果分享。现在，学生们在就餐时可以在不影响吃饭秩序和正常进食的情况下，谈论交流彼此生活中的趣事、学习中的心得、课后的感悟等，养成了同学之间共同乐学、好学的习惯，充分分享体验成长的快乐，吃独食的现象杜绝了，友善的社会主义核心价值观在学生心中逐渐形成。

　　《弟子规》有云，"或饮食，或坐走，长者先，幼者后"。中国自古就重视对孩子用餐礼仪的教育。董集实验学校充分利用餐桌这一块小阵地，力抓学生的习惯养成教育，努力培育和践行社会主义核心价值观，教给了学生一辈子的好习惯，培养了学生一辈子的好品行。

▶ 案例点评

　　董集实验学校的餐桌教育具有两个特色。第一，便捷性。从现实的生活细节挖掘教育契机及资源，无论对于学生、教师还是学校而言，都是一件极为有益的事情。董集实验学校从学生日常生活的必要构成部分——就餐入手，在餐桌上对学生进行教育及培养。一方面，这一教育活动能够与学生的生活紧密相连。另一方面，这一教育形式可以在一定程度上节省学校开发教育活动的资源和时间，易于推广。第二，自然重复性。在教育活动中，重复常常是一个有效且必要的步骤。学生通过重复某些行为或者知识，可以更好地记忆、理解及践行相关观念及行为。在社会主义核心价值观的培育过程中，重复也是非常有益的。董集实验学校的餐桌教育，让学生在一日三餐中自然地重复社会主义核心价值观的特定要求及行为规范，有助于学生将各种价值观念牢固掌握且外化于行，有效地避免了习惯养成过程中的机械行为训练，也使行为本身因为有价值内涵的充盈而更具感召力。

学校在未来的实践中，还可以考虑：1.增强餐桌教育的趣味性、创新性，设计出更为丰富多样的活动。2.将用餐礼仪教育与传统文化教育相结合，帮助学生了解传统文化中的餐桌文明，进而在现代生活中发扬这些优秀传统。3.开拓学生的国际视野，通过设计有关其他国家的餐桌文明的学习活动，让学生了解世界各国的用餐文化。4.拓展教育阵地，通过就餐培养学生价值观，阵地不仅在学校，还在家庭。学生价值观，往往就在全家人围着一张桌子吃饭的过程中建立起来。未来，学校应该有意识地向家长传递餐桌教育的重要性，引导家长在家庭中开展餐桌教育。

"道德品行银行"：
在点滴积累中涵养正能量

巨鹿县育蕾小学

"道德品行银行"，即将学生日常道德表现按一定规则转化成道德积分，并以银行储蓄的方式对学生道德品行进行量化管理，激励学生自觉养成良好的道德品行习惯。

为帮助学生形成正确的价值观，巨鹿县育蕾小学结合小学生的认知特点，特别是喜欢游戏的心理，探索运用道德品行储蓄的方式，引导学生知对错、明礼仪、讲文明、守法纪。

一、"道德品行银行"的开发

为确保"道德品行银行"能够有序运行，真正发挥应有的作用，学校在加强了有力的组织机构保障外，还在评价内容、实施细则等方面做了细致的准备工作。

1. 制定行为规范

对于"道德品行银行"而言，行为规范即为评价的主要内容。小学生道德品行储蓄活动应以社会主义核心价值观及中小学生守则的要求为指导，以帮助学生形成正确的价值观为目标。因此，学校经过仔细研究和深入广泛讨论，认为学生行为规范应包括爱国守法、诚信友善、文明礼仪、公平公正等价值要求，细分为80多个小项，涵盖了小学生学习、生活的方方面面。每项分值是 1 分或 2 分。学生哪方面做好了，获得的积分就可以储蓄到自己的品行储蓄卡上，也可以换取道德币；哪方面做得不好，将会从储蓄卡中扣除相应的分数。如学生有突出的良好表现，经学校德育处批准，一次可以加 5 分。内容翔实的道德品行储蓄细则，既是对学生行为规范的明确要求，也是为"道德品行银行"的运行建立起制度保障。

2. 建设"品行超市"

为使"道德品行银行"能够有效运行，学校专门腾出了房间，采购了物品，建起了"品行超市"。"品行超市"的物品以学生日常学习、生活用品为主，如书包、文具、图书以及体育用品等。学生可以持存折或者道德币到"品行超市"依据自己的积分兑换相应的物品。"品行超市"所需费用可以从学校办公经费中支出，也可以接受社会捐赠。为发挥"品行超市"的激励作用，学校还在"品行超市"的文化建设上下了一番功夫，营造出浓厚的积极向上的文化氛围。

3. 确保有序运行

学校把道德品行储蓄作为学校德育工作的重要抓手，持之以恒地抓落实。学校通过发行道德币、评定表彰道德模范、组织学生到"品行超市"兑换奖品等方式，激发学生的参与热情，确保"道德品行银行"能够有序运行。

二、"道德品行银行"的实施

"道德品行银行"以新颖的、学生喜欢的方式激励学生参加道德竞赛，引导学生在一次次存储过程中传播正能量，形成正确的价值观。经过不断探索改进，学校初步形成了基于社会主义核心价值观的"道德品行银行"德育模式，具体内容是：三级管理、三段促进、四项策略，简称为"334学生道德品行银行"德育模式。

1. 三级管理

"三级管理"是指学校设"道德品行银行"、班级设"道德品行银行"储蓄所、小组设"道德品行银行"代办点。学校"道德品行银行"行长由学校德育处主任兼任，班级"道德品行银行"储蓄所所长由班主任兼任，小组内的"道德品行银行"代办点储蓄员由小组长兼任。学校"道德品行银行"结合社会主义核心价值观、中小学生守则、文明公约等要求，制定《学生道德品行银行储蓄章程》（简称《章程》）、《学生道德品行银行储蓄实施细则》（简称《细则》）等，并将上述要求融入学生学习生活的各个方面，每个方面又细化为若干项评价内容，并设定相应的分值。班主任、任课教师要依据上述《章程》《细则》等要求，结合学生表现，予以奖惩，做到了加分，违反了减分，从而引导学生明辨是非、规范言行，逐步养成良好的行为习惯。小组内组长负责按照老师的要求登记组员的道德积分。学校"道德品行银行"还要组织好业务培训，要对储蓄所所长、储蓄员等进行上岗培训，使其熟悉储蓄细则和操作规程，统一评价标准，为"道德品行银行"的高效、有序运行提供保障。

2. 三段促进

"三段促进"是指在"道德品行银行"具体实施过程中，实行"周登记、月统计、期末表彰"的运行模式，按照"周、月、学期"三个时间段，逐步推进。每周储蓄员要按照学校制定的规则，在班主任的指导监督下，根据本组储户的行为表现进行存取登记。每周五，学校"品行超市"向全体学生开放。学生可以凭存折积分或道德币兑换物品。在月末，以班级为单位向"道德品行银行"统计报送学生道德积分的变动情况。在学期末，学校分年级、分班级对学生道德品行储蓄情况进行汇总、排序，作为学生考评、奖励的重要依据，并评选学期道德模范，予以表彰。

3. 四项策略

"四项策略"是指"道德品行银行"运行中的四个操作要点。一是组织启蒙教育。新生入学就给每名学生发放一本道德品行储蓄存折，组织学哥学姐给他们讲解道德品行储蓄的规则要求和参加品行储蓄的感受，并带领他们参观学校"品行超市"，激发新同学储蓄良好品行的兴趣和热情，打牢储蓄优良品行的思想基础。二是强化激励保障。为调动学生储蓄良好道德品行、践行社会主义核心价值观的积极性，学校创建了"品行超市"。学生可以根据自己的道德积分到学校的"品行超市"兑换书包、文具、图书等物品，以此奖励学生的良好表现。同时，还要对道德积分较高的学生给予精神奖励，如授予"美德少年""道德模范"等荣誉称号并进行公开表彰。此外，道德积分低于警戒线的学生，班主任要安排获得"美德少年""道德模范"称号的学生对其开展"一对一"的精准帮扶，帮助其改正不良行为，养成良好的习惯。三是抓好拓展延伸。学校把社会主义核心价值观教育、中小学生守则等融入"道德品行银行"评价体系的同时，还积极引导班主任和任课教师把课堂活动、作业评价等班级自选项目纳入"道德品行银行"体系，激发学生的参与热情，为机制的长效运行注入活力。四是形成多方联动。为更好地运行"道德品行银行"，要把家长及社会的评价吸收进来，建立涵盖学校、家庭、社会等多方联动的评价机制。学生校外表现由班主任结合家长或社会出具的相关证明给予评价，引导社会主义核心价值观践行活动向家庭和社会辐射、延伸。

三、"道德品行银行"的特色

"道德品行银行"德育模式是一种以价值观引领为重点，以健全学生人格为目标，以道德实践体验为途径的德育模式。该模式使学校社会主义核心价值观教育变"抽象说教"为"量化管理"，使学校的德育工作变学生"被动接受"为"主动养成"，使学生自控、自律意识明显增强，从而能够自觉规范自身言行，提升自身素质，并正确定位自己的世界观、人生观、价值观。

1. 操作简便，容易复制

"道德品行银行"德育模式关注的是学生的"生活小节"，着力规范的是学生的日常道德行为，更贴近学生的学习生活实际。"道德品行银行"作为一种新的德育评价激励机制，升华了过去的"三好学生"、优秀学生干部的评选办法，评价的重心由终结性评价转变为过程性评价。这种改革，实际上就是将评选过程融入整个日常行为之中，操作简便，效果显著。

2. 游戏引入，学生喜欢

"道德品行银行"德育模式契合了学生喜欢游戏的心理，充分调动了学生参与的积极性。传统的学校德育，在方法上常常以"禁止""防堵"为立足点，不注意调动学生的积极性，使学生处于被动地位。在评价机制上，又习惯以简单的知晓程度作为衡量标准，且在传统的道德评价中受表扬、激励的对象总是所谓的"好学生"，大多数学生体验不到成功的喜悦。"道德品行银行"弥补了这方面的不足，符合学生的认知特点，学生喜闻乐见。学生把道德币存进去，日积月累，像礼貌待人、乐于助人、诚实善良等优秀品质也在这种日积月累中成为他们能够享用一生的精神财富。

3. 评价及时，激励进步

"道德品行银行"德育模式积极引导学生从身边的小事做起。例如，见到老人和小孩要会关爱，别人有困难要给予帮助，排队上车、礼让他人等。利用"道德品行银行"及时对学生的良好行为加以肯定，使学生认识到自己的优秀道德行为，并得以强化。

德育无痕，贵在创新。育蕾小学通过创设"道德品行银行"德育模式，将社会主义核心价值观教育变抽象为具体，化"大事"教育为"小事"教育，引领学生日积一行、周养一品、月成一习，不仅将学生的道德认知转化为道德实践、道德追求，还搭建了一条让社会主义核心价值观进校园、进课堂的新渠道。实践证明，"道德品行银行"评价机制是新时期德育工作的好路子，也只有不断创新，学校德育工作才能结硕果、香满园。

▶ 案例点评

社会主义核心价值观教育，不能板着面孔一味说教，需要在趣味化情境中，让学生乐于参与，让价值观在参与中无形养成。育蕾小学以"道德品行银行"的方式，让学生参与到一种"做好事、换积分"的游戏中来，调动了学生参与的积极性。这种教育游戏能够得到学生的喜爱，是因为这一年龄段的学生对道德的思考往往处在"做一件事，能不能得到什么好处""做一件事，能不能得到老师表扬"的认知水平，所以，以做好事来换取学习用品，成为他们做出正确行为的动力。

然而，将道德行为换算成积分，并换取礼品，容易造成功利化的道德认知，所以要注意引导小学生向更高的发展阶段迈进。如提倡小学生"多存少取"或"只存不取"。另外，在使用"道德品行银行"过程中必须考虑其限度。奖励在促进人的道德发展上是有限度的，使用太多外部奖励作为教育手段，反而会异化活动的目的，收到微弱甚至相反的活动效果。

巴蜀榜样章：
在争章计划中培育好习惯

重庆市巴蜀小学

巴蜀小学的一位老师曾在他的教育日记中这样写道："有一天我上课，走进教室，发现闹哄哄的，我什么也没有说，只是从口袋里拿出了巴蜀榜样章在同学们面前晃了晃，'奇迹'便发生了：整个教室都安静了，就像整个世界都安静了一样！"

巴蜀榜样章

这位老师提到的充满"魔力"的巴蜀榜样章，正是重庆市巴蜀小学自2006年来持续开展的"养成一个好习惯"争章主题教育活动中使用的奖章。这枚章上有"巴蜀榜样我最棒"几个醒目并很有气势的大字，以及一个高高竖起的大拇指。就是这小小的一枚章，吸引了全校老师、职工、学生、家长共同参与到培育和践行社会主义核心价值观的行动中来。

一、定章：伴随巴蜀儿童礼

巴蜀小学根据学生从进校到离校的一天生活场景，整体建构了符合学生成长规律和教育规律的巴蜀小学学生礼仪规范——巴蜀儿童礼，包括问候礼、集会礼、两操礼、课间礼、用餐礼、卫生礼、课堂礼等。

巴蜀儿童礼（节选）

【基本礼仪·口号令】

师：巴蜀形象	生：向我看齐
师：巴蜀榜样	生：我最闪亮
师：巴蜀孩童	生：世界眼光
师：争做巴蜀榜样	生：争当四好少年
师：养成好习惯	生：自信伴一生

【基本礼仪·问候礼】适用：离家、到校、离校、校园问好等

家长：上学做好三件事	生：微笑、挥手、说再见！
师：进校做好三件事	生：微笑、挥手、早上好！
师：遇到客人三件事	生：微笑、挥手、客人好！
师：离校做好三件事	生：微笑、挥手、说再见！

【叙述】早上进校，学生要主动向礼仪值周的老师和同学问好，或积极回应值周老师和同学的问候。在校期间，遇见老师或客人都要主动问好。具体做法是：立正，站直，挥手，微笑着说："老师好 / 客人好。"

【校园礼仪·卫生礼】适用：教室、公共区域等

师：爱护环境重维护	生：捡渣滓、对桌子、摆凳子
师：爱护环境三个不	生：不乱扔、不乱吐、不乱画

【叙述】自觉遵守个人卫生习惯和公共卫生习惯。个人做到衣着整洁，勤剪指甲勤洗手，不乱扔果皮纸屑，主动维护环境卫生，保持书包、抽屉、座位四周、教室及清洁责任区干净整齐。

【校园礼仪·用餐礼】

（师生再见后）

师：餐前做好三件事	生：整理、解便、洗洗手 安静回位静息好

（准备用餐）

师：用餐做好三件事	生：排队去取餐、进餐不说话、用餐不浪费
师：餐后做好三件事	生：轻轻放碗筷、擦嘴漱漱口、文明去玩耍

【叙述】中午进餐前，先整理好课桌，如厕洗手，排队取餐；进餐时，不说话，安静就餐，不浪费粮食；餐后轻放碗筷，整理餐桌，擦嘴、漱口，外出休息。

　　巴蜀儿童礼的内容依据社会主义核心价值观和《中小学生守则》《中小学文明礼仪教育指导纲要》等文本来确定，汲取《弟子规》等中华传统智慧，引导鼓励学生从小讲文明、诚信友善。如问候礼，鼓励学生见面相互问候，培养友善的价值观；用餐礼，引导学生用餐有序、节约，旨在培育文明的价值观等。

　　针对不同年段，巴蜀儿童礼表达的方式也有所不同。低年级主要以图

从小做起

说、童谣、动作为主，如课堂礼的内容"拳头一握，要方便；右手一举，要发言；两指一伸，要补充；问号一打，要提问；OK 一做，我同意"。高年级则重点是对意义和具体内容的文字叙述，如课间章的内容，行走"轻声慢步靠右行"，玩耍"文明玩耍不打闹"，去功能室"安静排队快静齐"，如厕"爱护卫生有秩序"，等等。不同年段，形式不同，都符合学生认知规律和心理特点。同时，巴蜀儿童礼的内容采取互动呼应的形式，朗朗上口，也深受学生喜欢。

根据巴蜀儿童礼开展的巴蜀榜样章争章活动，将文本转化为形象化、趣味化、游戏化和活动化的教育过程，让学生经历学习、训练、思考的过程，促使良好习惯内化为自身的素养，外化为自觉的行为。为此，每学期初，每个学生都会制订个人的巴蜀榜样章争章计划，包括：我的争章目标、家长寄语、老师寄语，我的成长足迹（自我评价、同伴评价、家长评价、老师评价），争章学期总评，等等。学校将各种习惯要求转化为生活化、儿童化、序列化的争章内容，让学生清晰地理解各种章的内涵，树立心中的榜样；让老师、家长统一教育目标，形成教育合力。

我的成长规划

每种色彩，都应该盛开；每个梦想，都值得灌溉。让我们关注每个孩子的点滴进步，用爱去成就孩子更好的未来！

班级		姓名		学号	
我的争章目标					
我的闪光点		我需要进步的方面		期末期待	
家长寄语			老师寄语		
我的成长足迹					
第　学期					
自我评价		同伴评价		家长评价	老师评价
争章学期总评（　　　　　　）					

二、授章：时时处处发生

学校通过创设趣味化的全程、全员评价方式，激发学生积极主动地参与争章活动，不断养成良好的行为习惯。

现场授章。学校生活的每一天，老师、保安、保洁工人、食堂送餐的师傅等都会与学生发生交往，他们也都参与对学生良好品行习惯养成的评价。他们在自己日常工作的现场，根据争章内容，发现有良好习惯表现的同学，当时、当面将手里的巴蜀榜样章贴在学生身上。

授章有因。学校教职员工在将巴蜀榜样章贴在学生身上时，要告诉学生颁章给他的原因。这样，在学校里，在同学们的身边，每天都流动着榜样。学生获得了一枚巴蜀榜样章，并不一定是做了什么惊天动地的大事情，多是在于一些很小的细节，如捡垃圾、帮助小同学、餐前主动洗手等。

授章存档。胸前被贴上了巴蜀榜样章，学生会觉得特别光荣，他们会高高兴兴地跑到大队部领取一张巴蜀榜样登记表，上面有这样几个栏目：记录得章的时间、地点，是谁为自己颁发的，最重要的是记录自己受到表扬的原因。学生会从中感受到莫大的激励。

家长知情。孩子将登记表带回家请家长签字，家长从中了解了孩子在学校的表现，形成一次有效的家校沟通。同时，家长看到自己的孩子受到了表扬会很高兴，会鼓励孩子，从而再次强化孩子良好的行为习惯。

班级认可。学生将回馈表交给班主任，班主任也很高兴，因为这枚章不但意味着期末班级会获得加分，更意味着班级成员"不以善小而不为，不以恶小而为之"，班主任也会再表扬一次学生。

通过创设趣味化的全程评价和全员参与评价的方式，巴蜀小学的巴蜀榜样章便在班级、学校、家庭中流动起来，并借此形成了家校共育的合力。巴蜀榜样章在同学、老师、家长的一次次询问、鼓励中带给学生自信，也让学生良好的行为习惯得以巩固。

三、奖章：串联起实施全过程

学生获得巴蜀榜样章的活动告一段落，但"养成一个好习惯"主题教育活动并没有结束，而是不断深化生成可持续延展的主题教育活动。

第一，凡是获得巴蜀榜样章的学生，自动成为校园文明监督岗成员。

巴蜀榜样墙

第二，每周从上周获得巴蜀榜样章的同学中随机抽取10位参加周五的"金色餐桌"活动，和老师、校长一起共进午餐，畅谈自己的收获和建议。第三，每月从奖章获得者中随机邀请一些同学，照一张生动的艺术照，并光荣地展示在学校校门口的巴蜀榜样墙上。第四，巴蜀榜样章在学校学期榜样班级的评比中代表一定的分数，每周公示。第五，各班级的学生评价也与巴蜀榜样章紧密结合。第六，每学期期末，学校举行"成长丰收节"，学生在各班创设的"成长丰收园"中向全校师生和家长展示、交流得章情况及成长收获，学生为彼此的努力、进步给予肯定和鼓励，一枚枚沉甸甸的榜样章，为学生一学期的在校生活画上一个圆满的句号。

奖章，作为最后环节，有效串联起了巴蜀榜样章争章活动实施的全过程。通过明确争章内容、全员评价、持续激励，全校每一位教职员工及家长人人参与，全体学生每时每刻、课内课外都能受到引导与监督，也可以时时对照目标，积极行动，从而树立起良好的榜样。而榜样所传递的价值取向，表现出的高尚品质，对学生本身是一种强大的感召。以榜样引领，把典型示范作为培育和践行社会主义核心价值观的重要途径，用榜样的力量温暖人、鼓舞人、启迪人，将榜样的力量融入全程、全员、全方位的德育课程之中，融入学校立德树人的创新实践之中，激励全体师生及家长。

2017 年，学校开发了巴蜀榜样章 APP，通过现代信息技术，进一步发挥榜样章的教育功能。每个学生的榜样章上有一个专属的二维码；每位老师在手机上下载安装 APP，根据学生的表现，当场扫描二维码，学生的行为便及时有效地记录了下来。这时，家长安装了相应软件的手机上便会弹出信息提示，他们就能第一时间了解到孩子在学校的表现。现在，学校老师可以通过后台的大数据分析，了解学生获得榜样章的情况，关注平时容易被忽视的学生，还可以了解学生在不同方面的表现情况。

如今，争取获得巴蜀榜样章已成为巴蜀小学学生健康成长的一种动力，激励每一位学生在不同的方面发展自我，让巴蜀榜样闪亮在学校的各个角落。巴蜀小学以巴蜀榜样章争章活动为途径，使社会主义核心价值观教育生活化、儿童化、趣味化，形成了学校、家庭、社区的合力，实现了系统与侧重有机融合，年段与常态相互关照，使学校德育不再是孤立的各自为政，而是有了完整的德育链，能更好地落实立德树人的根本任务。

◉ 案例点评

"做最好的自己"，现在已成为许多学校的校训，但是落实到具体的教育实践中，却少有学校像巴蜀小学一样做得这么扎实。首先，从"我的成长规划"来看，学校真正在教育理念上实现了个性化培养，每个学生都从认识自我开始，走向改善自我的征途。其次，从学校的授章行动来看，学校能够通过符合教育规律的手段来促成学生的自我完善。榜样章的"现场

从小做起

授章、授章有因"的设计，让学生发现，自己的正确行为随时随地都可能得到他人的认可。对于那些位于科尔伯格道德认知发展理论中第三阶段（寻求认可阶段）的小学生来说，重要他人的肯定能够成为他们进一步求善的动力。另外，从团体动力学的角度来看，由于同伴们都在争章，学生自然也会投身到争章的大队伍中来，奖章的"低门槛"让人人都有得到奖章的机会，这就使得争章成为多数人的行为，而非少数人的专利。团体之中的人，相互激励，又会形成正向的教育影响。

由于巴蜀榜样章的设计源于巴蜀儿童礼，即主要指向学生在校内的行为习惯养成。在未来的教育实践中，可以考虑将榜样章的内涵拓展，将学生一部分重要的家庭生活习惯也考虑进来，真正实现家校共育的合力。

9 以学生自治为抓手，让价值实践从自己做起

习近平总书记曾经指出，要"使核心价值观的影响像空气一样无所不在、无时不有"。要做到这一点，就必须使社会主义核心价值观成为学生学校生活的方式。什么样的学校生活是最符合社会主义核心价值观所倡导的呢？以"自治"为核心的民主生活是一种。实际上，培养学生的自治能力，就是在培养学生自由、平等、公正、法治的现代公民人格。

自治的重要性，陶行知有过深刻的论述。他认为，一国当中，人民情愿被治，尚可以苟安；人民能够自治，就可以太平；那最危险的国家，就是人民既不愿被治，又不能自治。所以，当渴望自由的时候，最需要的是给他们种种机会得些自治的能力，使他们自由的欲望可以自己约束，所以时势所趋，非学校中提倡自治，不足以除自乱的病源。

按照陶行知的定义，学生自治是学生结起团体来，大家学习自己管理自己。学生自治有三个要点：第一，学生指全校的同学，有团体的意思；第二，自治指自己管理自己，有自己立法、执法、司法的意思；第三，学生自治与别的自治稍有不

同，因为学生还在求学时代，就有一种练习自治的意思。由此可见，自治对于学生而言，既是一种重要的民主生活方式，也是其学习民主等价值观念的重要渠道。

　　下文三个案例呈现出许多共同点，其中最显著的就是让学生在学校管理中拥有了话语权。从自治程度的高低来看，校长助理乃是最低程度的参与管理，其次是同学议事会，而学生代表大会则是最高程度的参与管理。甚至，学生代表大会就是鼓励学生自己管理自己的事务。

竞聘学生校长助理，
共担管理责任

南京市旭东中学

对全校一千多名学生参与的竞选的胜出者来说，"学生校长助理"既是一份骄傲与荣誉，更是一种责任与压力。这种压力，也是他们不断鞭策自己、超越自我的动力：要比别人做得好，也要比过去做得更好。

自 2009 年起，我校开始实施学生校长助理制度，至今已产生八届学生校长助理。我们建立了以提高学生责任意识和民主意识为目的，由全体学生直接选举、校长直接任命，并对校长和学生负责的学生团体。学生团体设校长助理、教学校长助理、德育校长助理、行政校长助理四个职位。主要职责为完成或协助分管校长完成相关工作；根据自己承担的工作内容，制订工作计划，经分管校长审批后开展工作；广泛收集和听取同学们在学校管理、教育、卫生、服务等方面的意见和建议，向校长汇报并提交议案，做好师生间的桥梁等。

一、发动申报，增强学生平等参与的意识

学生校长助理竞聘活动是在广泛宣传、全校动员的基础上开展的一次公开竞聘活动。参聘对象为全体学生，只要有想法，愿意为广大师生服务，每一位学生都可以报名参加竞选。竞聘条件是自信阳光、为人正直、性格大方、办事稳重、积极上进、成绩优异、具有威信、责任心强、乐于

奉献、吃苦耐劳。

首先是学校层面的启动仪式，在学校广泛宣传的基础上，学生自主报名，并在班级内部竞选。班级推选品德、学习、能力都最优秀的学生，参加学校竞选。班级内部竞选的方式由班主任决定，多采用演讲展示的形式。推选到学校参加竞聘的学生则由校德育处、校团委统一组织第一轮的竞聘。这些候选人通过笔试和自我介绍，向学校展示自己的实力与想法。

笔试内容多为开放式题目，主要考查候选人意志品质、主人翁意识、组织领导能力等。题目不仅是在考核学生是否具有担当校长助理的资质，而且借此机会了解学生对于学校工作的意见。在学校管理中，常出现学生意见和主体参与缺失的现象。作为独立的个体，学生有自己的需求、愿望以及被尊重的需要，但由于受到很多传统观念的影响，学生多处于服从、被管理、受约束的地位，学生的意见或是建议很容易被忽视，一些所谓的评教评学、意见箱、上级视察等旨在促进学生参与管理的活动，往往没有起到实质性的作用，还会出现学生对学校的管理制度认可度和执行力不高的情况。学校对笔试环节反映出的共性问题做出了很好的回应：对于学生反映的学校小卖部营业时间、女生发型要求、食堂地面湿滑、排队就餐等问题，及时察觉并反馈，获得了学生的理解与支持。

这一环节，从学生角度来说，可以让绝大多数有意愿的学生参与其中，充分表达自己对学校管理的意见，达到"面"的铺开；从学校角度来说，能够更全面地了解不同阶段、不同学生共性与个性的需求，最终实现"点"的集合。

笔试环节之后便是听取候选人的自我介绍和工作设想，最终通过各班级代表投票的形式，选出进入第二轮展示拉票环节的候选人。

二、展示拉票，激发学生主动担当的勇气

青少年有一种展现自己的强烈愿望，学校尝试给他们搭建舞台，创造性地设置了展示拉票环节，并给予他们正确的引导，不但能激发学生的参与勇气，培养学生的自主能力，而且有利于增强学生参与学校管理的责任意识，提高学生的综合素质。

学生校长助理竞聘活动的第二个环节为展示拉票环节，由第一个环节初选出来的学生校长助理候选人参加，亲友团为其班级同学及其粉丝。学校校长助理候选人首先将收集到的学生对学校的教育、管理和服务方面的意见和建议进行整合，写成报告，分别交到相应的校长处。学生提交的报告包括"八礼四仪""课间安全""课堂纪律""提高课堂效率""校园环境"等方面。亲友团帮助候选人出谋划策，使候选人在群众中树立威望。他们有的到各班去进行一次简短的演讲，有的利用学生午餐时间到食堂散发自己精心制作的相关传单，有的以海报的形式张贴宣传资料，还有的用横幅来展示自己的相关理念。

收集资料写成报告的过程其实就是候选人的一次自我学习、自我提升的过程。学生不再满足于被教育，而是带着主人翁意识在学校生活。我们发现，在道德认知方面，本环节能给学生充分表达自己真实想法的机会，而写成报告并进行展示拉票的过程，使学生的自我管理、责任意识，特别是勇于担当的意识得到了加强。在个人素养方面，各种各样的报告让学生走进学校的具体的事件中，去体验、思考、表达，锻炼了学生各方面的能力。

下面是某位候选人的活动感言：

我首先设计调查问卷，同学们帮我分发到各班进行调查，然后汇总；把问题汇总到一起后，我们又设计了相应的改进方案，到同学们中去征求

意见。同学们的这些意见和建议开阔了我的视野，让我的思考更加全面、更加深入。老师也在帮助我，在我演讲前她帮助我修改演讲稿，对如何演讲也提出了不少宝贵的意见。真的很有收获，很感谢大家。

学生只有对学校有责任意识，把自己当作学校的主人，才会与学校休戚与共，紧密相连，真正地去关心学校的建设与发展。

三、全校公投，增进学生民主生活的体验

学生校长助理竞聘活动的最后一个环节为全校公投，这是整个活动的高潮。全校师生会聚操场，最后的8位候选人列队站在主席台上，每个学生面前放着自己的投票箱。他们面对广大师生依次进行最后的竞选演讲。候选人使出浑身解数，或简明，或生动，或激情，或幽默，充分展示自己的优点与特长。候选人所在班级的其他同学，有的拉着鲜艳的横幅，有的举着醒目的展示牌，有的组成啦啦队为本班候选人摇旗呐喊，有的和候选人配合用歌声大声唱出心中愿望，还有的班级师生齐上阵，为候选人奋力一搏。他们通过各种方式，向选民展示候选人的才干与能力。

竞选演讲结束以后，全校师生根据之前一系列活动和当天的现场演讲，从七（1）班到九（12）班，38个班级的投票代表依次向自己心目中的学生校长助理投出宝贵的一票。每个班级有10名投票代表，这10名代表是经过班级同学共同商议、选择的能够代表全班行使权利的学生。

投票队伍如长龙蜿蜒，候选人个个笑容满面，一个弯腰，一句"谢谢"，向每个支持自己的同学表达由衷的谢意。

投票仪式结束后，学校德育处联合校团委、学生会、大队部的学生干部唱票、统计，之后上报校长室、党支部进行审批。对正式当选学生校长助理的同学，学校第一时间予以公示，并在学校"体育、科技、艺术节"年终总结会上由校长亲自颁发聘书。

每一位同学参与投票的过程，就是他们体验民主生活的过程。公投活动充分激发了每一个人参与学校公共生活的积极性，培养或增强了每一个人的公民意识，这是对处于青春期渴望自由和民主的独立个体的尊重，也实现了个人成长与学校发展、个人幸福与学校繁荣的和谐统一。

四、学生校长助理，翻开学生自主管理的新篇

学生校长助理是联系学校管理与学生学习生活的桥梁和纽带。他们有着各自的分工，责任明确又团结协作，在自己的岗位和团队工作中忠实地履行着自己的职责。

在日常管理中，学生校长助理们每周要进行常规检查，对仪容仪表、室内外卫生、课堂纪律、课间文明等进行检查、记录，并及时反馈给级部、德育处。随时就食堂就餐情况、作业量情况、大课间活动、选修课设置、社会实践活动等进行调查，收集意见，及时向各分管校长进行汇报。每月召开一次汇报会，对各板块工作进行总结反思，并听取校长们的指导意见。每学期至少做一次主题讲话，学生校长助理代表向全校师生汇报他的工作、发现的问题和提出的建议。

学校领导非常重视学生校长助理工作，不仅在工作上加以教育引导，而且十分重视他们调查、收集的学生意见，比较重要的问题还提交行政会讨论，校行政会讨论决定后给予回复或实施。比如发型问题，在 2012 年前学校实行短发制，后经学生校长助理广泛调查，征求学生意见后，学校做了相应调整，现在学校的行为常规里已经取消此规定。

苏霍姆林斯基说，只有能够激发学生去进行自我教育的教育，才是真正的教育。开展学生校长助理竞聘活动，就是让学生自我教育、自我成长的方式。竞聘活动在不断完善和创新，每一届的学生校长助理也能在实践中增强才干、强化责任、培养品性、完善自我。

⊙ **案例点评**

　　学生民主素养的培育重要的不在于他能够说出多少关于民主的知识，而在于他在日常生活中的行为方式是否体现了民主意识与能力。民主意识与能力蕴藏于民主实践中。旭东中学通过引导学生竞聘学生校长助理，帮助学生开展真实的民主实践，了解民主制度，学会过民主的生活，培养了其对民主生活的兴趣和习惯，形成了民主意识，为将来成为合格的社会公民打下良好的基础。

　　在学生竞聘学生校长助理的过程中需要注意的是，要避免其成为少数人对于机会、职位、利益或者面子的追逐，陷入功利化的泥淖之中。各种形式的"贿选"提醒我们必须注意这一问题。面对这一问题，学校必须对学生的民主实践进行指导。学校要引导学生去理解民主的价值原则，如诚信、友善、责任等。没有这些价值原则，民主实践就会退化成利益的争夺。对于学校来说，重要的不是谁最后获得了学生校长助理这一职位，而是所有参与者都从民主实践过程中习得了正确的民主观念、态度和行为模式。

同学议事会中的核心价值观培育

成都市树德实验中学（西区）

一个学习成绩较差的学生在发言中质疑"优生辅导差生"的效果，他说："我不想让A同学（一个成绩很好的学生）辅导我，不是他辅导得不好，而是我听不懂，跟不上他的思维，我希望让B同学（一位成绩中等的学生）帮助我，他比较有耐心，能够理解我的困难，我也没有压力。"

培育和践行社会主义核心价值观离不开公民素养教育，公民素养教育要围绕培育和践行社会主义核心价值观进行，这既是促进社会全面发展的需要，也是实现人的全面发展的需要。正如陶行知先生的教导："生活即教育""社会即学校"，同学议事会制度的实施是学校强化公民素养教育的实践研究，是探索以社会主义核心价值观推动公民素养教育的深度尝试。

同学议事会制度源于2010年1月成都的"撕卷门"事件：某家长凌晨三点起来，发现女儿还在做作业，一怒之下把卷子撕了。此事引起了学校领导、班主任、学科教师的深度思考：我们需要建立一种沟通制度，让学生反映合理诉求；我们需要搭建一个平台，赋予学生话语权、参与权、监督权。于是，我们制定了《同学议事会章程（试行）》（以下简称《章程》）。《章程》规定：同学议事会是在班级（或年级）通过民主推选产生代表，按照《章程》规定的办事规程和行动准则工作的学生的群众性组织。同学议事会分班级议事会、校级议事会两级组织，议事范围包含学校教育教学管理、班级文化、校园环境、学生行为习惯、安全卫生、社团活动等，涉及学生在校学习、生活的方方面面。《章程》还规定了两级议事会的工作流程、议案生成流程和议事环节，指导学生参与同学议事会议事，让学生在参与中学会调查、学会合作、学会规则、学会策略，增强学生的责任意识、参与意识、规则意识，做合格公民。

一、在参与中体会"民主"

"民主"是什么？民主是尊重多数人意愿的同时，又极力保护个人与少数群体的基本权利。民主一定要有人的参与，一定需要讲规则。同学议事会制度为学生提供了用心观察、用心思考和发现问题、解决问题的平台。

"修改发式标准"议案是同学议事会制度启动的第一个议案。2010 年以前学校规定学生发式只能有三种：男生平头、女生齐耳短发、艺体特长生可以留长发。对于这样的硬性规定，近乎全体女同学都认为"不近人情"，我们经常能看到女生在入学时必须要剪短发的挣扎和不舍。于是，许多班级在班级议事会上提出了修改发式标准的议案，通过之后上报校级同学议事会。校级议事会的学生议员针对这个议案，经过调查、论证、陈述、表决等既定环节，最终通过议案并将议案送达学校教育处。教育处第一次征求了班主任的意见，很多班主任表示改变发式标准可能会出现管理上的问题，教育处将意见反馈给学生议员们并否决了这个议案。学生们坚持自己的想法，再次提出议案，教育处征求了家委会的意见，家长们也不赞成这个提议，于是议案又一次被否决。但学生们仍然没有放弃，他们根据反馈意见，自行设计并呈现他们认为家长和老师可以接受的发式方案。功夫不负有心人，学生、老师、家长三方充分讨论后认为学生提出的六种发式符合中学生仪容仪表的规范，并且配有相应的自我管理方案，议案就此通过。学校最后将这六种发式写入了《学生成长指南》，以学校制度的形式确定下来。学生听到这个消息，整个校园都沸腾了。

在这个案例中，我们看到学生们通过自己的努力，解决了困扰他们的问题，体会到理性表达、积极参与、努力争取的重要性，也逐渐开始形成维护自身权益的意识。学生有理有据的争取是"民主"，教育处的征求意见是"民主"，学生、老师、家长的三方会谈也是"民主"，学生的参与意识、民主意识在问题解决中逐步培养起来。

二、在实践中理解"文明"

孟子说："不以规矩，不能成方圆。"一个人心中有规矩，办事守规则，才可能成为懂文明的人。教会学生文明，首先从守规则开始。

同学议事会制度规定：程序要"文明"。最初，学生理解同学议事会是一个可以畅所欲言、表达意见的地方，就出现了你一言我一语、想怎么说就怎么说的情况，甚至出现经不起推敲的"随便之说""想象之说"。于是，我们在《章程》中规定了议案需要有四个方面的完整表述：发现问题、描述问题、分析问题、解决方案。以"描述问题"为例，我们要求学生把观察到的现象用图片、文字呈现出来。比如，"教学楼里不能追逐打闹"的议案，学生为充分呈现问题，在教学楼定位了几个点，定时采集数据，进行统计分析，用数据来说明教学楼哪些地方追逐打闹的现象严重。实证为这个议案增色，同时也让我们看到有理有据、按程序行事就是"文明"。

同学议事会制度还规定：议事要"文明"。学生现场议事必须有遵守规定、言之有据的秩序意识。《章程》规定，议事现场参照"罗伯特议事规则"，辩论双方向主持人表述观点，有序进行质疑和回答，避免争吵和无序辩论。比如，七年级某班曾提出过一个比较有争议的议案，大家对此议案有很多质疑，意见不一，但议事现场仍秩序井然，同学们与议案提起人虽各持己见，但在沟通交流的过程中都能够礼貌提问、耐心倾听。

这样的锻炼让学生在参与过程中认识到规则与秩序是文明素养的重要体现，既可以有效率地解决问题，也营造了一个彼此尊重、文明的氛围。

三、在协作中感受"友善"

同学议事会议案生成和现场答辩对团队协作要求较高，一个友善的团队能做好分工与合作，一个友善的团队总能让工作效益最大化。比如，议案准备的过程需要合理分工，让每一个成员做自己擅长的事，或者让每一个成员积极投入地做事，这样的智慧和策略能创造"友善"。再比如，议事过程中的辩论需要技巧和方法、接纳与宽容，能体现团队成员间的默契，而高层次的默契源于"友善"。

以八年级某班教室多媒体的议案为例，学生们根据议员的特长清晰地列出了调查分工环节的任务分配：

××负责调查好的多媒体效果是什么样的，本班的效果如何；

××负责拍照，收集图片证据；

××负责观察问题出现的时间，收集时间证据；

××负责问卷调查，收集文字证据；

××负责证据汇总、分析等。

任务的分配与合作是小组成员共同协商完成的，任务明确、有条理。在后续的实施过程中，大家严格按照亲身参与制订的计划实施，任务完成很顺利。在这样的临时小团队中，学生们能朝着一个共同的目标努力，大胆提出自己的想法和建议，努力解决分歧，使目标在不断的思维碰撞中得以实现，这个过程让学生感受到合作的作用，体会到友善的意义。

分析几年的议案，我们发现随着学生参与同学议事会次数的增多，学生的视角在改变，改变源于他们心中有了"友善"。七年级新生刚进校多关注与自己有密切关系的问题，议案主要反映了自身的需要，如食堂问题、吃饭插队问题等。八年级时学生开始关注同伴，有了换位思考。比如，在"关爱后进生"议事现场，有的学生就提出，希望由成绩中等的同学辅导自己，与优等生相比，成绩中等的同学更有耐心，自己也能跟上他的思路。这位同学的发言引发了老师的思考，使老师意识到小组合作学习要注重为学生寻找"相得益彰"的搭档，也提醒了在场的同学们，"友善"就是要学会关注同伴的感受，不能总是以自我为中心。九年级学生的议案不仅关注同伴，而且开始关注学校、社区、社会中存在的问题。2012年，九年级学生提出的"校园文化节，我的爱，我的痛！"议案，推动了学生文化节活动形式的改变。2015年，九年级某班提出的"青少年暴力，痛！痛！！痛！！！"议案，主动向校园暴力说"不"，提醒同伴远离校园暴力，也展示出九年级学生逐渐增强的法治意识。

同学议事会制度开展多年，我们发现，在公民素养教育方面，通过让学生经历解决问题的过程，充分表达内心真实的想法，在社会公德与自我需求之间学会找到有效的平衡，激发了学生的参与意识，培养了学生的责任意识和规则意识；在培育社会主义核心价值观方面，学生从最初追求个人权利，即"自由"，到逐步感受责任和规则，即"民主""文明"，再走向更高阶的志愿，体现了更深层次的"友善"与"和谐"，学生是在具体的事件中体验、思考、体会，锻炼了能力，提升了公民素养，培育了社会主义核心价值观。我们将继续挖掘同学议事会制度的价值，将学生公民素养的培养、社会主义核心价值观的培育工作进行到底！

⊙ **案例点评** //

　　任何一项教育活动，培养的都不是单一素养，社会主义核心价值观教育也是这样。这就需要教育者增强教育敏感性，多方发掘教育活动的价值。成都市树德实验中学（西区）建立了同学议事会制度，出发点是提供一个交流平台，赋予学生话语权、参与权、监督权，可是在实践中，通过丰富和探索，同学议事会拥有了多重价值：体会民主，理解文明，感受友善。这些价值作为一个整体，服务于学生社会主义核心价值观的培育。

　　同学议事会制度对学校也提出了要求。第一，学校要充分相信学生。由于学生是尚未成熟的个体，许多管理者以此为借口，剥夺学生的民主权利。事实告诉我们，只要引导得当，学生的表现是惊人的。第二，学校要放手。如果学生缺少实践的机会，那么必然会影响学生的自然发展。因而，学校必须以学生为中心，创造机会，让学生参与学校公共事务。

学生代表大会制度中的民主教育

北京市第四中学

老师们只能从自己的视角去观察、了解学校的情况，不可能深入到每一个角落，但是学生自己却能有许多发现。比如，冬天在卫生间加装热水宝，在大门上装上棉帘，丰富校服款式，实现课间操加餐，改善操场照明，等等，这些温暖人心的提案得以实施，会让提出者有一种归属感，觉得学校像他们的家一样。

学校作为培养社会主义建设者和接班人最重要的阵地，必须高度重视社会主义核心价值观教育。北京市第四中学（简称"北京四中"或"四中"）的校训是：勤奋，严谨，民主，开拓。这其中的"民主"与社会主义核心价值观不谋而合。在学校层面，如何设计、实施学生民主制度，如何提升学生的民主意识，如何提高学生的民主实践能力，我们通过学生代表大会制度进行了有效实践。

一、学生代表大会制度的设计思路

在 2015 年学生代表大会上，刘长铭校长对"民主精神"做了如下阐释："什么是民主精神呢？民主不是无拘无束、为所欲为，不是个人利益至高无上。民主的形式也不仅仅是言论自由、全民投票，民主更不是无政府、无法制、无约束。民主精神的核心是对他人的尊重，是对社会共同利益的尊重，是对社会公共道德与规则的尊重，是确保每个人最大限度地发挥个人能力与热情服务他人、服务社会的公共行为规范。因此，民主精神是大家成为现代社会中优秀公民所必须具备的重要品质，也是四中精神的重要内涵。"

这是我们结合北京四中实际进行民主实践的认识起点。学生是家庭的成员、学校的成员，同时也是国家的成员。今日，学生关注学校、热爱学校，把自己当作学校的主人，尊重他人、尊重规则，明日，走向社会，他才会尊重规则、尊重他人，有能力、有热情参与国家的建设，做国家的主人。

北京四中的教育理念是"以人育人，共同发展"，因此，学校所有教育教学活动都要坚持"处处皆教育，时时在育人"的原则。组织举办学生代表大会，从策划、准备到具体实施，再到结束后的总结与反思，都要求组织者能发现蕴藏在每一个活动环节中的教育契机。学生代表大会的目的不仅在于总结工作、选拔人才，其根本目的是让学生意识到作为四中人要学会负责任地行使自己的民主权利，要充分关注和参与学校的建设和发展，并能够在机遇与竞争中拓宽视野，提高能力，提升素养。

二、学生代表大会制度的实施过程

学生代表大会制度中，哪些过程和内容能让学生践行民主、提升民主意识呢？这需要从整个制度流程着手。

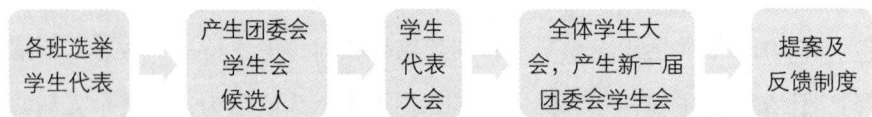

各班选举学生代表 → 产生团委会学生会候选人 → 学生代表大会 → 全体学生大会，产生新一届团委会学生会 → 提案及反馈制度

学生代表大会制度完整流程

第一，学生代表大会代表的产生过程。各班学代会代表均是民主选举产生的。各班同学以班级为单位，采用自愿报名和同学推荐相结合的方

式，全班同学公开投票、唱票，监票员现场审核投票结果、宣布结果。在此环节前，学校给各班班长、团支书开筹备会，宣讲学生代表产生的流程及其要求，宣讲活动的意义。在各班选举时，先由班长或团支书宣讲学生代表工作的内容及其意义，再组织同学自愿报名，产生计票员、唱票员和监票员，最后开始投票等流程。一切按正式民主投票的形式进行，确保整个选举过程的严肃性。

第二，新一届团委会学生会候选人的产生过程。有意愿参与团委会学生会工作的学生自愿报名，经过基本考核、实践考核、面试、教师筛选、自我宣传等环节，了解自己及自己的主张。在此环节，前三项由上一届团委会学生会骨干成员带领完成，因为绝大多数候选人在高一时都是学生会各部的干事。各教师筛选时征求候选人班主任、年级组长的意见，了解其优缺点、老师是否推荐等意见。最后一项自我宣传则是自行设计海报，利用团委会学生会公众号推送和校园内宣传展板，让同学们了解自己，为现场选举做预热。

第三，学生代表大会。议程包括：①全体学生代表听取和审议本年度学生会工作报告、财务报告。②学生代表向本届学生会就本年度工作报告内容或者本年度工作情况进行质询；如本年度进行了章程修改，则还需进行修改稿的审议；对工作报告、财务报告、章程修改稿（可选）进行现场投票。在此环节，工作报告、财务报告均为正式印制的印刷品，内容为三部分：一是本届学代会流程，二是学生会主席的工作报告，三是本届团委会学生会财务报告。学生代表大会的质询环节，主要是修订和完善工作报告，以使其能在全体学生会上经受住全体同学的考验。

第四，全体学生大会。会议议程均需要学生代表参与，让学生充分参与、决议，并且正确行使自己作为学生代表的民主权利。

全体学生大会议程包括：全体学生作为选民听取新一届团委会学生会

候选人的竞选演说，并现场进行质询；学生选民现场投票，产生新一届学生会正式成员。

现场抽选的四名监票人负责全过程监督，特别是对投票、封票、计票（机读卡计票）的过程进行监督，整个投票、计票过程结束后向学生选民如实介绍全过程。由此，全体学生体会到了公开、公正和公平的民主决策过程。

两次大会中，学生质询环节是最热烈的。到质询环节，主持人告知全体学生，针对报告中的任何问题都可以提问，但提问时要明确指定回答人。

针对上一届团委会学生会成员，质询内容指向过去的工作，比如要求财务部部长回答财务开支中结余款项的去向，要求社团部部长回答足球联赛赛制改变的原因，要求学生会主席回答章程某一条修订的原因及实施效果，等等。然后由相应代表给出回答，给不了回答的时候，被指定的学生会干部只能公开道歉认错。

针对新一届团委会学生会候选人，质询环节则指向对未来工作的质疑。因为经常会有比较尖锐的问题，很考验候选人的提前准备和现场反应。比如有学生问主席候选人：如果学生会某项计划开展的工作和学校原有的规定冲突，你是否愿意推动学校改变原有的规定？还有同学问：学校的校园卡充值系统依然不能实现微信、支付宝支付，你在任期的前三个月内能否解决这个问题？等等。

质询环节这一民主过程，既是对回答问题的学生干部的一种考验，也是学生行使民主权利的一种展示。

第五，学生代表大会提案及反馈制度。这是常设制度，在接下来的一年中，会有多次提案及相应反馈。新一届团委会学生会经选举产生后，提案制度正式进入实施阶段。学生经由团委会学生会向学校各部门提出自己的提案，由学校各部门负责老师予以回应、落实，各班学生代表在提案反馈会上了解学校各部门做出的回应、落实情况，并回班转达给本班同学。

在这些过程中，学校和老师的角色是舞台的搭建者和后勤保障者，尽量放手让学生自主开展各项工作，尽量体现"学生自治"的色彩，给学生锻炼的机会，让学生体验民主的真实性和有效性。

三、学生代表大会制度的实施效果

参加学生代表大会是学生参与社会事务的开始，是一次重要的人生体验和社会实践，可以让学生初步学习和实践国家的民主制度。四中的教育给予学生的，不仅仅是知识、能力、情感和健康的体魄，还有作为杰出中国人所应具有的基本素质，即国家责任与民主精神。

从学生的角度，首先是候选人民主意识和服务意识的增强。在学生代表大会中，学生切实实践民主、体验民主，领略了民主的力量。因为自己要接受学生代表的监督，要实现学生对学校改进工作的期待，所以增强了自己为同学服务的意识。其次是学生会干部及候选人个人能力的提升。在学生会的报名、工作报告的撰写、章程修改报告的整理、组织学代会等一系列工作中，学生干部在历练中成长。再次是强化了候选人对同学和学校真挚的情感，并对全体同学有良好的情感辐射作用。每一届团委会学生会干部在工作中建立的深厚友谊，为同学们服务的赤诚之心，会感染所有学生，为新一届团委会学生会干部树立好的榜样，为增强学校的凝聚力做出了贡献。最后是全体学生民主意识增强，为学校建设献计献策。经过学生代表大会和全体学生大会的过程后，学生对自身行使权利的意识明显增强。最充分体现这一点的是学生提案。学生在感受着提案给学校带来的变化时，无论是受益者，还是献策者，这都是他们津津乐道的话题，是他们民主实践的结果。

从学校的角度，对学校工作最有推动作用的，是提案反馈会。提案反馈会是由学生会组织部按学校行政部门整理学生代表对学校各方面的意见和建议，并由各部门领导集中向全体学生代表反馈的大会。一方面，提案反馈会让学校的很多制度得以改革，设施得以完善。历届学生代表提案使学校各部门的工作真正做到有的放矢、高效完成。如手机管理制度的制定和实施、晚自习管理制度的制定和实施、食堂的卫生管理及设施改进、卫生间的设施改进等方面。另一方面，此项活动最大的教育契机，是参与反馈的各部门主管领导所展示出的作为一名教育工作者的责任感和使命感，这种重视民主的示范会带给学生更多触动和思考。在面对面的提案反馈会上，各处室负责老师诚恳的态度、负责的精神屡屡赢得学生们热烈的掌声，反响非常好。学生感受到学校对民主的珍视、对学生的尊重、对提案的重视、对问题的应对、对学生和学校利益的维护以及对原则的坚守。这种润物无声的示范是对学生长久的心灵滋养。

⊚ **案例点评**

今天学生的校园民主实践是明天学生社会民主生活的预演。北京四中的学生代表大会制度就是校园内的"人民代表大会制度"，它不仅使学生掌握正式的民主程序，还使学生学会过民主生活。北京四中的这一创举，一是与学校校训相呼应，有坚实的学校文化作为根基；二是以实践的方式进行，能让学生在身体力行中体验民主、习得民主；三是"高仿"人民代表大会制度，有利于学生未来更好地参与国家政治生活。

学校是育人的场所，教育性是学校区别于其他社会组织最根本的特性。在选举学生代表的过程中，按照民主程序产生代表人选，当然无可厚非。不过学校还可以考虑从另一个角度来对学生实施引导，即某些岗位是否可以不采用民主制，而是推选最需要锻炼的同学来担任。这样，学生在练习民主的同时，还习得了关怀，学校便能实现双重教育目标。

10 以学生社团为阵地，让价值实践从身边做起

　　学生社团是学生在自愿基础上自由结成的群众团体，其核心功能是满足学生全面发展的需要。对于学生成长而言，好的社团经历对其一生发展意义重大。有研究发现，学生参与社团活动越多，在建立与明确目标、学习参与、职业规划、生活管理、文化参与等方面就表现出越高的发展水平。

　　对于学生社团而言，自愿和自主是其关键属性。因此，学生社团作为实施社会主义核心价值观教育的重要阵地，就必须坚持自愿和自主的原则。自愿表明社团对于学生的吸引力是内生的，而不是外在的强制要求。这就要求加入社团应该以学生真实的兴趣爱好为前提。自主则意味着社团作为学生自己的兴趣团体，其运行乃是由学生主导的。这种自主性主要体现在以下两个方面。

　　1. 学生能够自主参与社团。这里所说的参与包括创办和发展。前者意味着学生拥有自主创办权，无论是出自一时兴起，还是源自深思熟虑。后文案例中的西安交通大学苏州附属中学和余姚市职成教中心学校都以其完备的程序为学生自

主创办社团提供开放的机会。后者意味着学生能够通过运行、合作、宣传、评价等一系列自主的活动，发展和壮大自己的组织。

2. 学生能够自主践行价值观。首先，社团这种形式本身就有利于一些重要价值观的培育。例如，友善的培养，学生因为共同的兴趣聚集在一起，在共同活动中培养与人交往的能力，加深彼此之间的感情。再如，对民主的领悟，通过共同决策集体事务，学生在社团中也初步培育了民主意识和能力。其次，社团活动的内容能够帮助学生培育价值观。例如，在弥生园艺社的活动中，学生对各类植物爱护有加，自然而然地产生了与自然和谐相处的观念；而当义卖所得的收入超出社团日常经费需求时，学生们毫不犹豫地将其捐献给贫困学生，又在活动中滋养了友善之情。

虽然自愿和自主是把握学生社团价值实践的关键，但教育者并非对学生的多彩实践不管不顾。案例中两所学校都建立了完善的社团监管制度，确保社团有序、有效地发挥作用。

让自由之花绽放

西安交通大学苏州附属中学

弥生园艺社在园博会上的展示，让更多的人认识了园艺，了解了园艺，并且爱上了园艺，同时，更了解了西安交通大学苏州附属中学的社团活动真正给了孩子一片自由的天地，锻炼了他们的能力，促进了他们核心素养的养成。

"玩中学，做中学"是杜威、陶行知等教育前辈反复宣讲的教育箴言。西安交通大学苏州附属中学的社团活动很好地诠释了这一理念。社团突破课堂教学限制，拓展学生成长空间，使学校教育与生活艺术无缝衔接，学生呈现出个性特长优先发展、综合素质全面提高的态势。弥生园艺社、融爱社、春风志愿者服务队、摄影社、辩论社等社团活动丰富多彩、美美生趣。

一、以自主精神贯穿社团生活

学校活跃着二十多个学生社团，"自主"是这些社团的重要标志。下面以弥生园艺社为例，介绍学校培育自主社团的经验。

（一）允许学生根据自身兴趣创建社团

学校允许学生根据个人的兴趣特长创建社团。学生可以通过以下流程进行社团申报。

从小做起

```
新社团负责人按要              社团负责人携带《新社团成立章程》《新社团成立申
求收集资料，完善     ←——    请表》《新社团成立申请书》《指导教师简历表》《社团
相关材料与手续              负责人简历表》等材料到德育处、校团委申请注册
      ↑                                              │
      │                                              ↓
由5名及5名以上的学           批准成立后，新社团应在            经 德 育 处、
生发起，并确定主要     →    社长例会时向各位社长宣    ←——    校团委批准
责人及社团名称、章程等       布成立，并尽快吸纳会员            方可成立
```

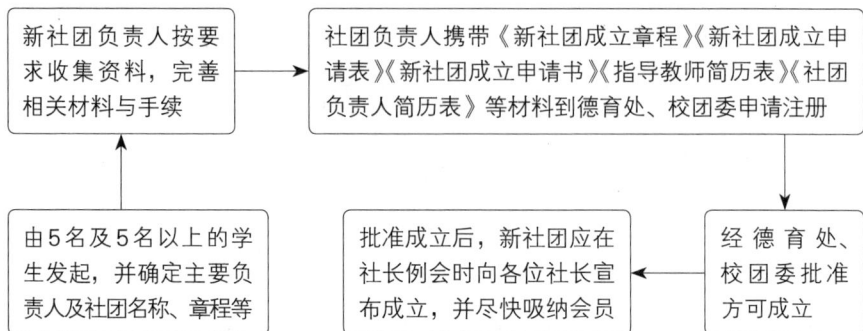

社团申报流程图

　　完整且公开的程序使得每个有意愿成立社团的学生都能依照此步骤发展自己的兴趣，哪怕成立社团只是源于"一时兴起"。弥生园艺社的社长郭子睿同学说："真的只是一时兴起！三年前我偶然在书店看到一本园艺书，便随手拿起来翻了几页，却没想到从此以后就踏入了园艺的大门，再也没缓过神来。"这小小的内心惊艳一直持续到现在，也可能成为他未来人生的方向。"我觉得花草都是会说话的。"郭子睿同学不止一次这么说，"靠近一株植物，能听见叶片随微风翕动的声音，闻到花蕊弥漫的芬芳。这就是植物特有的表达。"

（二）引导学生在社团内有序自治

　　社团的发展主要依靠学生自己的力量。参加弥生园艺社的同学皆是对园艺有着浓烈兴趣的人，因此，聚集在一起后，他们齐心协力，或上网搜索，或去花卉市场请教内行，或翻阅杂志，将基本的植物种植方法一一熟烂于心。渐渐地，弥生园艺社种植的植物品种丰富起来，多肉植物、绣球花、月季、睡莲……社员们组成小队，分区分类，包干管理，人人俨然一副园艺达人的模样。他们还为每一株植物起了好听的名字，今天谁要给"北辰"浇水，明天谁要给"布丁"松土，他们都安排得井井有条。

　　但自治并不意味着教师没有相应的指导。每学年，学校都会面向全体

教师招募社团指导教师，教师可以通过网上申报的方式申报担任社团指导教师，也可以根据个人的兴趣特长指导相关社团。同时，学校也面向学生家长、校外专家招募社团指导教师。

二、以柔性管理助力社团实践

（一）提供社团展示的多样机会

展示往往为学生社团的发展提供重要动力。无论是在何种平台上的展示，都会凝聚社团成员的力量，让他们更加用心地组织社团实践，推动社团发展。

1. 鼓励社团为学校发展做贡献

弥生园艺社的社员们将种植的花草摆在学校行政楼大厅的钢琴旁，自成一景，路过的老师和同学都会因这美妙的风景而心情愉悦。清新的绿意装点着多彩校园，角角落落都遍布着绿色的身影。

"不断有同学和老师问我们关于园艺的问题，我们向他们介绍植物品种、种植过程等。解答的时候心里不断涌出一种成就感。"郭子睿同学自豪地说，"我们还向他们赠送罗勒的种子，把对未来美好的希望送给他们。"

2. 搭建社团展示的各级平台

为了激发各社团活动的积极性，学校每学年组织一次大型社团展示活动，并大力支持社团参加各类比赛。在 2016 年学校学生会社团联合部举办的新一届社团展示大会上，弥生园艺社的同学们将自己精心栽培的成果搬上了舞台，在灯光的照耀下，植物都闪耀着属于它们自己的光芒。社长向观众介绍了社团的基本情况，以及花草的种类、种植的经过等。

弥生园艺社的同学们还与校外社团合作进行展示。外校的同学都为弥生园艺社的杰作感到惊叹，也常会来到学校向弥生园艺社购置几盆小植物。

弥生园艺社不断"走出去"，参加苏州博览中心举办的园艺博览会，在一片争奇斗艳中，面向苏州市民展现西安交通大学苏州附属中学学子的风采和学校的社团文化，赢得了许多的赞美和鼓励。

（二）提倡社团间的交流与合作

社团间的交流与合作，不仅能够交流社团发展的经验，而且能够让社团在合作中壮大自己的力量。因为一旦需要在更大范围内进行合作，就需要社团成员更大程度地发挥自身的主动性。

在社团经费吃紧的情况下，弥生园艺社的老师和同学们想到了将自己种植的花草进行义卖的主意。想到就做，弥生园艺社立马联系了学校另外两个社团——融爱社和春风志愿者服务队。

在三个社团以及指导教师的共同努力下，同学们联系到了学校附近的一个大商场，他们愿意将商场前的广场借给弥生园艺社的同学们使用。大家为了这场义卖做了精心准备，了解消费者购买需求，挑选精品良种，制作精美卡片，等待"有缘人"前来认领。社员们虽有不舍，但是仍然将几个月来大家辛苦培育的小苗和一些作品默默贴上标价，送上展示台。

整个下午，老师和同学们奋力招揽，人群将几个展示台围得水泄不通。人们对于这些可爱的小盆栽都充满兴趣。义卖结束，成果喜人，收获一千元，其中四百块钱作为社团经费，剩下部分作为融爱社的融爱基金。并且三个社团决定，将弥生园艺社义卖所得资金捐赠给江西贫困地区的困难少年，缓解他们的生活、学习压力。

此刻，对植物的爱上升到了大爱。弥生园艺社悄然化作一粒爱的种子，撒向了孩子的心田，并开出了美丽的花朵。

三、以管理规范社团实践

西安交通大学苏州附属中学的社团活动虽然具有较高的自主性，但这种自主性也是一步步培养出来的。为了规范社团活动，学校采取了一系列措施。

（一）制定社团管理制度

学校学生会社团联合部针对日益丰富的社团活动制定了详细的规章制度。

西安交通大学苏州附属中学学生会社团联合部监管章程（部分）

---

1. 社团活动是否按时举行。
2. 活动开展是否在申报地点举行。
3. 活动宣传是否规范，有无乱贴海报，海报用语是否不当，所发传单或所拉横幅是否提前向学生会社团联合部申报。
4. 活动开展前，相关人员和物品是否按时到位。
5. 活动进行中是否有组织有纪律和活动中是否有混乱和散漫现象。
6. 监察人员应全程参与本次活动，在活动结束后对本次活动做出评价，并进行备案。

社团活动的开展由学生会社团联合部负责检查，检查情况及时公布。社团活动有固定的时间和场所，时间一般是周五下午 5:30—6:30，或者是周日下午 4:00—5:00。对于没有准时参加社团活动的同学学生会社团联合部会及时联系班主任和家长，并做好相关记录；对于无故不参加（或不准时参加）社团活动或违反其他规定达 3 次的同学将劝其退出该社团，并且不得参加其他社团，取消其评优评先资格。在社团活动的过程中，学生如果需要转入其他社团，需提交《转社申请表》，经指导教师及校团委同意后方可转社；如果需要退出社团，需提交《退社申请表》，由本人签字，经指导教师和校团委同意后方可退社。

（二）通过评比提高管理效率

每个社长手里都各有一本社团活动记录本，内容、地点、人员、成果……一次次的记录，就是在时光轴上刻下了成长。最终，大家一起看着青涩稚嫩的社团走向成熟完备，内心满怀喜悦与满足。

　　每周，学生会社团联合部都会根据各个社团的活动情况、社长的活动记录进行评分。每学期末，综合每周的评分情况评选学校"精品社团""优秀社长"等，对社团进行嘉奖。弥生园艺社从创立之初，就是学校众多社团中的典范，连续两个学期被评为学校"精品社团"。

　　弥生园艺社如此，融爱社如此，春风志愿者服务队如此，辩论社亦如此……所有的社团都庄重地诞生，茁壮地成长，一步一步走下去，规模逐渐扩大，从无人知晓，到享尽美名。对于社团每一个成员来说，这是青春的乐趣，这是成长的喝彩。

▶ 案例点评

　　既然自主是学生社团的特征，学校应该如何保持和促进这种自主性，使得学生顺利展开价值实践？西安交通大学苏州附属中学进行了很好的探索。首先，就是要创建制度。创建制度已经属于德育范畴。制度德育论者认为，恶的制度是很难让人行善的，因而无法发挥其预期的教育作用。如果学校没有提供完善的社团申请制度，只是号召学生建立社团，学生就很难具有积极性。其次，便是要提供平台。海阔凭鱼跃，天高任鸟飞，如果给社团发展设置"天花板"，如以影响学习之名不允许学生社团参与校外活动，学生的创造力和热情就很难被调动起来。

　　从学校的案例来看，学生会社团联合部在社团监管方面扮演重要角色。在未来的教育实践中，可探索将社团管理的部分权力交给社团，让学生自主管理，更好地发挥学生的主动性和创造性。

社团"5Z"化管理：
提升社会主义核心价值观培育成效

余姚市职成教中心学校

精武社团参与 2018 年第十五届世界精武武术文化大会接待、组织服务工作等，对外合作交流不但培养了学生的工作能力、服务社会的责任感，更重要的是让他们意识到了诚信、友善的重要性。

社团是学校育人的绝佳阵地，社团活动是学生体验的有效平台，是学生的兴趣点、学校的创新点所在。通过特定的社团自主运营环境，让学生成为社团的主人，认识、理解、内化社会主义核心价值观，是学校探索社团"5Z"化管理（社团"五自"化）的初衷。该管理模式可概括为五个关键词：社团成立自主化、社团运行自主化、社团合作自主化、社团宣传自主化、社团评价自主化。

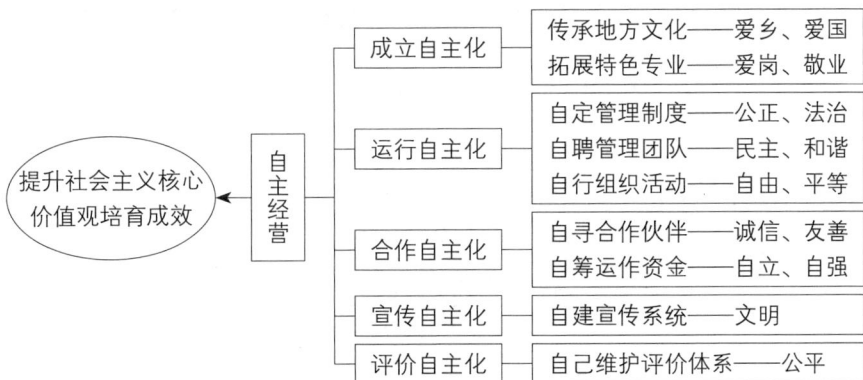

社团"5Z"化管理模式示意图

一、成立自主化，传承地方文化，拓展特色专业

学校鼓励学生根据自身的兴趣爱好和发展需要，结合余姚地方文化传承、服务地方社会与经济发展、寻求自身专业拓展等方面，自主构思设计、自我筹划，按章程规定向学校申请成立社团，形成符合社会、学校、学生一体化价值链的社团，传承余姚王阳明先贤思想、河姆渡文化、红色文化等，培育社团成员的浓浓爱乡爱国情怀；结合学校特色专业，实现自身专业拓展学习，认清和提前适应地方经济发展岗位要求，培养社团成员爱岗敬业的品质。

学校所处的余姚是文献名邦，姚江文化历史源远流长，除了驰名中外的"阳明"文化，余姚当地精武精神、粉塑艺术等非物质文化氛围也相当浓厚。学校积极引导与支持，学生积极响应当地文化传统和特色继承与发展的要求，申请成立了精武体育社、粉塑艺术社等社团；充分发挥余姚当地模具、塑料等产业优势，结合学校电子电工类、机械制造类特色专业，鼓励学生成立齿轮社、无线电测控社，提升专业技能，增强专业归属感，对外加强行业协会交流，让学生熟悉岗位，培养学生的爱岗敬业精神。

二、运行自主化，自定管理制度，自聘管理团队，自行组织活动

在学校总的社团章程范畴内，要求每个社团成员提出制度条款，社内组织讨论，把制度确定下来；在日常的管理中，安排学生自己检查制度实施情况；对违规学生的处罚，由学生自己思考然后给出方案，根据制度，学校对学生给的方案给予肯定或否定，直到双方达成一致意见。学生在参与制度制定和实施的过程中，感受到了民主的意义，也感受到了公平、公正。

社团在运行过程中，遵循自主招生、自主选举社长、以老带新等管理

方式。在聘任指导教师方面，突破学校和专业限制，架设情感桥梁，让社团自主了解及物色人选、签订聘任协议，学校曾有棋艺轩社团"三顾茅庐"邀师出山的经典案例，成为学校社团的一段佳话。实践证明，学生自主邀请教师比学校指定指导教师更具优势，在情感联系上也更加顺畅自然。此举营造了良好的民主氛围，纵向、横向的自主管理和相互监管形成了和谐的气氛。

在学生自由申请成立的模式下，学校社团职业技能型、志愿服务型、文化艺术型、兴趣爱好型等多种类型并存，做到了"面向人人，人人参与"，让广大学生感受到平等和尊严。学校的各类活动都放手让各类社团去承担，鼓励他们创新活动主题和内容，拓宽活动范畴和形式，最大限度地扩展活动参与面，做到人人有活动，最大限度地实现学生自由选择、平等互助，让抽象的社会主义核心价值观能够在活动中内化，真正实现润物细无声。如由篮球社参与承办的每年一度的校"匠心杯"篮球赛活动，规模宏大，影响深远，让参与者在享受运动快乐的同时更是体验了精神洗礼。

三、合作自主化，自寻合作伙伴，自筹运作资金

社团合作秉持"请进来，走出去"策略。学校社团一方面邀请校外行业协会来校指导，如棋艺轩社团邀请余姚市象棋协会副主席担任指导教师，不定期为学校象棋社团举行讲座和考级；另一方面积极寻求、配合、参与社会行业协会活动，如电子商务专业社团引进阿里巴巴公司的培训课程，通过形象化的方式呈现电商知识与技能。

社团的自主化、专业化运作，在不断对外交流合作服务中取得了较高的认可度，逐渐形成了品牌效应。社团经营到一定的成熟期，独立开展活动不在话下，此外就像上文提到的，在一定合理合规的框架内自主合作已

不是难题，在合作服务过程中各个社团也能获得一定资助或服务报酬。如粉塑艺术社为余姚当地知名五星级酒店在庆祝日制作摆台粉塑和面点，礼仪社为社会各类颁奖庆典提供礼仪服务等。自筹资金、自负盈亏的运作让社团成员更加自力更生、自强不息，明白生活的不易和创业的艰辛，树立起积极的人生观、价值观。

四、宣传自主化，自建宣传系统传播文明

以广电社团为首主持设计和建设社团宣传系统，对各个社团的内涵、活动、合作、交流等内容，通过校园网、教育信息网等网络平台，校园广播台、市级广播台等广播媒体，校园电视台、市级电视台等电视媒体，校内宣传窗、展板等平面媒体，微信公众号等手机移动媒体，家长会、校讯通等交流平台，以文字、图片、微视频、专题片等多种形式进行展示、宣传和报道。有效的宣传对于社团的成长发展起到了添砖加瓦的作用。同时，社团自发进行信息宣传必须做到用文明的方式传播文明的内容，为学校、为社会的文明之花绽放贡献自己的力量。

五、评价自主化，多维评价体现公平

首先，学校把社团活动与选修课程结合起来，学期结束经考核合格，既可以获得课程学分，又可以获得社团学分。社团活动与选修课程、学分制的结合，激发了学生参加社团活动的热情。其次，学校积极构建多维度社团评价激励机制，激励社团活动蓬勃开展。既有综合型纵向评价，如学校优秀社团、地市级优秀社团等评选；也有综合型横向评价，如最佳社团方案、最佳活动、最佳社团成果等评选；还有纵向型单项评价，如优秀社员、优秀社长、进步社团等评选。社团的多维度评价最大限度地体现了公平客观，让全体社团成员懂得仰望星空的同时更要脚踏实地，在公平的环

境里茁壮成长。

作为学校德育的重要载体，社团"5Z"化管理的实施显著提升了社会主义核心价值观培育成效，社会主义核心价值观教育的方式由封闭转向开放，学生的学习方式由被动转向主动，成效水到渠成。今后，学校将继续探索和持续推进社团"5Z"化管理，希望取得更大的成效，增强学生的社会适应性，帮助学生更好地实现自我发展，懂得奉献，感恩社会，报效国家。

⊚ 案例点评

社会主义核心价值观教育要落到实处，归根结底要靠学生自我教育。学生社团是学生自我管理、自我成长的重要平台，是推进学生自我教育的一方阵地。如何发挥学生社团作用，内化社会主义核心价值观？首先要根据学校实际，探索出一套符合社团本意的管理模式。余姚市职成教中心学校探索出的"5Z"化管理模式，尊重学生的主体性，使社团成立自主化、社团运行自主化、社团合作自主化、社团宣传自主化、社团评价自主化。在这个过程中，学生主观能动性得到充分发挥，民主、法治等观念深入人心。

社团虽是学生在自愿基础上自由结成的群众组织，但学校应该对其承担宏观管理之责。学校必须完善学生社团制度方面的建设，如规范学生社团的成立审批、注册审核、重要活动申请报备等制度，为学生社团的发展提供战略性发展引导和规范性运作程序。学校要引导社团建立健全内部章程，严格干部选拔、监督评估、评选奖励等制度。没有严密的制度做保障，社团也就无法有序高效运行，学生自我教育效果就会大打折扣。

接受帮助

习近平总书记对少年儿童说："接受帮助，就是要听得进意见，受得了批评，在知错就改、越改越好的氛围中健康成长。一个人不可能十全十美，总是在克服缺点、纠正错误的过程中进步的，正所谓'玉不琢，不成器；人不学，不知义'。少年儿童正在形成世界观、人生观、价值观的过程中，需要得到帮助。不要嫌父母说得多，不要嫌老师管得严，不要嫌同学们管得宽，首先要想想说得管得对不对、是不是为自己好，对了就要听。有些事没有做好，这不要紧，只要自己意识到、愿意改就是进步。自己没有意识到，父母、老师、同学指出来了，使自己意识到、愿意改也是进步。良药苦口利于病，忠言逆耳利于行。我们要养成严格要求自己、虚心接受批评帮助的习惯。只要从小就沿着正确道路走，学到一点，就实践一点，努力做最好的我、在自己最好的方面，人生就会迎来一路阳光。"

知意、动情、践行只是表明了价值观形成的完整过程。如何促成这一过程的实现，教育者的帮助就显得非常关键。尤其是对于中小学生而言，他们正处在价值观形成的关键期，接受教育者的帮助，对他们而言是十分重要的。首先，要接受教育者在价值导向上的帮助。当今的时代，价值虚无主义、价值多元主义、价值怀疑主义等多种潮流纷纷涌向学生。相较于过去的学生，今天的学生面临着更多价值选择上的不确定性。如果教育者不能为学生指明何为正确的价值，学生就容易失去价值方向，甚至误入歧途。其次，要接受教育者在价值学习过程中的帮助。"学生如何才能更好地进行价值学习"，这是每一个教育者必须思考的问题，只有明确了这个问题的答案，才能进而为"教师如何才能更好地进行价值教育"做准备。教育者引导的最终实现，是建立在对学生主体性的充分尊重和高度肯定的基础之上的。没有对学生主体性的尊重，教育者的价值引导就很难取得实质性的教育效果。而只强调学生自主建构，放弃教育者的引导，则会带来教育上的无序。因此，成功的价值教育就需要努力做到教育者的价值引导和学生自主建构的有机统一。

11 协同育人，
让学生接受全员的帮助

　　《中小学德育工作指南》提出了六大育人途径，其中一项便是"协同育人"。学生不是在真空中成长，他们的成长环境对其价值观培育具有十分重要的作用。家庭是学生的第一所学校，而社会则是学生延伸的课堂。学校如果想要开展切实有效的社会主义核心价值观教育，就必须积极争取家庭、社会共同参与和支持学校德育工作，引导家长注重家庭、注重家教、注重家风，营造积极向上的良好社会氛围。

　　对于学生而言，教师、家长和社区成员是其成长的价值环境中至关重要的人。只有当这些人都能主动践行社会主义核心价值观，并具备一种价值教育的内在自觉的时候，学生才能够从中获得正向的价值引导，形成牢固的价值观。这实际上就是强调必须全员育人，实现价值引领的全覆盖。

　　具体而言，价值引领全覆盖，就是要实现家校合作、校社合作。在前文的案例中，已经有家校合作的例子，不过前面的案例更侧重于通过活动让家长成为学生的道德榜样。定州市中心实验小学虽然也关注家长对学生产生的正面影响，但他们不止于此，学校通过对家长关心的"微问题"的总结，开发家长教育的"微课程"，帮助家长提升价值引领的能力。校社合作方面，长春汽车经济技术开发区第十二小学利用自己的地域优势，将学生的价值教育课堂搬到了校园之外，让"一汽人"的敬业态度激励学生，用检察官的法治讲座教育学生，以老兵志愿者的友爱精神感染学生。宜昌市伍家岗区万寿桥小学则通过校外辅导员、校外职业体验基地、成功校友等多种渠道让学生在更广阔的校外世界中接受价值引领。

从"小微"入手，
家校协同培育价值观

定州市中心实验小学

　　每年9月是小学一年级新生入学季。多少孩子翘首以盼，又有多少家长心存期待但又焦虑不安。而定州市中心实验小学的新生家长却气定神闲，信心满满，因为，这些家长早在十天前，就已经参加了学校组织的岗前培训，在专业指导下，为孩子的入学做好了充分的精神准备和物质准备。从此，新生家长就步入了家长学校的大门，成为其中的一员。

　　定州市中心实验小学充分发挥家长的示范、引领作用，积极建设协同育人机制，以"微问题""微课程""微行动"为抓手，实现了家长培训专业化、家校共育微型化，开创了以学校为主体、以家庭为基础、以社会为依托的多层次、多功能、多渠道的育人新格局。

一、家长培训专业化，让家长成为正面影响源

　　学校在家庭教育培训中努力做到系统、专业，从知识到态度到能力，逐步引导家长与学校的教育理念达成共识。学校的家庭教育培训体系主要包括四个方面，即教法培训、岗前培训、课程培训和专题培训。

　　教法培训。专业的家庭教育培训离不开专业化的教师培训队伍。定州市中心实验小学家长学校注重师资培养，努力提高教师培训水平。学校依托定州市家庭教育讲师团，通过教师研训和外出学习等方式，加强

教师对家庭教育的重视，帮助教师掌握家庭教育授课方法，提升家庭教育培训水平。现已培养了7名国家二级心理咨询师、5名国家家庭教育指导师、2名省市级家庭教育讲师团讲师。强大的师资保证了家庭教育培训的专业化。

岗前培训。每年新生入学前一个月内，学校组织家长进行岗前培训，帮家长认识家庭教育的重要性，了解学校办学理念，了解孩子身心特点，做好幼小衔接工作，做好新生入学准备。

课程培训。教师借助《家庭教育》等读物，各年级分层授课，从学生身心特点入手，按照学会学习、学会做事、学会交往、学会做人四个板块进行培训，促使家长端正态度，学会方法，大胆尝试，做到知行合一。

专题培训。学校针对家庭教育中的共性问题，邀请著名心理学家、家庭教育指导师、家庭教育讲师进行培训，提升家庭教育水平。举办家长沙龙，通过同伴互助提高家长的家庭教育能力。

专业培训不仅改变了家长的自我认识，还改变了家长的教育观念，引起了家长对德育工作的重视。通过培训，家长发生了三大转变。一是转变了认识：改变了把孩子交给学校、教师，家长可以撒手不管的想法；改变了"树大自然直"，不需要管教的看法；认识到了成人教育重于成才教育，德育大于智育，改变了片面追求学习成绩的错误认知。二是转变了行为：通过家长学校学习，家长认同了核心价值取向，并将其内化为自我价值观念，形成了与之相符的自我价值意识，从而改变了不良行为。三是转变了家庭环境：家长懂得了家庭教育的原则就是"言传身教"，家长积极参与学校活动，协同学校帮助孩子养成良好习惯，尝试有效的家庭教育方法，通过自身的言行和好家风的建设，潜移默化地影响孩子走上正确的发展道路。

二、家校共育微型化，增强实效性

定州市中心实验小学在家校共育中，从细微处入手，建设"微课程"，通过有效的家校沟通，有力地解决了家长面临的教育问题，而且在"微课程"的建设过程中，增强了德育工作的针对性，促进了社会主义核心价值观的践行。

（一）摸清问题

为了加强与家长的沟通，随时掌握并解决家长在教育孩子中遇到的问题，班主任们都建立了班级微信群、QQ群，开通了家校沟通的"快递"业务。教师与家长成为好友，能够及时了解学生问题、家长困惑。学校还设立了家长开放日，鼓励家长到校参观、交流，参与学校的教育教学活动。同时开展了教师进万家活动。通过多种形式的把脉问诊，班主任（兼家庭教育教师）得到了第一手的资料。教师将家长们最关心的问题总结归类，再根据每类问题的微观情境进行具体记录。

家长最关心的教育问题

问题类型	基本问题	问题类型	基本问题
学习问题	目标不明，态度不端	性格问题	自私，不合作
	缺失学习动力		脾气执拗，顶撞家长
	拖拉，不主动探索		脆弱，抗挫能力差
行为问题	撒谎，不肯认错	家庭问题	教育理念不一致
	追求名牌，耽于享乐		父母离异
	没有礼貌，我行我素		婆媳矛盾
	不服管教		忙于工作，疏于陪伴

（二）研发"微课程"

掌握了这些共性问题，如何做到"对症下药"，更好地为家长答疑解惑，更为精准地对学生进行指导和引领呢？教师从问题入手，展开学习、研讨，尝试建设"微课程"，提高了家校共育的实效性，极大地促进了协同育人效果。

学校围绕"微问题"整合了有关家庭教育内容，针对小学生身心特点及常见问题开设了一些"微课程"。"我们都是好教师""做智慧家长""成人比成才更重要""阳光心理建设""百说不如一做""适应能力培养""诚实守信好品行""习惯养成小策略""青春前期这么做"等课程深受欢迎。

学校还通过引导学生进行传统文化的学习促进学生社会主义核心价值观的形成。学校要求学生每天早晨诵读经典，开设"弟子规"及"中华十德·国学"课程，提高了学生及家长的文化认同和道德认知。

学校研发并印制了以社会主义核心价值观为内容的字帖，开展了"同练一手好字、共筑美好心灵"的亲子活动。

这些内容细化、可操作性强的"微课程"，给家长输送了教育技巧，让家长掌握了一些家庭教育策略，知道了如何培育学生的价值观。

此外，学校还搭建了线上线下学习网络，每学期征集"美德少年"事迹；在校刊《萌芽》中开辟"我与孩子共成长""家有儿女"等专栏，搭建交流平台，并将家长的教育经验汇编成《萌芽·家教》专刊。这也成了"微课程"建设中的一大亮点。

（三）展开"微行动"

培育学生的社会主义核心价值观，说起来简单，实际上是一个很大的命题。如何增强培育的实效？那就要通过实践养成。脱离现实的生活情境和社会氛围，德育将是无源之水、无本之木。

学校着眼于"微行动"，首先从家风建设入手，把社会主义核心价值观与学生的日常生活紧密联系起来。

家规家训微主题学习。学校连续两年面向全体师生和家长征集家规家训，并进行交流、评比、展示，让优秀家长介绍经验、互相学习，大大促进了家风建设。

孝亲敬长微行动。在"三八"妇女节当天，学生献给妈妈的礼物各式各样：有奉献好成绩的，有奉献手工制品的，有为妈妈做饭的……这些行为的共同点在于孩子们能够用"父母呼，应勿缓；父母命，行勿懒""亲所好，力为具；亲所恶，谨为去"等实际行动来表达对妈妈的爱，而不仅仅是说一句"妈妈，我爱你"。

日行一善活动。学生成立了105个微善社，学生每天都要做一件善事，再通过家长微信在班级群内展示。一个个微善行动，载着满满的正能量，在学生群体中产生了巨大影响，同时激励很多家长也参与到活动中来。学校的教师、家长、学生组成了多个志愿服务团队，开展了"亲子环保""亲情护路""亲情1+6，共创文明城""新时代，新雷锋行动""故事爸爸进社区"等系列主题活动。因为家长的参与和帮助，学生们得以走进社区，走入社会，在活动中培育和践行社会主义核心价值观，精神风貌有了很大改观。

协同育人带动了学校德育工作的开展，社会主义核心价值观日益成为每一位教师、家长、学生的精神追求和自觉行动。长此以往，社会主义核心价值观必将在学生的心灵中扎根生长、开花结果。

▶ 案例点评

培育和践行社会主义核心价值观，不仅是学校的工作，也是家庭的责任。家校任何一方，都无法单独完成这一重任。所以，家校需要协同，做教育的"盟友"。家校协同培育社会主义核心价值观，从小处入手，对准

"靶心"，增强工作的针对性，才能提高工作的实效性。在这一过程中，因为学校是专业的教育机构，所以要发挥学校的主导作用，指导家长提高社会主义核心价值观的培育能力。定州市中心实验小学指导家长：一是方法科学。学校从问题入手，摸清家长在教育孩子中遇到的具体问题，做到"心中有数"。二是途径合理。学校通过"微课程""微行动"，提升家长的家庭教育能力，并且在一个个具体、易操作的小行动中，家长和孩子一同成为社会主义核心价值观的践行者。

培育和践行社会主义核心价值观，虽是家校共同的任务，但家校应该明确分工，各就各位，既不能缺位，也不能越位。学校缺位表现为推卸教育责任，将教育不良效果归因于家长以及默许家长承担学生任务；学校越位表现为将家长学生化，借家长之手惩罚学生。这就需要科学划分家校各自权限，建立家校对话机制等。

接受帮助

校社联动，
构建没有围墙的学校

长春汽车经济技术开发区第十二小学

学生在社区调查中发现，学校门前宽阔的马路曾经只是一条几米宽的泥土路，作为商业旺区的"新世纪"曾经也只是一家毫不起眼的小商店，人们茶余饭后休闲娱乐的锦城公园和锦绣公园的前身也只是一块小空地，全国知名的一汽大众是从一片荒地中拔地而起的……

当今的教育应该是一个开放性的社会大系统，构建没有围墙的学校就是要塑造一种能够延伸出去的学校文化，不是推倒有形之"墙"，而是开放无形之"思维"，构建开放的育人生态。构建没有围墙的学校是学生社会化的过程，是作为"社会学习者"和"社会参与者"的人的全面发展的过程。以社区为载体的价值认知和价值实践为学生提供了学习和参与的机会，是培育和践行社会主义核心价值观的可行方法与途径。

从社区到社会，长春汽车经济技术开发区第十二小学努力打破学校资源和社会资源之间的界限，有机整合和盘活校内外的各种资源，通过形式多样、开放多元的实践活动，使学生爱国、敬业、诚信、友善，具有初步的自我服务、社会服务能力，具有初步的创新精神和实践能力，同时在情感态度和价值观方面得到充分发展。

一、凝聚民族精神，增强爱国根基

学校利用社区资源开展各种活动，传承红色基因，弘扬传统文化，凝聚民族精神，激发爱国热情，引导学生树立正确的理想、信念、价值观，为国家之富强而努力读书。

（一）弘扬传统文化，培育民族情怀

优秀的传统文化是中华民族的灵魂和民族精神之所在。学校发挥社区的人力资源优势，聘请市级非遗项目传承人"关东泥人张"来校为学生上课，栩栩如生的学生作品摆满陶艺室；邀请社区人员给学生开设了剪纸、草编等课程，组织学生参加"非物质文化遗产传统工艺市民体验活动"；与社区共同开展了"诗书礼乐，传承经典"和"琴棋书画，样样精彩"的区域联动活动，潜移默化地对学生进行教育。

（二）继承革命传统，传承红色基因

学校利用社区的环境资源，组织学生去学军基地、学农基地、学工基地、学雷锋基地等爱国主义教育基地，在各种教育活动中，传承红色基因，渗透爱国主义教育。学校与省博物馆联系，开展"抗联英烈展"活动，学生成了小小解说员，介绍中国近代屈辱的历史，讲述中国人民英勇抗争的爱国事迹，讲述当代中国的发展和建设成就等，让学生把对祖国、对民族的爱深深地融入血液中，落实在行动中。

（三）追寻改革足迹，感受伟大变革

学校组织开展"改革开放40年，我看社区新变化"活动，引导学生感受新时代以爱国主义为核心的民族精神，以改革创新为核心的时代精神。社区是社会的缩影，社区的发展史本身就是进行爱国主义教育的素材。教师组织学生走进社区各个单位，广泛调查改革开放以来社区在人文、经济、科技、环境等方面的变化，走访社区的老前辈、老领导、老邻

接受帮助

227

居和先进人物，深入体会改革开放给人们生活带来的改变。通过社区实践，学生们感受到国家从站起来、富起来到强起来的伟大飞跃，感受到人们衣食住行日新月异的变化，在此基础上举办班队会、报告会、演讲会、书画会等，歌颂伟大的祖国，为改革开放 40 年点赞。学生立志担负起建设社会主义现代化强国的时代使命，梦想从学习开始，事业靠本领成就！

二、依托一汽沃土，激发敬业精神

学校处于中国汽车工业摇篮——中国第一汽车集团有限公司（简称"中国一汽"或"一汽"）这片沃土上。一汽是中国民族汽车工业的代表，历经 60 多年的发展，不仅铸就了一汽品牌，更有一脉相承的汽车文化和汽车精神，深刻影响着学生的精神世界。

（一）实地体验激发敬业精神

为了更好地利用这些教育资源，学校组织学生走进一汽，走进爸爸妈妈工作的地方，激发学生的敬业精神。在一汽某品牌汽车总装线参观时，看着现代化的生产线，带着车身的悬挂链慢慢前行，上下自由伸缩，工人们在有序认真地安装着车身上相应的零件，熟练而兢兢业业，学生们的敬佩之情油然而生。在参观汽车电器开发实验室的时候，学生们被各种实验设备深深吸引，听工程师介绍装到车上的所有零件都要进行千万次的试验，都要精益求精，学生们更深地理解了勤业和精业。在"一汽人"身上，学生们看到了热爱，看到了全身心投入，看到了无私奉献和创造性劳动，而这些就是敬业精神，朴素而崇高的美德深深根植于学生心田。在参观期间，学生们还看到了无人驾驶的小运输车，机器人涂胶安玻璃，学生对新技术和新科技也有了感知，对汽车制造有了更深的敬畏，对"一汽人"有了更深的敬重。

（二）昔日辉煌感召责任意识

学校不仅让学生进行实地体验，更教育学生铭记历史。开展"听爷爷奶奶讲那过去的事情"一汽历史大宣讲活动，组织参观一汽红旗展馆，通过一个个故事、一张张照片、一样样物件，学生进一步加深了对一汽光辉历史的认识。中国一汽1953年破土动工，毛主席亲自为一汽奠基题词，中国汽车工业从这里起步，"共和国长子"这种不屈和敬业，是一个国家在百废待兴时所表现出来的高贵品质。昔日辉煌的历史和今日拼搏的感召，让学生们感受到敬业是兴邦和强国的前提，体悟到前行的力量，增强了责任意识。

三、优化社区资源，塑造诚信品格

诚信是中华民族的传统美德，是现代文明建设的重要基础，是立德修身之本。学校在社区构建诚信文化，优化社区资源，形成社区生活与学校教育互动的体系。当学生感受到社会主义核心价值观内涵与现实生活的一致性时，教育变得更加真实具体。

（一）让榜样引领学生成长

学生以什么样的人物为榜样，某种程度上决定了他的价值取向和人生追求以及兴趣品位。为此，学校组织开展"诚信大讲堂"，以弘扬诚信为主线，开展社会主义核心价值观教育，邀请社区工作人员宣传中华民族的优良传统，深入浅出地剖析诚信素养，绘声绘色地讲述古今中外名人讲诚信的故事，提高学生的诚信道德水平。邀请学校的法治副校长——锦城派出所警官和一汽检察院检察官，开展法治讲座，通过生动的案例和其亲身经历，使学生们明白了在社会生活中诚实守法的重要性。邀请家长和学生一起观看道德短片，学习全国诚实守信道德模范的优秀事迹，如一生只为一清渠的黄大发，边境线上的"活界碑"魏德友……利用榜样人物的事迹启发学生，促使学生争做诚实守信的传播者和践行者。

（二）诚信从我做起，从身边做起

随着社会的发展，市场经济赋予了诚信更丰富的时代内涵。学校充分挖掘现实生活中有关诚信的新人新风，用真实、感人的道德形象激励学生成长。学校开展"诚信伴我成长"辩论会，让学生在社区中寻找诚信事例或不诚信现象，比如借了东西不按时归还，捡到东西不主动上交，说出去的话不照办，做过的事情不承认……引导学生分析辩论，澄清认识，让学生意识到，不诚信问题如果不及时加以改正，将会使诚信失范趋势蔓延开去，造成诚信危机。所以，诚信应从我做起，从现在做起，自觉做到知行统一。

四、深化社区实践，培育友善之心

教会学生爱人，培育友善之心，是教育很重要的任务。学校重视让学生在丰富多彩的社区活动中体验和感悟友善的力量。

（一）亲身感受社会的关爱和友善

每天早晨，一汽交警女子助学岗的警花们在学校门前，牵手呵护学生，把学生安全地送进校门，无论酷暑严寒，还是刮风下雨，从未改变。小小助学岗，浓浓守护情，很多家长也义务加入维护校园安全的队伍中，形成了"大手小手，融入社区共创美好成长环境；师生家长，放飞童心营造和谐育人空间"的良好氛围。同时，学校组织学生开展"我是小交警"职业体验活动，引导学生深刻体会交警阿姨的辛劳和良苦用心。

（二）善待他人，服务社会

学校组织学生参与社会公益活动，与社区人员共同走进吉林省孤儿学校，开展"暖暖毛衣送真情"活动，为孤儿学校的孩子们送去温暖，还和他们一起联欢，为孩子们送去快乐，以此增强学生对他人和社会的关爱与责任感。开展以"奉献一份爱心、增添一份友善"为主题的向社区贫困家庭及残疾家庭奉献爱心的活动，给身边的人以关爱。近几年，学生们与老兵志愿者一起为大凉山贫困山区捐助学习用品和衣服，和一汽团委一同迎接广西凤山贫困山区的孩子，共同参观净月潭公园的雪雕展、长影世纪城，给远方的客人当好小导游。学生们以力所能及的帮助，传递出自己的关爱和友善。

▶ 案例点评

　　日本教育学者佐藤学在审视学校与学习本真的基础上寻找到了学校改革之路，即构建学习共同体。在学习共同体的构建中，学校要面向社区，成为教育的公共空间，既要有在社区中的学习，也需要有社区居民走进学校的学习。校社联动是学校改革的必然要求。长春汽车经济技术开发区第十二小学顺应这一要求，与社区联动，既"走出去"，又"引进来"，对学生进行爱国、敬业、诚信、友善层面的价值引领。一方面，学校让学生有机会走出校门、融入社区，经过亲身体验，包括调研、志愿服务等，使抽象的价值观念变得生动具体，促进学生知行合一。另一方面，学校将社区人力资源引入校内，如请非遗项目传承人给学生上课，弥补学校教育力量的不足。

　　深入开展校社联动，第一，要坚持学校主导。学校根据本校教育教学的需要，携手社区，将社区资源为校所用。第二，要行有规划。校社联动的内容，需要有清晰的、系统的规划，而不是"应景""一阵风"。

助梦舞台共搭建，
协同育人谱新篇

宜昌市伍家岗区万寿桥小学

　　我们教育引导学生，一个重要任务就是用中国梦激扬青春梦，为学生点亮理想的灯、照亮前行的路。要向学生讲清楚实现中华民族伟大复兴是中华民族近代以来最伟大的梦想，需要一代又一代人接续奋斗；讲清楚中国梦是国家的梦、民族的梦，也是每个中国人的梦，当代学生建功立业的舞台空前广阔，梦想成真的前景无限光明。要激励学生自觉把个人的理想追求融入国家和民族的事业中，勇做走在时代前列的奋进者、开拓者，书写无愧于时代的青春之歌和精彩人生。

　　宜昌市伍家岗区万寿桥小学是一所流动孩子、留守孩子、特殊孩子较多的学校，许多孩子因为学习环境和家庭教育的特殊，缺失美好的梦想、坚强的意志、良好的品性。基于此，学校谨记《易经》古训，"志大行""志行正"，根据习总书记提出的中国梦，结合校友汪国新的梦想童年故事，提出了"崇尚志向，追逐梦想"的尚志追梦文化。结合追梦文化，学校构建了友善追梦德育，搭建了家—校—社共建的助梦舞台，实现了学生处处圆梦的美好愿景，谱写了五大资源协同育人的新篇章。

一、天天"蓝马甲"搭建家校平台，助力学生圆幸福家庭梦

　　"蓝马甲"助梦家委会是一个由家长自主申报、学校审核成立的组织

机构，并以"蓝马甲"为象征，专门引领家校和谐育人。该机构分别设有德育、学习和安全3个部门，每个部门由16名家长组成，每天均有3个部门各1名家长参与学校管理。校门口每天能见到"蓝马甲"护校的身影；每周五"蓝马甲"进校进行学生的德育考核；每周一升旗仪式"蓝马甲"反馈德育考核情况；每天晚上全体家长共读《梦想花开》家庭教育读物，认真填写"家长资格星级认证"中"家长陪伴"内容……从2014年"蓝马甲"助梦家委会成立以来，家委会管理人员由原来的25个人增加到42人，参与人员由39人增长到450人。家长人人参与学校管理，从助梦学校到助梦班级、助梦同伴，从家长义工到家长讲堂，从家长学习到"五星级家长资格认证"（家长检测、家长讲堂、家长陪伴、家长榜样、家教效果5个方面），"蓝马甲"的榜样作用带动学校所有家长提升了家教素养，圆了学生的幸福家庭梦。

二、周周"航运妈妈"搭建校区平台，助力学生圆和谐社区梦

"航运妈妈"是航运社区的志愿者团队，航运社区10位妈妈与我校10名妈妈不在身边、学习生活上有困难的孩子结成了帮扶对子。妈妈们每周都要带领孩子们进行一次活动，带他们看电影、重阳登高、到三峡大学阅读书籍……她们帮助孩子解决学习生活上的困难，帮助他们去实现自己的梦想，孩子们也把自己的心里话、小梦想和"妈妈"一起交流分享，用自己的追梦行动来回报"妈妈"。孩子常说："虽然我的妈妈不在身边，但我拥有了另一个'妈妈'，她在'六一'陪我玩耍，在我生日时送来蛋糕，和我一起放风筝，我有两个妈妈，我真的好幸福。"孩子质朴的语言催生了"航运爸爸""航运爷爷""航运奶奶"，受关爱的孩子也由原来的10名上升到了42名。学校和社区的联合，让更多需要关爱的孩子拥有了更多的家人，圆了孩子们心中的和谐社区梦。

三、月月校外辅导员搭建校社平台，助力学生圆友善社会梦

学校校外辅导员由全国师德楷模郑琦、"夷陵好人"李广佳、"知心姐姐"孙万清、宜昌市学雷锋协会秘书长童显模、全国劳模杨自会、宜昌市学雷锋协会副会长曹国政、知名企业家何民珍、"宜昌张海迪"李玉洁、万寿桥街道党工委书记王成和航运社区党委书记彭梅 10 人组成。这群校外辅导员均是宜昌名人，他们覆盖各行业，涉及各岗位。每年开学，学校就会依据学生全年友善追梦德育训练重点为每位校外辅导员排课，辅导员提前一个月确定具体到校时间。每月一名校外辅导员进校参与活动已成为学校坚持了 5 年的好习惯。这些校外辅导员用自己的友善行为在校园传播友善追梦知识，播撒友善追梦种子。

四、季季"职业达人"搭建实践平台，助力学生圆人生规划梦

早在 2015 年，学校就率先开启了"寻找职业达人，体验梦想职业"活动，为现在的研学旅行课程打下了良好的基础。每个孩子心中都有自己的大志向，学校根据孩子心中的大志向，规划出了以学生年龄为纵轴和以 24 种职业为横轴的纵横交错的课程体系，并配置了综合实践课程、活动体验课程、研学旅行课程三大课程体系，以及自我评价体系、同伴互评体系、家校共育体系三大评价体系。每季度根据孩子们自己寻找的职业达人，学校提供相应的实践基地，让选择某一类职业的孩子到基地去进行职业体验。到目前为止，已有 485 名学生通过画家、警察、厨师、消防员、医生、演员、企业家、科学家、作家、律师、法官、商人、教师 13 个不同职业领域的 13 位职业达人领略了各个职业的特点，实现了职业生涯早规划。

五、年年校友团搭建分享平台，助力学生圆心中英雄梦

学校校友团由著名画家、全国政协委员汪国新，三峡大学艺术学院教授郑军，著名画家付先德、田期崧等校友组成。他们是传承中国文化的典型人物，是学校水墨画发展的领军人物。汪国新老师用"三国精神"教会学生做人，郑军老师用"宜昌山川"教会学生赏美。他们已成为学校孩子们心目中的英雄，他们的追梦故事成为孩子们永远的话题。每年利用政协会议之机，学校都会邀请汪国新老师回母校给学生宣讲传统文化。自2009年以来，每年汪老师都会教孩子们画马，这些来自"三国"的马，以不同的姿态，诠释着"忠、义、仁、孝"。自2012年开始，孩子们心中的另一位追梦英雄——郑军老师走进了校园，利用水墨画社团活动的时间教孩子画水墨画，宜昌的美景就通过郑老师的画笔精彩呈现出来。2014年端午节，水墨画社团的孩子们一起赴秭归观摩了郑军老师"竹海印象"水墨画展，这让孩子们再一次感受到了宜昌的美，更加激发了他们爱家乡的情感和为家乡做贡献的决心。正是因为有了校友们的精神引领，全校564名学生想成为画家的就有153人之多。他们将自己的梦想写在了班级梦想墙上，他们用自己的行动追逐着自己的梦想，成就着自己心中的英雄梦。

学校充分利用各方资源，广开圆梦舞台，打破壁垒，扫除盲区，形成核心写实、打破边界、同频共振的五大助梦资源，弥补学校教育的不足，实现了以立德树人为核心，时间、空间、人员全方位覆盖的"立交桥"式协同育人的新格局，促成了孩子们的有梦成长。友善追梦德育被《中国教育报》《中国教师报》等国家级媒体登载，学校还受邀在三峡电视台等多家媒体上多次宣讲，学校也连续两届被评为"宜昌市德育品牌学校"，孩子们每年都会实现大大小小梦想无数个，整个校园已形成"人人有梦，处处追梦，时时圆梦"的追梦文化氛围。

⊙ **案例点评** //

　　宜昌市伍家岗区万寿桥小学的协同育人模式切实有效，主要有两个原因：第一，切实解决学生的困难。因为学生中留守儿童较多，所以学校开动脑筋，通过与社区合作，为父母不在身边的儿童寻找新的情感支持。第二，合理利用资源。学校认识到学生的需要之后，找到了"宜昌名人""职业达人"和校友作为留守儿童的教育伙伴，这些教育伙伴对学生而言，具有足够的吸引力，能够真正对学生产生教育影响。

　　其他学校在借鉴这一案例时需注意，资源的利用应该以回应学生真正的成长需要为前提。因为只有找准学生需要，打开思路，寻找支援，协同育人才能将合力用在对的地方。

12 统筹规划，
让学生接受有序的帮助

　　价值观教育要想有效，就必须从经验走向专业。而专业的基本标志就是对规律的科学运用，至少需做好两方面的基础工作：一是在纵向层面实现对同一价值观的程度分层；二是在横向层面做到对同一价值观内容结构的类型区分。前者主要是确保价值观教育的要求可以被学生理解和接受。这离不开道德心理学对学生价值观形成心理机制和阶段的研究。皮亚杰、科尔伯格的相关研究成果是非常重要的理论资源。后者则主要是为了保证每一个价值观的学习能够循序渐进、系统全面。这就需要高度重视教育学关于教育目标的分类学研究，在这方面，布鲁姆的教育目标分类法可以给我们提供很好的技术参考。因此，所谓科学专业的价值观教育，就是要在价值观教育方面充分实现纵向和横向的统筹设计，使之既能够与学生价值观形成规律相匹配，又能够与价值观自身内容结构要求相吻合。

　　具体而言，价值引领需要统筹规划，原因在于：第一，从目标上来看，每个教育阶段的学生的价值学习目标的侧重点都不同。这既与每个年龄阶段的学生具有不同的道德认知特点有关，也与每个阶段学生所面临的价值困惑有关。教育者可以综合考虑这些因素，为学生拟定各个阶段价值学习的重点。如福清市玉屏中心小学的教师制定了小学六年的价值学习分层目标。沈阳市第七中学结合学校理念，设计了以始业教育、"七德"教育和"七度"教育为内容、层层递进的培养方案。第二，从过程上看，每个教育阶段的学生所适合的教育手段有所不同。这种手段的不同，一方面是由于内容的不同所导致的。山东省济南济微中学发现，同样是"爱国"的教育，就可以按照学段分为"识国旗，唱国歌，写好汉字"—"学书法，诵经典，知传统文化"—"看家乡，做公益，关注社会"—"学历史，看世界，爱我中华"逐级递进的四块内容。内容不同，相应的教育方式也就不同。另一方面，则是由于每个阶段的学生的学习风格和习惯不同。例如，年龄小的孩子只能通过画国旗、国徽来认识国家符号，而年龄大的孩子则能够通过辩论的方式来理解国家发展。

统筹价值引领全过程能够有利于从整体思考"培养什么

人，如何培养人"，尤其对一所学校而言，顶层设计能够帮助教师有重点地履行每个阶段的教育任务，帮助学生在具体的目标中实现一步一步的成长。

德育序列化育人模式：
四段一体，梯次渐进

山东省济南济微中学

一直在济微中学成长起来的八年级的袁昊同学说："爱国，我们起初用手——画下一面面国旗、一枚枚国徽和一心向往的天安门，写好端端正正的汉字；后来用嘴——诵经典诗文、唱爱国歌曲、讲英雄故事，抒发朴素的爱国情怀；现在我们用心——探究、演讲、辩论、实践，用思辨的方式知国家历史、明民族精神。以手绘国，以口抒情，以心思国，我们逐渐学会用脚爱国——做好自己，做一个有实力、有担当的中国人！"

九年一贯制学校，承载了一个孩子从童年到青少年至关重要的成长阶段，其最大的优势就是可以完整地考虑孩子这一阶段的道德发展规律和成长需要，再以适合的方式落实到孩子不同的年龄阶段。山东省济南济微中学将九年义务教育定义为一个整体化、系统化和序列化的教育，建立起"9>6+3"的教育模式。在德育序列化实践中，学校关注到了以下几个方面。

一、德育目标层次化

依据心理学家皮亚杰的认知发展阶段论和埃里克森的人格发展阶段论，以及来自学生层面的调研，学校确定了四个学段及不同学段的道德与人格养成特点和学生成长需要，研究制定并在实践中逐步完善了各学段的德育目标和针对性的德育课程及德育重点。

济微中学德育序列化学段划分依据及目标分解表

学段划分	道德与人格养成特点	学生成长需要	德育目标	德育课程及重点
一至三年级（6—8岁）	他律阶段（遵从成人规则）	入学适应归属感成就感	自理 遵规 友善自尊 勤学 互助	入学课程入队礼习惯养成
四至五年级（9—10岁）	自律阶段（自主判断）	自主意识胜任感	自律 明辨 担当	十岁成长礼自主管理
六至七年级（11—12岁）	公正阶段（关心与同情）	克服自卑初中适应	自信 善思 规划	告别童年引桥课程人生规划
八至九年级（13—14岁）	青春期	自我认同	自主 合作 自强	正青春放飞（毕业课程）理想教育

不同学段德育目标及德育重点的确定既是学校"自主自强 明德担当"育人目标的合理分解，呈现明显的由浅入深、由低到高的层次化特点，又体现出目标的一致性，对应了各学段学生的心理特点和成长需求，充分体现了"四段一体"的序列化特点。学段德育重点工作，既有对应需求的校本德育课程的开发，也融通于学科育人、活动育人、环境育人、文化育人等，重点在校内，也延伸到家庭和社会，努力实现全员、全程、全域育人。

序列化目标中还蕴含着更加具体的主题德育目标及分解。每一学段都是在前有目标巩固落实的基础上，再有侧重地落实新的、更高层次的阶段目标，呈现出明显的随年龄、学段递增而相应提高、拓展的层次性和序列化。

主题德育目标及分解表（以"爱国"为例）

学段划分	一级目标	二级目标	三级目标
一至三年级 （6—8岁）	爱国	爱己 爱家	自我爱护的行为规范和自理习惯养成等行为小目标，感受家人的爱、关心家人，对人友善等情感目标
四至五年级 （9—10岁）		爱班 爱校	学会自律，更多理解和关心同学、关心班级、爱护学校，积极参与集体自主管理
六至七年级 （11—12岁）		爱家乡	关注社会、了解家乡，初步感受国家、民族的发展与强大
八至九年级 （13—14岁）		爱国家	理解、感悟国家、民族的含义，逐步形成国家认同

二、德育内容递进化

同一主题内容的安排依据不同学段呈现由简单到复杂、由局部到全面、由感性到理性、由具体到抽象等递进化特点，同时又保持着主题内容的延伸性和延展性，以及一致性和连贯性。

比如爱国主题教育，虽然有"爱己 爱家—爱班 爱校—爱家乡—爱国家"这样层次化的大目标体系，也有更加细致、具体的递进化内容设计，但"爱己""爱家""爱班"等小主题并非固化于某学段，而仅是侧重，它们在不同学段也均有内容体现。比如，仅就"爱国家"这个小主题，四个学段分别着重落实"识国旗，唱国歌，写好汉字"—"学书法，诵经典，知传统文化"—"看家乡，做公益，关注社会"—"学历史，看世界，爱我中华"等递进化德育内容。

再比如，研究性学习和研学主题的"微行"课程，由"微行泉城"—"微行齐鲁"—"微行中国"—"微行世界"组成，依据学段、年级呈现出由近及远、由低到高的递进性，具体又可以细分为不同年级的不同内容。

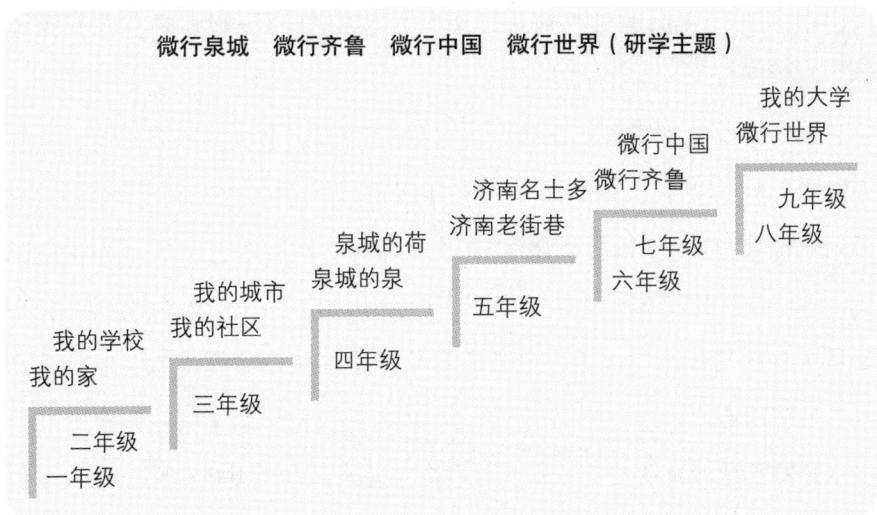

微行泉城　微行齐鲁　微行中国　微行世界（研学主题）

我的大学
微行世界

微行中国
微行齐鲁

济南名士多
济南老街巷

泉城的荷
泉城的泉

我的城市
我的社区

我的学校
我的家

九年级
八年级

七年级
六年级

五年级

四年级

三年级

二年级
一年级

"微行"课程

"德育序列化从低学段的简单感知到中学段的初步感受，再到高学段的深入感悟，学生在活动参与中全心体验、感悟、认同、提升，情感逐渐丰富饱满，我们真正做到了爱国教育润物无声。"孙雪老师这样说。

三、德育途径协同化

充分利用国家课程资源。学校充分利用小学与中学道德与法治、中学历史等学科中的理想信念素材、家国历史资料，语文学科中的经典诗文，音乐、美术学科中的传统艺术、红色歌曲等教育素材，开展丰富多彩的课堂学习及相关学科活动。比如语文学科的序列化传统诗文诵读比赛、"读书达人"竞选活动，组织并指导学生写爱国书籍读后感及爱国影片观后感；道德与法治学科利用课前几分钟或学科活动课开展"厉害了，我的国""大家谈"等小演讲展示活动；历史、道德与法治等学科组织"爱我家乡""寻访变化"等历史和社会调研，引导不同学段的学生由少至多、由浅入深地感受中华传统文化的魅力，了解和认识中国古代文明的灿烂辉煌、近代民族抗争的波澜壮阔，尤其是建党、新中国成立以来的伟大成就。

充分发掘校本资源。学校开发了经典诵读、书法、民族乐器、集邮等数十门校本课程。编制了一至九年级的《一卷书香》和《一路书香》序列化经典读本，"翰墨济微""方寸之间看中国"等艺术展示和主题邮展、邮票设计比赛等，让孩子们不仅懂得了欣赏中国传统文化独特的美，更是亲身参与传承中国美、创造心目中的中国美，尽管稚嫩，但足够真诚，足够用心。

开发主题德育活动。一是充分发挥主题班队会的基础作用，开展"国旗 国歌""英雄故事会""红领巾寻访""我身边的模范""我是团员""与信仰对话，与责任同行"等序列化主题班队会教育活动。二是充分把握纪念日教育契机，开展各种主题纪念活动。比如，传统节日的体验性主题活动，让学生更多地了解和体验传统文化的内涵和魅力，如春节后开展"中国梦 济微行"之"新年新梦想"清单征集活动，"清明祭先烈"活动，"五四"青年节开展"中国梦 济微行"之"我身边的榜样"演讲比赛，"七一"建党节开展"我们身边的党员模范"等实践调研活动，国庆节开展"歌唱祖国"歌咏比赛……这些活动的开展使爱国主题教育既突出重点，又全面开花，既生动活泼，又深入扎实，不断掀起爱国、爱党、担责的新热潮。

重视发挥社会实践活动的作用。学校充分利用实践基地，充分发挥家长委员会的作用，通过参观机床二厂、军工厂、省市博物馆等，以调查访问模范人物以及研究性学习、研学旅行等各种形式和内容的社会实践活动，让学生深刻感悟我们家乡、国家的发展历程和榜样精神的传承，在感悟中油然产生自豪感，增强责任感。

德育途径的多样化、协同化，使爱国教育落实在课堂上，渗透于主题活动中，也浸润于班级、校园文化中，更深化在实践行动中。学生王钰山说："课堂上的学习，节日的活动，班队会的教育，社会实践调查，在每个济微学子心中都根植了爱国主义的情感种子，每位济微学生心中都有民族，有国家，有强烈的民族自尊心。"

四、德育评价阶段化

德育评价是学校德育管理工作的重要环节，也是保证学校德育目标实现的必要措施。

目前，学校德育的评价也体现出学段的区别。

一是主题德育活动的表彰评价依据学段进行。很多德育活动本身就是围绕学段德育目标和重点分学段设计的，即使是跨学段的德育活动，其评价也是分学段的，体现学段差异。比如，每年寒假开始的以调研实践为特色、以家国情怀为中心的主题研究性学习活动，在一至八年级范围内开展，但不同学段主题内容、形式、评价等都有所区别。2018年的主题是"变化——纪念改革开放40周年"，一至三年级学段的主题要求是"看变化　收集照片"，用家庭照片、熟悉的环境照片对比来直观地寻变化、看发展；四至五年级是"找变化　个性展示"，即了解身边生活的变化，用自己喜欢的文字、图片、图表、手抄报等方式进行展示；六至八年级是"访变化　主题展示"，就是学生通过现场寻访调研、查找资料等方式，分别就家乡风貌、家乡风骨（人物）和"厉害了，我的国"三个分主题，选取某一个小主题进行比较深入的合作探究，然后整理出较为翔实的研究报告，并制作PPT，以年级为单位进行现场展示。评奖表彰依据不同学段的不同要求分别进行，最终各学段、年级获奖的优秀作品由学校汇编成册，全校发行。

二是学校对学生的综合评价也体现学段差别。一至七年级主要是结合少先队组织的"竞优争章"系列活动，具体标准依据学段区分，评价多元，兼顾全面发展和个性特长。八至九年级主要是"校园之星"系列评价，结合学段德育目标评选学习、体育、劳动等十星，各年级再进行不同形式的表彰、展示，以发挥积极的激励和导向作用。

现在，德育序列化已经深入学校管理的方方面面。对老师们来说，德育序列化"针对性强，科学、合理，让工作有依据、有思路、有抓手"；对学生和家长来说，德育目标及内容分解细目表已编入学生手册，方便学生对照自查和家长监督。主题德育活动的设计，内容分层、递进，成系列，途径拓展、深化，成网络，评价全面、灵活，重效果，正在逐渐成为济微中学德育工作常态。

▶ 案例点评

学生的身心发展是有阶段性的，各阶段既是连续的，又是渐进的，前后存在着明显的相关关系。如果德育缺乏清晰严密的阶段性和渐进性设计，就会影响德育的整体性、实效性。这就要求德育工作在各阶段之间相互连接、不可分割。只有对德育工作进行整体性设计，上下衔接，左右贯通，才能不断提高育人质量。山东省济南济微中学对德育序列化育人模式进行了探索。第一，学校将九年义务教育作为一个整体，这就避免了小学、初中两个阶段德育的割裂，以及这两个阶段内部各年段德育的脱节。第二，学校从德育目标、内容、途径、评价入手，充分考虑学生的道德认知发展特点、品德发展的连续性和阶段性，以此为基础来设计德育的整体架构，避免了德育工作的"倒置"和"跨越"，既有利于充分彰显德育的人本价值，也有利于学生品德的健康发展。

进行德育序列化设计，不但要考虑形式上的序列化，更要考虑内容上的科学化。为此，第一，必须借鉴道德发展相关理论和最新科研成果，针对学生不同素质发展的关键期，有针对性地进行设计。第二，必须立足中央要求，结合校情，进行调查研究，才能设计出符合本校学生特点的德育架构。

"习成 6+1" 模式：
让学生自觉养成好习惯

福清市玉屏中心小学

在童话式学习过程中，孩子们不知不觉就聚焦到核心问题"如何科学处理垃圾"，教师相机组织动手实践活动"垃圾该如何分类"，并辅以"少用或不用一次性用品""巧妙地将垃圾最小化""倒垃圾时，扎紧垃圾袋，多走一步，确保垃圾放入桶中"等微视频示范，进一步深化孩子们对科学处理垃圾方法的认识，并种下环保的种子，养成环保良习。

福清市玉屏中心小学（简称"玉小"）以"习惯养成 6+1"（以下简称"习成 6+1"）项目为抓手，积极探索学生行为习惯养成教育目标、内容、途径方法和评价体系，让习惯养成教育成为社会主义核心价值观教育的新动能，取得明显成效。

"习成 6+1"模式，简单地说，"6"指的是每个年级学生都要养成 6 种好习惯，"1"指的是每个学生都要养成微笑习惯。众所周知，小学生具有很强的模仿性和可塑性，小学阶段是习惯养成的关键期。实践中，学校围绕中国学生发展核心素养，聚焦小学生年龄特征和认知实际，着眼本校学生课上课下、校里校外常犯多犯的错误现象，确立了"文明礼仪习惯"和"学习习惯"作为习惯养成教育的切入点，针对性地选择了各个年级的 6 个习惯养成教育的强化点，作为各年级的习惯养成教育目标，并根据每个目标分别提出 6 条细化要求。这种基于校情、学情的目标体系和细则规范，更具有可操作性，实施起来更具有实效性。具体养成目标分层设定如下。

"习成 6+1" 模式目标分层

年级	道德、文明礼仪	学习习惯
一年级	1. 热爱祖国，尊敬师长 2. 轻声慢步，文明有序 3. 保护环境，科学处理垃圾	1. 按时到校，做好课前准备 2. 规范读写姿势，专心读写 3. 按时完成作业，整理书包
二年级	1. 文明如厕 2. 良好的坐立行走姿势 3. 借用物品，及时归还	1. 上课专心听讲 2. 独立完成作业，及时检查改正 3. 每天阅读半小时
三年级	1. 诚实守信 2. 穿戴整洁合宜 3. 不侮辱人，不开恶意玩笑	1. 做好课前预习 2. 遇到问题，大胆请教 3. 及时、正确背诵
四年级	1. 孝敬父母 2. 勤俭节约 3. 欣赏他人	1. 主动思考，积极发言 2. 正确使用工具书、互联网 3. 关注生活，每天记录
五年级	1. 分享喜悦，分担忧愁 2. 礼貌待客，遵习守序 3. 爱护公共设施、文物古迹	1. 合理分工，有效合作 2. 学习复习整理 3. 学习管理时间
六年级	1. 尊重他人隐私 2. 勇于承担责任 3. 积极参加公益活动	1. 能制定目标，严格执行 2. 善于总结反思 3. 关注时事新闻

一、"习成 6+1" 模式如何实施

学校从多种途径出发，积极利用各种资源，来保证"习成 6+1"模式的有效实施。

（一）依托目标，研发并实施校本课程

学校习惯养成教育团队在"习成 6+1"模式目标分层的基础上，针对性地细化每种好习惯的细则要求，形成各年级的"习成 6+1"校本课程。

为了让老师、家长和学生更直观地体验和学习好习惯内容，学校聘请影视传媒导演拍摄"习成6+1"微视频。微视频所用的演员都是学校的老师和学生，通过师生共建课程资源，共同走进课程，为学生养成好习惯增添一份真实的样本与行为自觉。

在"习成6+1"校本课程实施过程中，教师主要通过班队会、道德与法治课、晨会等载体落实"习成6+1"课程，进行"知"的教育，提高学生道德认识，使他们懂得"是、非、善、恶、美、丑"。在实施中，教师还注重趣味化，让习惯养成训练成为一种愉悦的体验过程。

例如，在一年级"保护环境，科学处理垃圾"一课的教学中，教师利用人格化的垃圾桶——"生病"的"桶宝"，激起学生学习交流的兴趣，学生们围绕"怎么做才能让'桶宝'不生病"的话题，主动联系生活实际，拓展思维空间，热心为"生病"的"桶宝"寻找"治病"良方。灵动多样的教育教学活动，让学生在触手可及、喜闻乐见的生活情境和问题中逐步养成良好的行为习惯，训练自我管理、理性思维的核心素养能力。

（二）坚持训练，多方实施评价

按照心理学21天以上重复会形成习惯、90天重复会形成稳定习惯的研究成果，学校针对每种习惯设计分步分层次实施评价要求。

第一阶段：21天习惯初步养成。一方面，要求学生每日评价，起到自我约束、自我监督、自我检查、自我提高的作用。每天早上一看每日评价表，就知道今天该怎么做。到晚上睡觉前，把每日评价表拿出来对照，做到的项目画"√"，没有做到的项目画"×"，时间长了就会养成习惯。另一方面，由于学生自制能力不高，在自我评价过程中不够客观，往往估计过高，有时甚至故意掩盖自己的过失。为了使评价体系更客观和全面，我们引入他方评价，主要有同伴评价、家长评价和班主任评价。低年级采用家长评价，中、高年级采用同伴评价，每天一评。教师评价每周一次。

第二阶段：90天习惯稳定养成。经过第一阶段21天好习惯初步养成，第二阶段主要就是强化好习惯，让好习惯更加牢固。这一阶段评价体系采用一周一次的形式，主要从学生自评、家长（同伴）评价和班主任评价三个角度进行。

（三）开设"银行"，储蓄美好习惯

学校设立虚拟"美习银行"，每个学生都是"美习银行"的储户。用银行储蓄的方式记录学生的点滴进步，发现学生进步一点点，就在他的储蓄卡上盖"美习银行"特制的星星、月亮、太阳币章中的一种，表示对学生的肯定与嘉奖，引导学生参照储蓄存折的细化标准，规范品行，通过自己的努力来获取，并在存储中逐步培养自我管理、自我教育的能力，促使自身的行为习惯向"美丽、美好、完美"渐进。每年4月初，学校开展一年一度的"美习银行"创意活动——"心愿兑换卡"活动，学生们用存折里的星星币兑换心仪的物品。通过"心愿"兑换，更好地激发了他们参与好习惯养成教育实践体验的积极性和兴趣。"美习银行"创意活动既点燃学生争星热情，又进一步助推这套好习惯评价机制的有效运行。

（四）榜样引领，助推习惯养成

学校开展"十佳美习少年"评选活动，进行榜样激励。经学生自主申请、班主任把关、年级长推荐、学校审批等程序，评选出月"年级十佳美习少年"、年度"校十佳美习少年"。被评为月"年级十佳美习少年"的学生，就光荣地成了学校的"美习志愿者"。课间，他们用温馨的提示推动同学养成共同遵守"区域活动有序，言行举止文明"课间活动的行为管理规范。学生稚嫩的声音传递文明好习惯之声，传播校园文明志愿服务理念，营造"静区徐徐行、动区我运动"有序的氛围，树立文明玉小的良好形象。被评为年度"校十佳美习少年"的学生，在每年的"六一"儿童节接受学校的嘉奖。"十佳美习少年"成为学生身边学习的榜样。

二、"习成 6+1"模式的经验分享

两年多来，学校通过"习成 6+1"模式的探索与实践，积累了丰富的学生品德素养教育经验。事实证明，"习成 6+1"育人模式从目标设定到模式运行机制，符合当前教育呼唤回归本真的价值追求，值得坚持。

（一）坚持问题导向——构建学校习惯养成教育目标体系的基本原则

在架构"习成 6+1"模式的最初，学校从办学目标入手，弄清办学目标引领下"我们心目中的玉娃要有哪些好习惯"的问题，再多方深入剖析"我们眼中的玉娃习惯养成的现状是什么"，从而找准学校习惯养成教育的最佳切入点——文明礼仪习惯和学习生活习惯，并依据各阶段孩子的年龄特点和认知实际，制订出玉小学子习惯养成计划，最终形成了"习成 6+1"的目标体系。这样基于校情、学情研究的习惯养成目标体系才具有真实的价值。

（二）从"知道"到"做到"——习惯养成教育必经之路

面对小学生年龄小、自制力和持久性差的问题，学校在每一种习惯的养成教育过程中，都先从"知道"入手。在这里，知道有两层含义：一是师生利用晨会、每节校本课程的课始 3 分钟和课余时间先熟读乃至熟记每种习惯的 6 条细则，努力做到"滚瓜烂熟、脱口而出"，教师会不定时随机进班抽查熟记情况，评估效果。二是师生通过观看微视频和参与课程学习，了解并掌握不同年级的习惯目标及具体细则要求。实践证明，只有当学生熟练掌握某种习惯目标及其细则要求后，才有可能自觉地从行动上践行，在践行中不断完善并提升已有的认知，从而真正达到"知行合一"。

（三）让习惯养成"看得见，摸得着"——提升习惯养成教育实效的有效策略

针对小学生的年龄特征和心理特点，学校引进"美习银行"激励机

制。学生通过对照习惯养成目标日积月累的努力，积攒美习银行特制的币章，阶段性的习惯养成教育成果非常直观地呈现在"美习银行"个人账户上。学生再借助学校的"美习银行"年度创意活动、"心愿兑换卡"活动等载体，体验习惯养成的价值，感受成长带来的快乐。一张张"美习银行"存折，就像神奇的魔术师，成为学生们最珍贵的"宝贝"，也激励着学生们争当美习好少年。

> 案例点评

社会主义核心价值观的教育过程，就是养成社会主义核心价值观的过程。从这个意义上来说，社会主义核心价值观教育就是养成教育。福清市玉屏中心小学将习惯养成教育作为社会主义核心价值观教育的切入点，抓住了本质。习惯养成教育不应是一门课程，而应该贯穿于各学科教学、各教育活动的始终，引导学生从小事做起、从规范自身的一言一行做起。玉屏中心小学"习成6+1"模式走的正是这样的道路。习惯养成必须遵循教育规律，由易到难、循序渐进。玉屏中心小学将小学阶段应培养的各种好习惯进行分层设计，更加符合每个年级学生的年龄特征和认知发展规律。目标的表述清晰具体，可操作。

开展习惯养成教育，虽然是全面培养好习惯，但在实践中不能眉毛胡子一把抓，要突出工作重点。以实证研究的方式，如调研、谈话等，可以把握学生习惯养成中的突出问题，进而有的放矢地开展工作，增强工作的针对性和实效性。

德于行，度于身，志于心：
卓越少年的递进培养

沈阳市第七中学

"培育和践行社会主义核心价值观，要从培养学生规范的言行举止和优秀的精神品质入手，让德行成为一种修养，让卓越成为一种品格。"这是全国劳模、沈阳市第七中学曹淑君校长经常挂在嘴边的话。

沈阳市第七中学（简称"沈阳七中"）始终秉承"卓越"教育理念，长期坚持以培养"品行卓越 学识卓越 能力卓越"的全面发展的人才为总体育人目标。所谓"卓越"，不仅仅体现在学业上，还应体现在道德、情感、价值观等方面。

为了锻造品行卓越人才，沈阳七中以始业教育、"七德"教育和"七度"教育为内容，层层递进，设计了一套完整的培养方案。

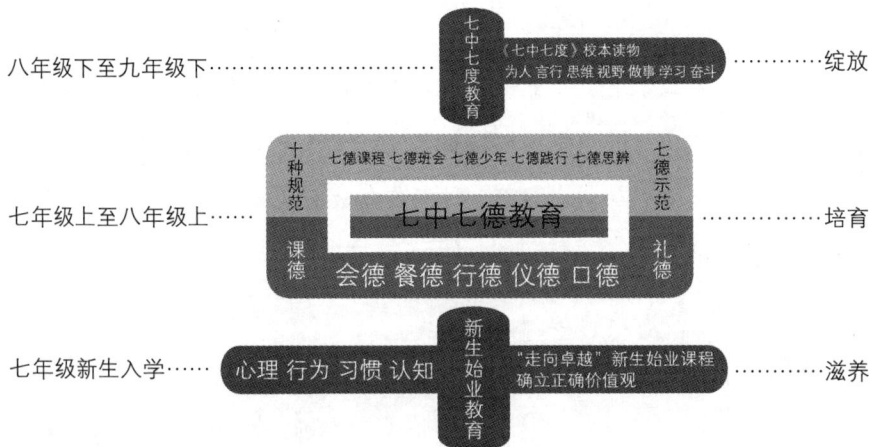

沈阳市第七中学人才培养方案

一、入学：以始业教育滋养学生心灵

初中阶段是一个人道德情感价值观的形成阶段。为了让新生迈好中学第一步，确立正确价值观，做好道德品质方面的初小衔接，沈阳七中通过与相关小学教师、家长的座谈、走访、调查等形式，设计了集心理、言行、学识、道德、理想于一体的极具针对性和实效性的校本课程"走向卓越"。此课程包括"走进新校园""养成新习惯""了解新课程""开启新认知"等内容，旨在让刚刚踏进中学校门的新生能够科学地、高效地做好初小衔接，在心理、行为、学业、认知等方面均实现快速而平稳的过渡，为卓越发展奠定基础。在课程具体实施方面，学校主要利用入学首月的每周一、三、五的第八节课进行"走向卓越"的授课，以为今后递进式的品行教育奠定扎实的言行基础。

1. 特别策划，上好"初中第一课"

老师们会带领新生参观校园，了解校史，在这节特别的"初中第一课"的影响下，新生们了解了中学与小学的不同，同时还对中学生活产生了无限的期待和美好的向往。

2. 身临其境，迈好"养成"第一步

学校的养成教育是从始业教育开始的。"走向卓越"从德育常规处入手，从小到大、由浅入深、细致入微地告诉中学生一些重要的行为规范。在授课时，教师会让新生们走进八、九年级的教学区，耳濡目染地学习"七中七德"和"七中七度"的深刻内涵和实际做法。

3. 课程预热，开启学习第一站

各学科的教师代表会将初中三年所要学习的科目进行分类式简介，让学生学会新的学习方法，对学习产生新的兴趣。

接受帮助

4. 价值启蒙，感悟成长第一话

在"开启新认知"中，学校精选七则哲理小故事，让学生站在中学生的角度生发新的人生感悟。教学时，教师会以真情实景、感悟分享、分组讨论等方式对学生进行理想、认知、意志、智慧、勇气等方面的培养。

"走向卓越"新生始业课程在培养学生讲文明、懂礼貌、尊师长、孝父母等中华传统美德及社会主义核心价值观的形成与确立方面发挥了积极作用，同时也为后期递进式的规范言行和高尚品质的培养奠定了基础。

二、中段：以"七中七德"培育学生品行

在结束了"走向卓越"新生始业课程的学习之后，每名七中学子会在七年级至八年级上学期接受"七中七德"教育。"七德"，即上课讲课德、开会讲会德、用餐讲餐德、走路讲行德、仪表讲仪德、说话讲口德、待人接物讲礼德。"七中七德"是沈阳七中长期坚持的特色育人模式，在入校时、课堂上、走廊里、餐桌间、交流中，老师们都会及时纠正学生的错误，示范正确的做法。如"课德"包括"守时、坐姿、听讲、发言、提问"等方面的养成，学校要求每名任课教师在授课的同时要规范学生行为，让学生养成"上课讲课德"的好习惯；在"会德"培养方面，学校效仿了乘飞机时的安全演示环节，即在每次集会前，会场大屏幕上都会循环播放正确的参会礼仪短片，以使学生们逐渐养成"开会讲会德"的好习惯。整洁的着装、文雅的举止、规范的课堂、洁净的餐盘，可以说"七德"无处不在，涵盖了学生在学校、家庭、社会中的各个细微之处，既是对中华优秀传统美德的继承，又是对社会主义核心价值观的体现。在"七中七德 德以养行"的教育中，学校主要采取了递进培养和活动育人的方式。

基础——十种规范。七年级新生学完始业课程之后并不是立即学习

"七中七德"，而是先从最基本的行为规范开始，七中的十种规范涵盖了校园、家庭及社会等诸多方面，学生遵照规范、注重细节的同时也为"七中七德"教育奠定了坚实的基础。

教育——"七德"课程。在学生行为习惯基本规范之后，为了让学生更深入、更透彻理解"七中七德"，为了让"七中七德"在学生身上快速得到体现，学校开发了"七中七德"校本课程，课程包括了在校、在家、在社会中的日常规范和德行，其中每一德还包括了模范事迹、成语、谚语故事、经典语录等。通过"七中七德"每周每德的学习，学生既了解了英模的崇高品德和先进事迹，又进一步传习了中华传统美德和社会主义核心价值观。

反思——"七德"班会。在"七德"课程全部学习结束后，每班每周五须召开一次"七德"班会。在班会中，学生会结合自己的实际讲讲自己在本周哪一德做得最好，哪一德还需加强，周围同学的哪一德值得自己学习，"七德"班会可以让学生做到及时学习、及时反思和及时改正。

鼓励——"七德"少年。在80%的七年级学生基本能够达到"七中七德"的要求之后，学校在七年级上学期期末阶段会评选出班级的"七德"之星及学校的"七德"少年。"七德"之星旨在鼓励在某一"德"中表现突出的学生，"七德"少年主要表扬七个方面均突出的学生，让他们在校园内起到示范引领作用。

实践——"七德"践行。接受了一个学期的"七中七德"教育，学生言行举止得到了规范，品行得到了提升。至此，学校利用第一个寒假让学生用实际行动践行"七德"，同时要求学生撰写践行感悟——"七德"日记，并在开学初的"七德践行记"班级宣传内展出。学生通过自己的所做、所见、所闻、所学和所悟，既增强了社会体验，又实现了品质的拓展及能力的提升。

接受帮助

257

　　评判——"七德"思辨。进入七年级下学期，作为十一二岁的少年来说，他们难免会在学"七德"践"七德"的过程中对一些社会现象产生疑惑，如面对"搀扶倒地老人反被讹"及"制止不文明现象被辱骂"等现象时，学生的"德"往往会受"限"且辨析不清。所以，学校在此阶段会开展辩论赛、心理剧等一系列"七德思辨"活动，让学生自己找到正确的答案，自己找到正确的依据，自己找到正确的做法。此举既巩固了学生的德行养成，又提升了其辨别是非的能力，在价值观的培养过程中也起到了至关重要的助推和修正作用。

　　展示——"七德"示范。通过整个七年级的"七德"教育，所有学生基本能达到"七德"的标准。为了让学生保持住良好的品行，并使其发挥示范引领作用，在八年级上学期，学校德育处会利用节假日组建若干支以"七德"少年为主的"七德"示范队，走出校园，走进社会。如到公交站、地铁站示范排队，到十字路口示范过马路，到社会公益岗位进行志愿者服务，到商场、街道示范文明用语的使用和待人接物的礼仪等。这一举措既让学生感受到了美德带给他们素质的提升和他人的赞誉，又能向社会宣扬社会主义核心价值观，传递正能量，展现当代青少年的精神风貌。

　　经过七年级和八年级上学期的"七中七德"教育，学生已将"七中七德"从他律转化为了自律，从被动约束变成了自觉遵守，"德以养行"已初见成效并贯穿于整个教育教学过程中，感染着学校每名师生，浸润于生活中的每个细节。

三、后段：以"七中七度"提升学生修养

　　经过一年半的"七德"培养，学生的言行已趋于规范，价值观也已基本形成。为了让学生的德行从行为层面上升到精神层面，在八年级下学

期，学校开始以"七中七度"教育培养学生，以实现从"养行"到"修身"的升华。"七度"，即为人有风度、言行有雅度、思维有深度、视野有广度、做事有效度、学习有精度、奋斗有韧度。"七中七度"既是对"七中七德"的有效衔接，也是学生从文明规范走向卓越发展的重要途径，同时更是价值观从外化于行的培养到内化于心的升华过程。在"度以修身"的培养中，学校主要依托自主创编的《七中七度》校本读物，其内容包括了名词解释、探究拓展、正反对比、阅读感悟等，旨在让学生深切体会到从自我品读到自我领悟再到自我提升的发展过程。

自读自悟。学生利用课余时间自学《七中七度》读本。《七中七度》读本让学生深刻懂得了一个人的精神品质的好坏不但可以影响到自己，而且还可以影响到他人，更可以影响到一个集体；让学生直观辨析出什么"度"是正度，什么可以做，什么不能做；更让学生真正感悟到"卓越人生"与"精神品质"息息相关，"成功人士"与"人格魅力"密不可分。

学科渗透。学校要求所有学科的教师在任课期间要尽可能地渗透《七中七度》内容及注重对学生精神品质方面的激励与培养。尤其在道德与法治课上，学校要求任课教师将《七中七度》作为辅助教材，在集体备课时，备课组长要在教材的"相关链接""探究与分享"及"拓展空间"环节中对"七度"进行融合或拓展，如八年级下册中"维护公平正义"一课中，教师就会将"为人有风度""思维有深度""视野有广度"等方面的内容进行拓展和探究，并且在留作业和考试卷当中也建议教师注重学生意志品质和高尚情操的培养与提升。如此一来，学生在课堂上既学到了文化知识又理解了"七度"内涵，提升了自身素养，更让学生在自学《七中七度》的基础上对其理解得更直观，体会得更深刻，辨析得更明确。

经过三年从"始业"到"七德"至"七度"的卓越教育，沈阳七中的每名学生都得到了言行举止的培养、精神品质的提升及价值观念的修正，每个学生也都成了一名"德于行，度于身，志于心"的卓越少年。

"国无德不兴，人无德不立"。沈阳七中将始终坚持以立德树人为根本任务，始终坚持以弘扬社会主义核心价值观为重要职责，始终坚持以"德以养行，度以修身，卓以正观"为主要途径，努力将当代中学生培养成为"勤学、修德、明辨、笃实"的优秀青年，为学生的卓越幸福人生奠基，为民族伟大梦想建功。

▶ 案例点评

　　沈阳七中的育人模式具有很强的层次性，说明学校对于培养目标已有了审慎的思考，并进行了合理的规划。这种层次性首先体现在各学段教育内容的设计上，始业教育、"七德"教育和"七度"教育皆对应着学生在不同学段价值成长的基本需求。其次则体现在各学段内部的教育手段上。如，"七德"教育首先通过校本课程让学生了解"七德"是什么，然后通过学生校内的实践、每周班会的反思和每学期的总结来强化学习效果。接下来则通过寒假的社会实践拓宽学生进行价值实践的舞台，并通过"七德"日记和"七德"思辨让学生对一系列价值进行深入思考。最后则是借由"七德"示范队的校外示范，让学生形成自我激励。总而言之，学生是在知—行—知—行的循环中不断深化认识、坚定信念的。

　　其他学校在借鉴这一案例时，有一点是十分值得学习的，即设计者应该思考如何让学校价值观教育实践下成一盘棋，一体化推进。许多学校会设计丰富多彩的德育校本课程或实践活动，但彼此之间缺乏联系，这样一来，学校内部的教育影响就不能形成合力，学生的价值成长将会大打折扣。

13 找准方向，
让学生接受有魂的帮助

　　社会主义核心价值观囊括国家、社会、公民三个层面的
12 种价值观。但是，这 12 种价值观并不是彼此孤立的，它们
都统一于培养德智体美劳全面发展的社会主义建设者和接班人
这一根本任务之中。因此，学校落实社会主义核心价值观教
育，关键就需要在党的教育方针的指引下，根据本校实际，找
准方向，通过以点带面的形式整体推进。而方向的确定，是与
学校的办学目标和育人特色紧密联系在一起的。也就是说，用
什么样的点作为学校实施社会主义核心价值观教育的载体和方
向，不能千篇一律，而是要有学校特色。

　　所谓特色，就是强调社会主义核心价值观教育的实践推进
一定要与学校实际结合在一起，这样才能够为社会主义核心价
值观教育在学校中的具体落实奠定坚实的实践和文化基础，使
社会主义核心价值观在学校中的具体推进更加校本化，从而更
容易得到广大师生员工的广泛认同和自觉支持。这就需要将较
为抽象的社会主义核心价值观通过与学校实际的充分结合，形
成既反映社会主义核心价值观教育的一般性要求，又充分体现

学校特点的主题化教育实践。

只有明确了社会主义核心价值观教育的基本主题，才能形成有效的学校教育共同愿景，从而也才能找到将学校的管理、教学、活动等方方面面的工作拧成一股绳的抓手。可以说，主题化的社会主义核心价值观教育是当前许多学校推进社会主义核心价值观教育的重要实践取向。

主题化的实践方式有两点值得特别注意：第一，主题并不一定宏大。相较于传统的爱国主义教育，江苏第二师范学院附属小学找到了学生可感可知的切入点，从国家版图意识教育出发设计学校的教育实践。第二，主题化并非仅指德育的主题化，而是学校全部工作的主题化。一些学校往往会因为主题化的教育目标指向价值观培养，就在整体设计中缺乏对学科教学及其他工作的考虑，但成都市青羊实验中学的守法教育和杭州市富阳区富春第七小学的劳动教育，都将学科教学与价值观培养有机结合起来，达到了极好的教育效果。

学版图，爱祖国

江苏第二师范学院附属小学

"敬爱的解放军叔叔，你们好，我们是江苏第二师范学院附属小学的小学生，这几年我们一直在进行版图意识教育，我们在《祖国好》校本读物中看到，你们守卫海岛，就是在守卫祖国、守卫着我们。你们的行为使我们深深感动……"这是六（2）中队的洪楠、薛晓禹和胡超阳三位同学在班主任王华娟的指导下，给浙江温岭炮头山驻军的官兵写的慰问信。

国家版图意识教育是国情教育的重要组成部分，也是爱国主义教育的重要组成部分，是指通过有计划的学校课程实施，使每个学生树立国家版图意识，拥有自觉维护国家版图尊严、国家主权及领土完整的强烈愿望。

江苏第二师范学院附属小学（简称"师院附小"）对国家版图意识教育进行研究和实践，编写了专门的学生读本，以专门化、一体化、系列化的教育，带领学生们学版图、爱祖国。

一、专门化的国家版图意识教育

学校以"国家版图意识教育为儿童成长奠基"为目标，坚持以学生为主体，以发展为核心，以课程建设为契机，以活动设计为抓手，大力推进版图意识教育，使学生在知识、品质、能力、个性等方面得到比较和谐、全面、可持续的发展，从而使国家版图意识教育和国民素养培育落到实处。

这项专门课程的建设与实施具体有两步：第一步，课程读本开发。第二步，教学跟进。

（一）开发课程读本，让课程浇灌爱国之花

学校国家版图意识教育校本课程的目标主要是：引导学生树立版图意识，从小培养学生的爱国主义热情；引导学生动手实践，培养学生的动手能力和创新能力；引导学生学会观察和思考，学会质疑和探究，形成良好的学习品质；健全学生人格，提高学生的综合素质。

由于没有任何先例可以借鉴，学校发动全校教师群策群力积极开发课程读本，耗时两年多时间，编撰完成了国家版图知识读本《祖国好》。《祖国好》教育读本共分"我的户口""我的天地""我的财富""我的家人""我的邻居"和"我的牵挂"六个章节，分别向学生展现了祖国的疆域、民族、资源、邻邦等综合知识。读本充分遵循儿童的认识特点和生活趣味，每个章节主题突出、特色鲜明、内容丰富，还极富知识性、趣味性和操作性，通过形象的图片，富有趣味性的语言，使得学生可在活动中学习知识，大大提高了学生了解国家版图的兴趣。例如，在"学会读懂地图"这一课中，读本就模拟了陈明在假期去旅游的现实生活场景，让学生们帮助陈明辨识旅游地图，使得学生在仿真的情境中运用所学知识，在愉快的助人氛围中强化学生的理解。

（二）版图教育进课堂，让爱国课程真正落地生根

学校严格按照现行的课程标准，把版图教育融入综合实践活动课程，落实在课表中，确保两周1课时，同时制订出切实可行的教学计划。

学校还为该课程配备骨干教师作为任课教师，要求教师课前必须进行认真而有实效的备课，课上营造有利于学生能力发展的教学环境，优化教学过程，课后实施有效评价。

在实施校本课程过程中学校努力做到：理论与实践相结合，文本与非文本相结合，课内引导与课外延展相结合，校本课程与国家课程、地方课

程相结合。

同时，学校还精心设计教学案例，编撰了《祖国在我心中》活动手册。手册收录了学校在进行版图意识教育过程中开展的各项特色活动及经典案例。精心设计的配套资源为学校校本课程的有效实施提供了有效的保障。通过这套校本课程的开发和实施，也提高了教师对国家版图意识教育的了解和认识，使得教师成为实践的研究者，促进了教师的专业化成长。

2016年年底，学校和江苏省地理信息局联合开发了《祖国好》课堂教学资源包，包含教学设计、教案稿、课件库和课例视频等，起到了传播、培训的作用，极大地方便了全国各地学校老师开展国家版图意识教育的课堂教学实践。

二、一体化的国家版图意识教育

由于小学教育的年龄跨度较大，国家版图意识教育必须根据不同年龄阶段的心理特征来进行，才能真正构建一体化的教育，使得学生的认识逐级提高、不断丰富。

（一）通过拼图比赛，对低年级学生渗透版图意识

对低年级小朋友怎样渗透版图意识教育？学校集思广益，在低年级开展了版图拼图比赛，参赛对象是一、二年级的小朋友。特别是一年级的小朋友，有些省份名称都不认识，但是在班主任的悉心教导下，孩子们一遍遍练习，他们通过小组合作，采用迎面接力跑、班级联合对抗的方式参加比赛，每人手持一个省份图案，与前面的同学击掌后跑向目的地，将自己负责的省份图案放置到相应的位置，在计时2分钟内，每个小朋友都出色地完成了任务。通过这次拼图比赛，低年级的小朋友开始慢慢地了解了祖国的疆土，培养了爱国之情。

（二）通过版图知识竞赛，激发高年级学生的参与热情

从 2011 年起，学校定期举办高年级的版图知识竞赛，参赛对象是学校五、六年级的学生。每班选派 5 名选手，15 名智囊团成员，由班主任带队，展开一场知识的较量。活动前期动员综合实践任课教师收集相关资料并自主命题，形成题库，然后从题库中精心筛选题目，整编出一套知识面广、适合高年级学生的竞赛题。知识竞赛分为"开门见山"（必答题）、"争先恐后"（抢答题）和"一锤定音"（选答题）三个环节。每个环节的规则要求各有不同，但三个部分又环环相扣。通过竞赛，学生不仅了解了丰富的祖国版图的知识，还增强了社会责任感和爱国之情。同时，竞赛也是给高年级的学生上了一节生动有趣的版图知识课。

三、系列化的国家版图意识教育

在实践探索中，学校深切感受到：针对小学生进行国家版图意识教育一定要依托活动，要将严肃的国家版图意识教育通过生动活泼的方式来开展，在丰富多彩的活动中渗透国家版图意识教育。为此，学校拓展教育形式，组织了"看、听、画、唱、写、展"系列活动，让学生在多种多样的活动中构建国家概念、增强国家意识。

（一）看纪录片，了解国防知识

学校毗邻南京市国防园，因此每学期都要组织学生到国防园参观学习。作为多年的友好合作单位，学校和国防园联手开展了系列国防主题教育活动。孩子们兴奋地观看介绍国防兵种的纪录片，认真倾听讲解员对边疆、对国防、对热点局势的分析讲解。高年级的学生还大手牵小手，带领低年级同学来到这里进行特殊的入学教育，上好爱国主义教育的"开学第一课"。

（二）听讲座，拓展地理知识

每学期的"四明讲坛"，学校都会邀请地理、地图等方面的专家学者以及相关专业人员来到学校、走进教室，向师生进行版图、地图等专题知识的讲座，以鲜活的案例和事件，丰富师生的见识。

（三）画版图，让祖国版图印刻心中

学校在版图教育活动中开发了手工制作、剪纸、剪贴画、绘画、书法等多种表现形式，并以此来表达少年儿童对祖国的热爱、对国家版图的认识或对民族大团结的喜悦之情。2018年学校科技节相继进行了"版图在我心中"系列活动之绘画、剪纸比赛。学生们用心动情地绘画着、裁剪着，一幅幅祖国山水图相继呈现在我们的面前。一幅幅饱含敬仰的作品，透露出了孩子们的爱国之心。在孩子们的眼里，祖国是那么美好！

（四）唱祖国，用歌声表达爱国情

在"祖国在我心中"合唱节中，全体师生用歌声唱出对祖国的爱。师生齐上阵，处处显示出高涨的爱国主义热情。有的班级制作了鲜艳的五星红旗，有的班级准备了祖国版图图画，国旗和版图交相辉映，爱国之情也在师生的心中升腾。我们以中队会的形式拉开比赛的序幕，最后由穿着56个民族服装的五（1）班的表演，将整场活动推向高潮。这次活动开展得很成功，全校师生以歌唱的形式为祖国母亲的生日送上了最诚挚的祝福。

（五）写慰问信，问候边防子弟兵

每年新春佳节来临之际，学生们都纷纷给驻守边疆的解放军叔叔、给三沙市的海监叔叔们寄去热情洋溢的慰问信。在信中，他们表达着少先队员们对官兵的崇高敬意，而战士们热情洋溢的回信也让他们欢呼雀跃不已。两地通信编织成了一条感情的纽带，一头是最可爱的边防战士，一头是最纯真的孩子，他们都对祖国有着深切的爱！

（六）展家乡，激发儿童爱国热情

中队主题会是面向全体少先队员进行爱国主义教育的主要阵地和宣传载体。为此，学校举行了以"爱国爱家乡"为主题的全校性中队主题会展示活动，让学生们了解家乡的历史，抒发对家乡的热爱之情。

通过国家版图意识教育，孩子们从知识到能力都得到了进一步的加强，孩子们的国家版图意识得到明显的提升，爱国的情感更加浓厚和坚定。这是学校版图教育最重要的成果。同时，参与校本课程开发和读本编写的教师，其潜能得到了充分挖掘，专长得到了充分发挥。在校本课程的实施以及学校文化的塑造中，教师获得了专业素质的普遍提升。

⊙ 案例点评

江苏第二师范学院附属小学巧妙地通过国家版图意识教育将"爱国"的价值观落在实处。为什么说它是巧妙地落实？因为：1. 版图的选题具体可感。不同于其他爱国主义教育形式中号召的某些高不可攀的精神，版图教育对学生而言，首先是触手可及的一张地图。2. 版图的选题与学生生活密切相关。版图知识可以应用于学生假期旅游甚至日常交谈中。3. 版图的选题延展性强。这个切入点看似很小，实际上一张地图背后隐藏着庞大的知识体系，教育者可以通过这一切入点挖掘各科知识，开发系列活动。

通过案例，我们发现学校能够将宏大的爱国主义教育落实到具体实在的版图教育中，同时又能将"小版图"教育经由系列化设计而扩展为内容丰富的爱国教育。这种价值观教育中的"大"与"小"的辩证法，是非常值得借鉴的。当然，除了选题之外，案例的成功还得益于学校对教育规律的应用。如考虑不同年级学生的心理发展规律，设计逐级递进的教育内容；组织高频率、多样态的教育活动，通过不断刺激来强化学生对于国家的认识，升华学生对国家的感情。

在未来的教育实践中，学校可以考虑"往宽里做"，即拓展实施国家版图意识教育的渠道。例如，从学校物质文化角度考虑，是否能在校园物质景观设计中融入国家版图意识教育？再如，从学科课程考虑，国家版图意识教育涉及地理、历史等多门学科，是否能够进行学科渗透或者课程整合？学校还可以考虑"往深里做"，即深加工已有课程，如是否能够在教学经验的基础上总结出国家版图意识教育模式，用于推广和交流？

感受法治精神　培养守法行为

成都市青羊实验中学

　　李老师在"带着诚信一路前行"一课中，通过名言、故事引导学生感悟诚信品质给自己、给他人、给社会带来的正面影响，通过案例分析教给学生做诚信人的方法。李老师上的这节课最大的亮点是"诚信护照"，教师不仅使其成为课堂上学生体会诚信美好的途径，而且课后继续沿用，使之成为落实诚信的见证。

　　成都市青羊实验中学以社会主义核心价值观为引领，将法治教育的落实作为构建学校德育校本课程的基石，把守法教育融入学校教育教学各项工作中，寓法于生，寓法于课，寓法于教。通过活动中体验、阅读中领悟、生活中体味等途径，让学生从小接受守法文化熏陶，培养学生的守法行为。

一、守法教育常规化

　　学校致力于通过各种途径使守法教育常规化，真正使守法教育融入学生的日常学习生活中，潜移默化，给学生带来积极的影响。

（一）把握开展守法教育的时间节点

　　学校坚持"每年一课——夏令营实践课，每期一课——开学典礼，每月一课——常规大检查，每周一课——国旗下讲话，每日一课——时事学习"，活动中充分渗透守法教育元素，保证守法教育活动常态开展。例如，开学典礼的守法教育，学校以师生喜闻乐见的文艺活动、书画展，寓教于乐地推动学校守法教育工作。

在每年法治宣传月中，分年级组织话剧表演，模拟一个维护合法权益的场景，学生观察表演者的行为，各抒己见，用这种真实直接的方式表现，让学生感受守法对人生的重要作用。如情景模拟"诚信考室"场景，按照"学生自愿申请—班级自主申报—学校审批—全校挂牌"程序确定的"诚信考室"，没有监考老师，学生诚信考试，磊落答题。学生深深地感受到被别人信任、自律对个人成长的作用，自律美德、诚信品质在他们的心中滋长。

此外，学校还明确要求各班级每周一、周三中午的读报课是法治教育内容，利用读报课让学生分享守法小公民的所感所悟，了解违法乱纪的不良后果，引起共鸣。

（二）规划开展守法教育的系列主题

班会课是进行守法教育的重要途径。学校要求各班级每个月至少有一次班会课是守法教育主题，德育处提前收集、审核班会课方案，给予智力支持。

学校认为，中学的守法教育要以正面教育为主，课堂既要关注国家、社会的大事，更要贴近学生，解决学生身边事。因此，提出了守法教育班会课三个年级各有侧重的主题——七年级：修身正己，诚信正直；八年级：修身正己，遵规守纪；九年级：修身正己，公正守法。守法教育班会课的主题选择应具备以下特点：教育性强，以守法品质进行正面引导；实用性强，解决学生身边的问题；操作性强，易于推广运用；亲和力强，学生、教师、家长易于接受。

（三）打造进行守法教育的协同队伍

学校与辖区派出所联合，开设"流动的学法守法读报课"，一周内集中安排每天读报课时间，轮流请派出所警官通过展板巡展、具体事例的讲解，组织全校各班学生轮流聆听，教育学生做自己的"首席安全官"，共建平安校园。

积极开展家庭助法教育，倡导守法明理的家风，树立正面形象，滋养孩子心灵。开设家长讲堂，发掘家长资源，把法治融入家庭日常生活。同时，让辖区民警、从事法律工作的家长走进课堂，让警官、法官、律师对孩子们进行守法浸润。开展守法教育亲子共读活动，《那永恒的阳光》编辑了学生家长和长辈中诚信自律的小故事，《那一瞬间的美丽》编辑了发生在学生自己身上的诚信自律的小故事，两本自编读本感动了家长，也教化了学生。

二、守法教育趣味化

为了使守法教育真正被学生们所接受，学校通过多种形式提高守法教育的趣味性，让学生们在体验乐趣的同时收获法治知识，提升法治素养。

（一）假期法治深体验

学校发挥德育活动的体验式教育作用，对学生守法品质、守法意识的培养方式、活动形式、在活动中的切入点进行实践研究。学校在对学生的寒暑假生活指导中，安排了法治体验内容，号召学生走进社会寻找守法模范，并用文字、书画等方式进行记录，假期结束后学校集中展示学生的优秀假期作业。学校与社区的律师事务所共建社会实践基地，假期中按班级组织学生到社会实践基地进行法治学习交流、社会实践。

为丰富孩子们的假期生活，学校动员家长带领孩子共同参与社区法治教育基地的活动，或拍下照片，或写上参观心得，或办一张法治小报，给予孩子多元的选择。

（二）守法漫画大比拼

学校发挥课堂主渠道作用，推动知识传授、能力培养与守法教育的有机结合，使课堂渗透廉洁理念成为常态。比如，在美术课中，教师不仅带领学生学习与动漫人物造型相关的速写、素描、色彩搭配，还将守法的历史故事、神话传说与漫画创作联系起来，形成在中学美术课教学中运用守法漫画进行法治教育的可操作性的教学目标和教学过程，形成了传统故事讽腐系列、校园诚信系列、家庭倡廉系列等多个特色鲜明的绘画主题。在道德与法治"走进民法"一课中，为了进一步增强青少年的法律意识，提高其法律素质，学校邀请自聘的法律顾问，通过互动教学、模拟法庭、小品欣赏、图片展示等多种教学手段，将枯燥乏味的法律知识轻松植入学生心中。

（三）入学守法小视频

在每一届新生入学前，送给学生守法大礼包，即学校拍摄的"优秀从规范开始"的视频，该视频记录了全校学子的一日行为规范，内容涵盖了道路交通安全、上下学守时、正确的站姿与坐姿、列队要求、课间文明休息、午间安全管理、见面问好等内容，守法小视频用真实、生动、鲜活的视频影像，采取正确和错误的行为演绎方式，给学生们传递平凡的校园生活中蕴含的正能量，弘扬了法治精神，具有较强的艺术感染力。同时，让学生明白优秀从规范开始，培育具有法治思想的社会主义合格公民，也做好了小升初衔接。

（四）诚信护照促成长

学校的"诚信护照"印着学生的标准一寸照、护照申请时间、学生的诚信承诺，这个"护照"不能让拥有它的人出国，但却是他们人生的通行证。因为学生每天要在"护照"上写下自己的承诺，内容涵盖了学业行为、诚实守法、服务社区、参与公益等，学生面对自己内心的承诺要言必行、行必果，班级开展信用度 PK 竞赛，记录并展示他们的诚信成长。一月结束，班级根据"护照"选出诚信示范生，在全班进行表彰奖励。这一诚信通行证，培养了学生的诚信意识，规范了学生的诚信行为，形成了学生的诚信品质，是学生正己修身、自律诚信的最好见证。如今"诚信护照"已成了学校的特色活动，充分发挥着以诚信品质陪伴学生健康成长的积极作用。

三、守法教育自主化

在守法教育的实施过程中，学生不仅仅是客体，更应该是守法教育的主体。学校在守法教育推进的过程中一直重视学生的主体作用，发挥其主体性，培养他们自我教育、自我管理和自我完善的能力。

（一）全员参与——"人人有事做，事事有人做"

学生良好的行为习惯是学校守法教育效果的具体体现。为培养学生独立思考、独立判断是非、独立解决问题的能力，各班大都让学生自主参与制定班规班约，其中包括文明守纪行为准则的制定。这种做法培养了学生自我教育、自我发展的主人翁意识，既提高学生的自律能力，又激发学生智慧的火花。同时，各班实行岗位责任制，如在班委会下设立纪律组，纪律组涵盖文明守法等一系列内容，此小组下面再分设小组，每名学生在各个层面上都有一份或若干份管理工作和服务工作可做，每名学生可以在自己的职权范围内对其他学生进行管理、监督、考核、评价，同时也接受其他同学的管理、监督、考核、评价。这套管理办法的实施不单是使班级形成了"人人有事做，事事有人做"的局面，更重要的是在相互管理的过程中，所有学生都得到了锻炼，增强了自信心，学会了自律、自主管理和公平、公正地处理问题，学会了平等互助、相互尊重。

（二）角色转变——变"要我做"为"我要做"

学校培养学生在守法教育中的自主意识、自治能力，要求学生"自己会"。因此，建立了开放的、民主的、有学生参与的学校管理体制、班级管理体制。比如"学生执行校长制度"，每月学生会的"执行校长"竞聘上任，每期优秀班级、优秀学生的评选等，都让学生处于公平、公开、竞争的透明环境，促其形成健康文明的是非观、价值观，让学生从小就知道什么是规矩，作为学生该如何守规矩。落实好班级值日班长制度、值日分工、值周示范班等各项工作，把教育者对学生的要求较好地内化为学生自己的意识和行动，变"别人要我做"为"我必须这样做"，从而增强其守法的自觉性。

（三）形成风尚——变"他律"为"自律"

我们面对的学生还是一些心智不成熟的青少年，他们尚未形成稳定的世界观、人生观、价值观，容易受环境影响，很难抵挡没有家长、老师约束带来的自由以及来自校外的诱惑，自制能力较差，如果把握不好，容易放纵自己。对于这些问题采取高压措施无济于事，所以学校极为重视激发学生完善自我的欲望，由"他律"逐渐变为"自律"。一方面，对于规则的落实，教师既严格督促，又耐心细致地引导，善于发现学生的闪光点，及时表扬和鼓励，给学生以信心和力量；另一方面，"身教胜于言教"，我们的老师在教育教学过程中潜移默化地引导学生树立价值评判标准，使学生对善与恶、对与错有自己的一把评判标尺。当学生建立起自己的一套评判标准时，已不光是达到了自律层次，更是一种价值观的体现。这样在某些情况下，人才能"出淤泥而不染"。

⊙ 案例点评

　　全面依法治国是中国的基本国策，法治是社会主义核心价值观的重要内容，知法、守法是公民的基本义务，法治教育亟待加强。成都市青羊实验中学将法治教育的落实作为构建学校德育校本课程的基石，积极培育学生法治精神，取得积极成果。第一，学校创新法治教育的方式方法，适应中学生身心特点和生活实际，以趣味化、主题化的形式展开。第二，学校将法治教育融于各项常规工作之中，使法治教育常态化开展。

　　中小学校开展法治教育，需要注意的是：第一，要厘清法治教育与道德教育之间的关系。法治教育与道德教育既应相互结合，也应适度分离。将法治教育置于道德教育之中的做法，看到了法律与道德的联系，但是忽视了法律与道德的区别，实践中容易造成青少年混淆法律规范与道德标准，将违法的事情只是视作违反道德。第二，法治教育本质上是法治观念的养成教育。法治教育理念需要从注重普及法律知识向注重培养法治观念转变，贯彻"传授学生法律知识—培养学生法律意识—塑造学生法律人格—培育学生法律信仰"这一教育思路。抓住这一点，也就抓住了法治教育的关键。

在劳动中感悟和谐

杭州市富阳区富春第七小学

富阳电视台的记者在活动现场采访了参加义卖的孩子，其中一个孩子这样说道："今天我很开心，这是我们同学在'开心农场'亲手种的土豆，是我们亲手把它们从泥土里挖出来的！今天的爱心基金是我们用自己的劳动换来的，和以前向爸爸妈妈要的零花钱是不一样的。这些钱能捐给贫困的小朋友，我感到很光荣！"

杭州市富阳区富春第七小学（简称"富春七小"）以"新劳动教育"为主题开拓了一条极具特色的劳动教育之路，将劳动教育作为落细、落小、落实社会主义核心价值观的重要途径和载体。"天人合一，人事相趣"是富春七小"新劳动教育"的宗旨，而"新劳动教育"则主要通过"农事劳作""劳动创意""美好生活"三大课程群进行实施。

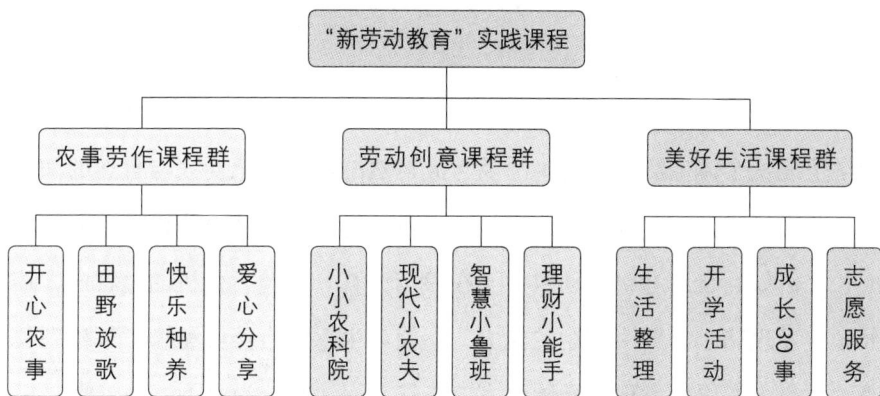

富春七小"新劳动教育"课程架构

一、在亲自然活动中初识和谐

结合本地丰富的自然资源，基于"新劳动教育"课程体系，学校建构了亲自然活动体系。

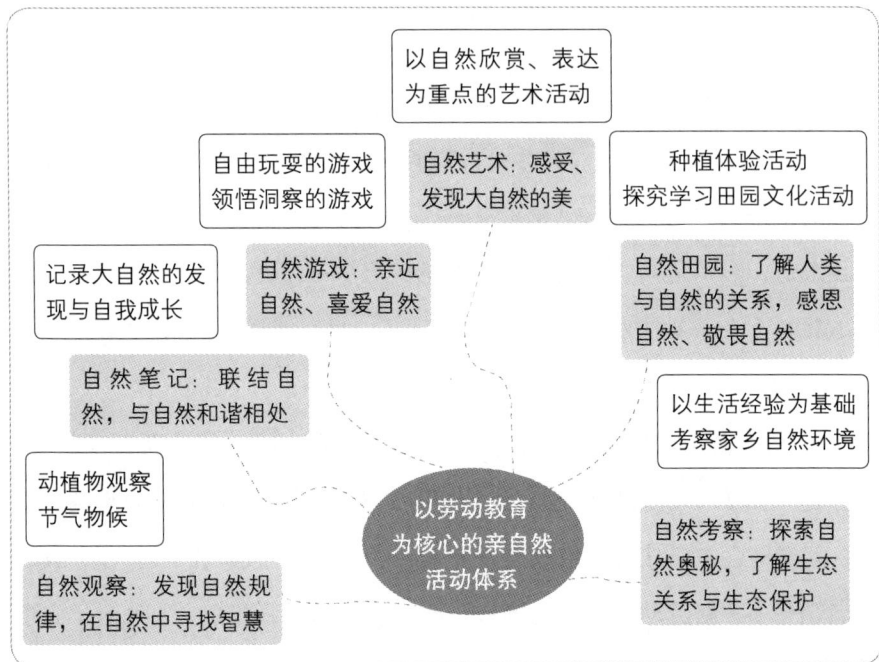

亲自然活动体系

通过自然游戏、自然观察、自然笔记、自然艺术、自然考察等形式，让学生能从个体生活、社会生活及与大自然的接触中感受人与自然的和谐相处，获得丰富的实践经验，激起探索自然的兴趣，从而获得身心的健康成长。例如，自然考察活动致力于在参与调查、实验、分析的过程中，培养学生发现问题、解决问题的能力，促使学生探索自然奥秘，了解生态关系，树立生态保护意识。具体而言，自然考察活动分为以下五个步骤。

确定主题。教师带领学生根据学生生活社区的具体自然情况来确定考察主题。确定的原则是要选择学生熟悉的自然环境，如教师根据学生居住在富春街道青云桥附近的实际情况，与学生一同商议确定了"我是小小河道观察员"的自然考察活动。

制定考察方案。确定了考察对象之后，教师与学生共同思考应该如何进行考察。教师需确保考察的方式既是小学生力所能及的，又是能够引起学生兴趣和热情的。在"我是小小河道观察员"的活动中，教师认为收集水样、测水质的工作既能传授一些自然科学知识，又符合小学生的行动规律。除此之外，访问村干部、聆听"五水共治"情况也可以构成考察的重要内容。

进行考察准备。如为了考察的顺利进行，学生需要提前掌握收集水样和测水质的知识和技能，并自行收集"五水共治"的相关资料。在收集了资料之后，学生认为应该起草一份"五水共治"的倡议手册，以便在自然考察时发放到村民手中。

展开考察行动。整个考察行动是由学生自主进行的。如在"我是小小河道观察员"活动中，学生们根据之前制订的考察计划，首先前往青云桥文化礼堂，认真听取村干部介绍村里"五水共治"的情况。然后，他们在整个村中散发"五水共治"的倡议手册，向村民们宣传节水治水护水的理念。接着，学生通过 pH 试纸测定水库中水的 pH，并在水库四周收集水样，让家长带回自来水厂进行检测，进一步了解水中的菌落总数。最后，他们清理了河道两边的垃圾。

进行考察总结和反思。考察结束后，教师带领学生总结考察成果。学生们畅所欲言，除了对自然考察结果进行总结之外，还谈到了自己的收获，如有学生说："听村干部叔叔介绍'五水共治'的情况以后，我明白了作为一个普通市民，也可以为'五水共治'尽自己的一份力。"

亲自然系列活动通过丰富多样的活动设计让学生首先与自然环境建立

起联系。城市中的孩子虽然身处自然，却常常不自知。这些活动就是让学生重新发现自然，使自然于他们而言更加亲切、有趣。

二、在农事劳作中体悟和谐

学校充分利用校园周边15亩土地，开辟"开心农场"综合实践区。实施项目承包责任制，将场内土地按年级、班级划分，形成各自相对独立的责任区，实行承包责任制。依照孩子的身心特点和认知水平，按项目的方式合理地设计各年级的农场"快乐种养"活动。

各班还可以根据季节情况民主商议，自由选择种植何种蔬菜。从设计农场到布置美化，从种植到养护，从收获到分享，孩子们是农场真正的主人，他们在一轮轮的农事劳作中观察到了物种的轮回变化，在劳作中真正认识了大自然的魅力。以下是五年级组织的"快乐种养"活动案例。

课程目标：本课程的总目标是实现"劳中有作，劳中有究，人事相趣，天人合一"，由"知识经验积累""研究能力培养""情感态度培养"三维目标构成。"知识经验积累"重在向日葵种植知识的学习；"研究能力培养"重在培养学生合作、实践、探究的行为能力；"情感态度培养"重在促进"活泼向上，健康不屈"意识的形成。

课程内容：4个单元模块，10个课时

1. 小伢儿种"太阳"（4个课时）：走近向日葵、快乐播种、葵花子发芽了、快乐移植

学生学习校本课程，了解向日葵名称的由来、品种、植株特点、地理分布、生长环境和营养价值。通过学生喜闻乐见的教学形式让学生了解向日葵，接着对"开心农场"里的温度、水分、光照、土壤等自然条件进行观察、分析，制订向日葵播种计划。然后进行播种活动和实验记录，观察它们的出芽情况，进行移植和养护。

2. 小葵花大学问（2个课时）：小葵花细养护、小葵花大学问

向日葵移植以后，学习养护知识，根据农场环境制订向日葵养护计划，分组分工实施养护计划，开展养护行动，完成养护及观察日记；探究向日葵"向阳"之谜，设计研究课题方案，实施研究计划，开展科学实验，得出研究结果。

3. 向日葵协奏曲（2个课时）：向日葵畅想、巧手做葵花

了解向日葵的花语，欣赏向日葵的民间故事和美术作品，赏析向日葵文学作品，动手做一做向日葵贴画，从不同的角度和领域感受向日葵艺术。根据自己在学校"开心农场"种植向日葵过程中的所见、所闻、所感，用绘画、写作等方式表达自己对向日葵的赞美。

4. 向日葵收获啦（2个课时）：向日葵收获季、葵花子欢乐汇

向日葵收获之际，正是学校秋季开学之时。每年此时，学校开展"开学第一课"活动。原先五年级的学生已成为六年级毕业班的学生，他们会将自己亲手收获的向日葵赠送给一年级新生，进行向日葵的收获分享活动。

"快乐种养"课程的实施，使学生通过有汗水、有智慧的劳作，在与泥土的亲密接触中，感受生命成长的历程，收获自然与劳动的给予。

三、在垃圾分类中维护和谐

学校一直重视生态环境教育，深耕校园环保教育这块沃土，践行环保理念，引导学生用双手美化环境，创造美好生活。从成立垃圾分类回收公司，建立餐厨垃圾处理中心，逐步到垃圾分类课程化，一步一个脚印。同时结合学校"志愿者课程"，开展"小手拉大手"活动、假日小队活动，将爱护自然、保护环境和谐的理念播种在每一个孩子的心中。

接受帮助

（一）建立制度，营造氛围

建立校园垃圾分类管理制度，对垃圾分类增加投入，建立垃圾分类回收站，引进了垃圾分类回收智能管理评价系统。进行宣传学习，将环境意识和行动贯穿于学校的管理、教育、教学和校园建设中。

（二）过程管理，有序实施

结合学校内务整理课程，各班落实垃圾分类处理。教室中有回收垃圾桶，分可回收和不可回收两类，分别套上白、黑塑料袋。白色塑料袋盛放可回收的废弃物，由值日生每天回收一次，到实验楼一楼再次进行分类回收；黑色塑料袋盛放其他废弃物，由值日生再将黑色塑料袋统一置放于学校的垃圾站。各中队和办公室通过电子扫码在专用柜机上领取各种垃圾袋，每个垃圾袋都有专属二维码，与中队和办公室相对应，所有可回收垃圾统一定期回收，以计量、计价方式录入总平台，各中队辅导员和办公室组长可以随时调取垃圾分类信息和积分情况，所得积分可以换购平台提供的书籍或其他文体用品。

此外，学生午餐时的餐余垃圾回收工作，则采用大队部红领巾监督岗小干部实时测量（刻度表）、手动录入方式进行管理，通过实物展板和红领巾广播站、电视台公开发布，及时表扬先进模范，树立劳动典型。

（三）以小带大，全员参与

在抓好过程性的管理，做细做实校园生活垃圾分类工作的同时，通过多种形式积极倡导学校、家庭、社区全员参与，践行垃圾的减量及分类收集，使环保教育成为全社会的共同责任。结合学校亲子活动课程，开展假日小队活动。如听一节关于垃圾分类的讲座，了解垃圾的危害性、处理垃圾时的困难；体验垃圾分类活动，开展生动有趣的垃圾分类知识学习活动；开展垃圾分类的宣传及体验实践活动；开展心系环卫工人，炎炎夏日送清凉活动；等等。力求通过"教育一个孩子，带动一个家庭，文明整个社会"，增强学生的社会参与意识，共同为创建美好社会而努力。

四、在爱心义卖中升级和谐

每年立夏，学校举办收获节。在收获节这一周，学生们会到校门口或农贸市场开展义卖活动。在活动中，学生们自主完成采摘、清洗、包装、销售、理财等环节。在义卖活动前，各班会发起倡议书，发动周围的人都来参加义卖活动；在义卖活动中，学生积极整理、摆放好蔬菜，买卖过程中，学生合作销售；义卖活动后，学生们会亲自用义卖基金买"六一"礼物，送到贫困山区学校结对同学的手中。这样的活动培养了学生的合作能力、理财能力和懂得感恩的优良品质，使学生体验到了为他人服务、为社会服务的劳动价值，养成了"劳动从我开始"的社会自觉。

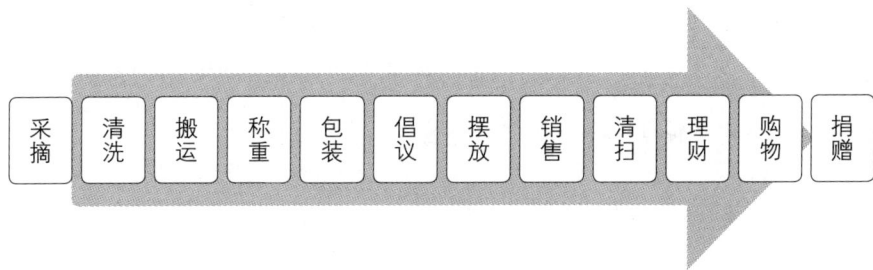

"开心农场"蔬菜爱心义卖活动流程图

在爱心义卖的活动中，学生们将自己亲手劳动所得捐献给需要的人，正是在人与自然和谐相处的理念养成的基础之上，进一步升华至人与人和谐相处的观念培育。

⊙ 案例点评

　　教育必须与生产劳动相结合，这是党的教育方针的重要内容。劳动教育对培育全面发展的人，具有独特的作用。富春七小培育和践行社会主义核心价值观，将"和谐"这一价值目标的培育融入劳动教育中。该校劳动教育有几大特色：第一，有专门、系统的课程。学校开发了农事劳作、劳动创意、美好生活三大课程群，劳动课程在课程体系中占有一席之地。第二，课程有实践场地和课时，为课程实施提供坚实保障。第三，除了通过专门课程实施外，劳动教育还渗透在学生日常学习、生活中。第四，家校联动，一起培养学生的劳动习惯。

　　中小学开展劳动教育，还需要注意几点：第一，劳动教育的核心是培养学生的劳动价值观，而不是劳动技能。第二，学校必须营造崇尚劳动的氛围，教师必须树立正确的劳动价值观，并且以身作则，否则，再多的劳动也无济于事。第三，学校必须与时俱进，明确新时代劳动形态的变化，对劳动教育建立科学、合理的评价制度。

14 运用技术，
让学生接受有趣的帮助

现代信息技术的迅猛发展，极大地改变了人们的思维方式、生活方式、交往方式和工作方式。在这样一个技术时代，任何拒绝新技术的领域都必将被历史所淘汰。教育也一样。在很大程度上，教育的每次重大变革，都与技术的重大革新紧密结合在一起。如果价值教育不能充分与现代信息技术相结合，必将落伍于时代发展。实际上，对于价值教育而言，现代信息技术的介入，可以有效地解决价值教育的若干难点。相比于知识教育，价值教育的难点在于它不仅要入脑，更要入心。价值教育要实现入心的教育效果，就必须以学生情感的共鸣为前提。这方面，信息技术的辅助优势非常明显。

对此，加拿大著名传播学者麦克卢汉就明确指出，任何媒介（即人的任何延伸）对个人和社会的任何影响，都是由于新的尺度产生的；我们的任何一种延伸（或曰任何一种新的技术），都要在我们的事务中引进一种新的尺度。这一论断在自媒体时代正日益成为现实，特别是 VR 技术的不断成熟，各种价值问题可以通过技术的使用而变得更加可视化、可感觉化甚至可触摸化。这就为突破价值教育的难点提供了技术上的可能。

下文两个案例成功的原因就在于他们都充分利用了新的媒介技术，从而极大地增加了价值教育的魅力，使得价值教育不仅入脑，更能入心。

总体来看，两所学校的教育实践在技术的使用方面具有如下特征：第一，学生成为编创的主体。南宁市奥园小学的微视频，是由学生主要负责编创的。只有学生才真正了解自己的同伴群体，经由学生编创的价值教育作品，内容新颖，形式活泼，自然能够得到同龄人的喜欢。第二，学生成为传播主体。新媒体的传播速度和范围远非课堂之内的价值教育所能比拟。现如今，手指一动，就能传播正面价值。由于学生自己是编创者，所以他们也乐于成为传播者。他们希望在新媒体世界中展现自己价值实践的创造力，并通过自己的交际圈进行广泛传播。在厦门工商旅游学校的案例中，我们清楚地看到，新技术的使用使得学生不仅成为价值教育的对象，也在传播中成为价值教育的实施者。

新媒体引领社会主义核心价值观传播时尚潮

厦门工商旅游学校

"航空服务厦门工商强""烹饪技能厦门工商强""点钞技能看工商"话题发布后，短短三周时间，引发了全国技能风暴，吸引了 5000 多万阅读量，在新媒体平台引发热议。这些微博、微信话题被大量转发后，让更多来自不同地域、不同行业的人看到了"技能强国"背后的支撑力量。

这是一个"互联网＋"的时代，青少年的思想品德、价值观塑造总在不知不觉中受到新媒体海量信息的影响。厦门工商旅游学校积极运用网络、各类社交媒体开展一系列线上线下"我为社会主义核心价值观代言"活动，这些活动席卷全国，掀起社会主义核心价值观传播时尚潮，让每一位中职学子在互联网正能量传递中得到鞭策与激励，在分享中得到认同与成长。

一、以新媒体表达"爱国"

学校借助年轻人接受度更高的新媒体途径，发起各种爱国活动，让爱国情感潜移默化地渗透到学生心中。

（一）"我与国旗合个影"

在中华人民共和国六十九周年华诞之际，学校在微博上发起"我与国旗合个影"活动，邀请学生和家人、朋友共同寻找身边的国旗，将与国旗

287

的合影上传至微博话题，分享自己看见国旗时的激动心情和对祖国的炙热情感。照片有来自支教大山的希望小学，有来自宝岛台湾的职教青年，有来自边疆地区的少数民族孩子，这些来自五湖四海、独具匠心的与国旗合影照片在学生之间相互转发、分享，在微博、微信平台上相互评论，成功吸引大量青年大胆表达心中的爱国之情，大声喊出自己的爱国宣言，让曾经内敛的爱国情感借由身边的国旗传向四方。

（二）红色文化网上传

学校以"五四""七一"等重要时间节点为契机，通过新媒体渠道发布活动话题，引领中职学生学习和践行社会主义核心价值观。利用"抗日战争胜利纪念日"、"国家公祭日"、"一二·九"运动纪念日等广泛开展国史国情、党史党情教育，引导学生在网上向烈士们献花、敬言，表达自己对先烈的缅怀之情与祭奠，传承红色文化。新媒体以数以亿计的流量将社会主义核心价值观教育真正落到了实处，落到了学生心里。胡周泽同学在网上留言："时间的长河流淌不息，我们不是生活在和平的年代，只是恰好生活在一个和平的国家。幸福来之不易，先烈吾辈勿忘。"

为筑牢思想根基，学校还将英雄故事、英雄形象渗透于日常。通过微信讲述大家广为传唱的《中国少年先锋队队歌》由来和《英雄小八路》故事。新媒体本土化和生动鲜活的宣传方式迅速让广大学生了解了这个发生于厦门、源于厦门的革命故事以及与厦门人之间不可割舍的情感历史，从而弘扬了队歌精神，传承了红色基因。

二、以新媒体彰显"敬业"

学校利用微博、微信等新媒体资源，广泛开展技能展示类的活动，引起广泛关注。学生们从中更加深刻地体会到了职业生涯中的奋斗精神。

（一）"寻找价值观代言职业人"引领奋斗热潮

学校利用微博、微信积极开展"寻找价值观代言职业人"活动，弘扬工匠精神。在这场活动中，学校创造了"最美代言体"，在微博发起话题"我为价值观代言＋价值观感悟"，活动一上线，迅速吸引了大量学生关注和参与。全国职业院校技能大赛烹饪专业金牌选手、五一劳动奖章获得者李文华青春诠释："敬业就是专注每一道菜品，为顾客提供'最中华'的美食。"环球旅游小姐、厦门航空形象大使张菲莉甜美发声："友善就是热情对待每一位旅客，让他们有宾至如归的感觉。"来自不同专业的"匠星"纷纷为社会主义核心价值观代言，成功发挥了自身的榜样效应、岗位影响力，他们吃苦耐劳、敬业奉献的精神对中职学子产生了深刻的影响，在互联网上掀起了全国中职学子的"追星"热潮。

在榜样的引领下，全校 6000 余名师生纷纷通过微信、微博、QQ 空间等方式分享生活中的感悟，畅言自己对于社会主义核心价值观的理解，讲述平凡人的奋斗故事。为了创造更广大的分享平台，学校大力推进新媒体阵地的建设，开启微博大屏幕，线下活动与线上直播、互动相结合，更亲民，更接地气。

（二）线上"职业秀"展现职业风采

在"职业教育活动周"期间，共青团中央联合厦门工商旅游学校在全国发起"职业技术哪家强"活动。学生以短视频、卡通、漫画、表情包等形式，自主制作"汽车钣金技术""舌尖上的工商旅校""点钞快手·工商速度"等自媒体内容，展示技能，通过"职业秀"让人们用全新的视角走近"中国制造"。这种青年喜闻乐见的潮流方式，让学生和来自各行各业的人们了解了每一行精湛技艺的背后，都有执着的梦想、艰辛的汗水和不懈的努力。这一切，正是对社会主义核心价值观的完美诠释。因为新媒体巨大的传播影响力，此次活动不仅发掘了许

接受帮助

多技能达人，还以当时最热门的"哪家强"话语体系，揭开了技术能手成长的面纱。

三、以新媒体传递"友善"

学校借助新媒体的力量让更多学生参与到公益活动中，在公益活动中感悟友善的力量，学会关爱他人、回报社会。

（一）新媒体为志愿服务注入新活力

5 年来，学校持续通过微博发起"鼓浪屿青春驿站"话题，搭建志愿者微博矩阵，在网络空间为中外游客提供世界遗产地旅游咨询服务。通过"鼓浪屿青春驿站"话题，厦门工商旅游学校志愿者每周定期推送"最厦门"旅游攻略，向世界介绍开放的中国、美丽的厦门。同时，来厦游客通过扫描志愿服务二维码，便能通过手机客户端、电脑直接与志愿者交流，突破时空的界限。此外，志愿者们还通过制作微动漫、微视频、公益 MV 等方式在互联网上宣传文明旅游理念。这种"线上 + 线下"的新型志愿服务形式，借力新媒体，让更多师生参与到志愿服务过程中，使志愿服务范围更广阔，服务方式更精准、更多样。

（二）互联网打造全新公益链

每到换季，厦门工商旅游学校都会发起"小红箱·圆梦中国"衣物捐赠活动，精准扶贫云南怒江地区。学校在微博发起"小红箱·圆梦中国"话题，通过微信推送宣传，以点赞、转发、评论的方式，让更多人了解捐赠活动，不仅在校师生，更多有爱人士和机构通过互联网陆续加入。募集来的物资，通过网络由海峡公益服务中心进行分拣，厦门航空运送，最后由在当地支教的树家国际志愿组织分发，为云南怒江两岸的贫困民众送去温暖。5 年来，"小红箱·圆梦中国"项目帮扶了 2000 多个贫困家庭，捐资捐物 500 余万元。这条通过互联网打造的全新的"公益链"打破了以往

"一站到底"的公益方式，克服了单人公益无法精准帮扶的窘境，以其成本低、传播快、覆盖广的特点极大提升了活动的参与度和实效性，真正实现"同一个世界，同一个梦想"。

四、以新媒体创造"文明"

海量的网络信息鱼龙混杂，作为青少年的思想教育重要阵地，学校需要在网络上建设阵地、培植队伍、发出声音。要让正能量在网上传递，让广大青年在互联网上敢发声、亮身份、竖旗帜，不做置身事外的旁观者，而做勇于担当的生力军，为更多互联网受众传递社会主义核心价值观，弘扬正能量。

（一）网络宣传队刮起清朗之风

学校开展了一系列"网络清朗空间青年志愿者行动"。学校以班级为单位组建了由 1345 名网络宣传员构成的网络宣传小组，在各团支部发起"网络清朗空间青年志愿者行动"，文明、和谐之风迅速在互联网上刮起，以点带面带动全校 5700 多名学生共同参与，覆盖率达 100%。学生们通过撰写博文、评论、留言发帖、发微博、发微信朋友圈等形式在互联网发表文明健康、积极向上的言论。各网络宣传小组相互开展"网络文明大家谈"沙龙。学生们还结合日常学习生活，主动发现网上各类有害信息，甄别并举报涉毒、赌、黄、盗、抢、骗等违法犯罪信息，主动抵制各类网络谣言信息，并向身边亲朋好友宣传网络安全知识。

（二）指尖志愿者争当清朗青年

学校发起"9 条网络倡议帮你成为网络文明小卫士"的话题活动，倡议同学们做"网络清朗青年"，为文明善举点赞，对丑恶现象说"不"。该微博在互联网上被大量转发和评论，越来越多的青年参与到"网络清朗空间"活动中来，共同弘扬社会主义核心价值观。在网络宣传员的带动下，广大学子在微博、微信、论坛及各社交媒体广泛发声，传递正能量，从线下的"青年好声音"延伸至线上的"中国好网民"，发挥了强大的青年生力军作用。这一支以中职学子为先锋的网络文明宣传志愿者队伍坚定信仰，坚持立场，为构建"网络清朗空间"担起了一众青年的责任，通过"青年好声音"唱响社会主义核心价值观最强音。

▶ 案例点评

"互联网＋"时代，新媒体的发展，为激发学生学习的能动性提供了新的便利条件。厦门工商旅游学校以新媒体引领了社会主义核心价值观传播。第一，学校化抽象、宏大的概念宣传为通过新媒体发起具体活动，这就拉近了与学生的距离，学生在活动中自然领悟了社会主义核心价值观。第二，在网络世界，学生是主人，学校通过新媒体开展活动，学生乐于参加。第三，正能量活动的开展，能让学生动之以情，动情是入心的关键。

考虑到网络空间存在许多不可控的因素，学校在利用新媒体的同时，要加强监管，而且不能忽略学校、社区、家庭等的价值引导。教师应该转变角色，以教学设计者、资源开发者、学习指导者、教学研究者、终身学习者的身份，为学生提供帮助，服务学生成长。

奥小"微系列"：传递社会主义核心价值观的光影使者

南宁市奥园小学

在学生的眼里，"诚信"是向同学借了东西要及时归还，"富强"是祖国科学事业蓬勃发展，"和谐"是与自然融洽相处……学校将学生眼中的社会主义核心价值观录播成视频、制作成电子画册，通过"微爱"平台传播，平淡苦涩的说教式教育转变形式后顿时充满了阳光与美好。

南宁市奥园小学（简称"奥小"）开展社会主义核心价值观教育工作时，确定了两个思路：一是要将社会主义核心价值观具体化、形象化，使其更为贴近学生生活，即"微观"；二是以微小的力量传递社会主义核心价值观的正能量，涓涓溪流亦能汇聚江河湖海，即"微爱"。根据这两个思路及"微时代"媒体传播的特点，学校努力在"微"字上下功夫，初步形成了奥小"微系列"活动体系，对推进全体师生积极践行社会主义核心价值观起到了重要作用。奥小"微系列"活动体系包括"微观"资源库及"微爱"平台。

一、开发"微观"资源库，让社会主义核心价值观的理解过程动态化

"微观"资源库指的是能将社会主义核心价值观与学生融合在一起的微电影、微视频、心理剧等。学校通过"微观"资源库将社会主义核心价值观具体化、形象化、故事化、生动化，用视听语言去讲述、诠释践行社

会主义核心价值观的故事，传递、激发学生的爱国情怀，使原本抽象的社会主义核心价值观与学生紧密联系，便于他们理解和接受，引发共鸣。学校自主开发"微观"资源库内容，捕捉体现社会主义核心价值观的故事、细节并拍摄成微电影，能让学生从故事情节中真切地体会到社会主义核心价值观带来的正能量与精髓，唤醒他们潜在的自我价值观，促使其产生奋发向上的激情和勇于向前的人生追求，让社会主义核心价值观日常化、具体化、形象化、生活化。

相对于传统的德育活动，"微观"资源库的视频素材拍摄时间短，制作门槛低，方便学生在课后利用碎片时间进行拍摄学习，及时记录下社会主义核心价值观在校园中呈现出的美丽点滴。从选材、编剧、导演、拍摄到后期制作，整个过程都是由师生通力合作完成的。拍摄中老师、学生与自我展开心灵对话，同伴的言行举止所传递出的社会主义核心价值观正能量，也在不断唤醒、启发、鼓舞着他们。

例如学校拍摄的微视频《点一盏心灯》，讲述了这样一个故事：小蒙在学校"捡垃圾"被同学嘲笑，老师为了帮助小蒙主动去了解背后的缘由，才发现原来是小蒙的好朋友小兰因回家路上太黑不慎摔倒，他想制作照亮这条路的夜灯才去捡瓶子的。为此，老师特地召开了"友爱之花绽校园"的主题班会，解除大家对小蒙的误会，纠正同学们嘲笑别人的陋习，并号召大家一起制作夜灯。最终，被这一盏盏明灯点亮的，不仅是小兰回家的夜路，更是班上每一个同学的心灵。

微电影一经"微爱"平台播出后，立刻在校园内引起了巨大反响。很多学生都是哭着看完这部电影的，他们对自己平时无故嘲笑同学的行为感到羞愧，纷纷主动找到对方道歉。有的班级借此机会进行了"对不起，我的朋友""做一个有凝聚力的班级"等内容多样的恳谈会，让学生将平常自己做得不好的地方说出来，诚恳道歉，征得对方谅解，互相接纳不足，并约定要一起朝着未来努力。一时间，友善之花开满校园，学生之间的争吵少了，欢声笑语多了，学生们都慢慢地感受到了换位思考与相互理解的重要，学会去谅解别人，学会去帮助别人，师生间的互动也多了起来。

目前，学校的"微观"资源库主要从两个途径获得：一是师生自主开发、制作，我们鼓励学生自主拍摄校园"微观"资源，发现分享身边反映、践行社会主义核心价值观的生动故事；二是从互联网上收集传递正能量的微电影、微视频资源，主要包括历届全国中小学校园影视节关于社会主义核心价值观的优秀作品等。为此，学校建立了专门的"微系列"活动开发团队——奥小微电影制作公司，目前已自主拍摄微视频、微电影、歌曲 MV 作品共计 10 部。发生在校园里的故事每天都有，敏锐地捕捉这些闪耀着社会主义核心价值观光芒的美丽故事，用信息化技术与多媒体呈现给师生，是学校德育工作者的崇高职责和光荣任务。"微观"资源库正如其名，以微小的力量将社会主义核心价值观的温暖与美好传递给学生，如此温柔，如此生动，它不再是单纯的 24 个字，更是无数有温度、有力量的故事，以明亮的光芒指引学生成长、前行之路。

二、建立"微爱"平台，以现代的交流互动方式提升社会主义核心价值观的传播效果

"微爱"平台指的是通过学校多媒体教学设备、微信、微博、网站等平台发布和传播弘扬社会主义核心价值观的视频，号召更多人以行动付诸实践，有利于扩大社会主义核心价值观在青少年群体中的渗透范围。学生可以通过平台随时随地观看视频并表达自己的情感，以民主的互动交流方式参与活动，丰富对社会主义核心价值观的认知，亦将社会主义核心价值观教育传入每个家庭中，达到"小手牵大手"的效果。

目前学校建立的"微爱"平台主要有三种：一是有利于广泛传播的社

交网络传播平台——奥小微信公众号平台；二是原创视频网站微电影专栏——奥小"微系列"专栏；三是学校自播媒体设备平台。我们将整合好的"微观"资源库系列视频定期推送到三个平台上，目前累计推送社会主义核心价值观相关宣传视频 16 个，点击、观看合计次数已多达四万多次，评论数已达上千条。

最受学生欢迎的当属奥小微信公众号平台。微信是被学生、家长广泛使用的网络社交平台，更贴近学生的生活。在课余时间，学生喜欢和父母一同通过微信平台观看、欣赏社会主义核心价值观题材微电影，通过"小手拉大手"的形式在家庭中培育和践行社会主义核心价值观，相对宽松、自由的环境引发了学生们的积极讨论和思考：留言、相互点评、抒发感想……社会主义核心价值观以更贴近学生的方式走进他们心中，碰撞出的思想火花，让大家对社会主义核心价值观的理解更为深刻。

三、开发校园"微系列"融合课程，促使学生实现自我价值与社会主义核心价值观的主动融合

班会课及道德与法治课是学校开展"微系列"活动的主阵地。由学校德育处组织，班主任实施，通过班会课、品德课组织学生观看社会主义核心价值观题材微电影。观看视频的课堂上，教师不再是单纯的说教者，而是学生的引导者、同伴，去一同感受"微观"资源库中社会主义核心价值观理念所带来的快乐与感动，对其中的话题、情节、渗透的思想进行讨论，在各自的分享中得到情感的升华，并通过班级 QQ 群、学校微信公众号平台等方式发表自己的观后感。

除此之外，"微系列"开发团队还力求对教师进行"微载体"拍摄、开发的培训，让教师带领学生将发生在班级中的故事制作成简单的微视频并将其应用到班队会课中。针对不同的班级事件，不同的学生类型，既可

以拍摄班级中存在的问题供学生直观地观察、思考，亦可以挖掘师生身上的美好品质，集合成充满惊喜和正能量的微视频。例如，学校拍摄的未成年人心理剧《我不是坏孩子》，记录的是一个不被理解、调皮捣蛋的转学生是如何在老师和同学的帮助下努力改正自己的缺点并融入班级生活中的故事。该剧根据班级真实故事改编制作而成，老师与学生充当导演、编剧、演员，他们不断打磨剧本，使得故事情真意切。同学们在观看这部心理剧时感触良多，他们对某一片段、某一情节反复咀嚼，吸收精华，点亮了真善美的心灯，给生命注入了积极向上的能量。

此外，学校在开展"微系列"活动的基础上，结合学校校园文化特色制定不同主题的仪式教育及活动课程。例如，将"微系列"引入到仪式教育中。学校开展"我的旗台我做主（晨会主题教育表演）"，根据学校德育主题的安排，将升旗仪式作为实施社会主义核心价值观的大课堂，以主题表演的形式生动诠释社会主义核心价值观，使其更有实效性，更符合学生的生活实际，做到真正触及学生心灵。就像"继承雷锋精神，践行社会主义核心价值观"主题晨会，学生以自编自演的情景剧《雷锋精神永不过时》展示了雷锋精神的真谛：尽自己所能帮助他人——它不在乎你的贡献有多么的大，只在于你的那份心意有多真诚。如见到垃圾主动捡拾、捡到东西主动交给老师、不笑话有缺陷的同学、给学习上需要帮助的同学讲解习题、帮助行动不方便的邻居取报纸等。通过晨演，学生有了展示自己的空间与平台，学校也会将这些珍贵的瞬间录制成影像视频，成为"微观"资源库的小短片，放在"微爱"平台供人观看、浏览，从而使每一次仪式教育都变得重要和特别。

⊙ 案例点评

　　利用多媒体技术培育和践行社会主义核心价值观，要比传统教学更有效。在网络媒体日益发达的今天，如何有效利用网络平台进行社会主义核心价值观的宣传教育就成为值得探索的课题。南宁市奥园小学利用信息技术设计和实施社会主义核心价值观教育的"微系列"是有益的探索。而在利用信息技术和新媒体进行传播的过程中，最难得的是技术与内容的完美结合。南宁市奥园小学能够较好地实现这种结合，首先是因为选取了学生身边事作为传播内容，新媒体的便捷与快速，需要应用于传播正能量上，学校组织学生发现生活中的道德事件，以新的传播形式扩散开来，在广大学生群体中形成积极效应。其次是因为学校通过多媒体教学设备、微信、微博、网站等平台实现了学生常用新媒体的全覆盖。学校在多种新媒体渠道中融入教育设计，将社会主义核心价值观的相关内容多角度、多时段地传递给学生。

　　其他学校需要借鉴的是与时俱进的开放观念，保持对新的教育传播技术手段的敏锐识别和运用。与此同时，只有基于学生的生活选择内容素材，保持技术的先进性和内容的鲜活性，才能保持价值观教育的先进性和生命力。

后　记

　　本书的完成，首先要感谢各个案例学校的大力支持。为更好地呈现案例，我们多次给学校提出修改建议，学校都做了十分认真的修改，并在约定的时间返回了高质量的稿件。其次要感谢我的团队，他们是《中国德育》的曾妮、秦岩、刘烨、何蕊，特别要感谢曾妮，她为案例的编校以及点评、书中经验的提炼和规律的总结，付出了许多心血。最后要感谢系列图书编委会领导、老师们的指导，特别要感谢崔保师院长和高宝立副院长，两位领导百忙之中，为本书的策划、设计、成稿提供了有力的指导和支持。同时，还要感谢教育科学出版社教师教育编辑部刘灿主任、池春燕老师及其团队，在时间紧张的情况下为本书的出版做了大量细致的工作。

　　本书由于时间紧、牵涉学校多，可能会存在一些疏漏，恳请大家批评指正，并希望在将来得以进一步完善。

本册主编：张宁娟

2019 年 5 月 20 日

出 版 人　李　东
责任编辑　池春燕　欧阳国焰
版式设计　宗沅书装　杨玲玲
责任校对　贾静芳
责任印制　叶小峰

图书在版编目（CIP）数据

中小学培育和践行社会主义核心价值观. 行有示范：
案例篇／中国教育科学研究院编. — 北京：教育科学
出版社，2019.9
ISBN 978-7-5191-1986-7

Ⅰ.①中… Ⅱ.①中… Ⅲ.①社会主义核心价值观—
中国—中小学—教学参考资料 Ⅳ.①G631.2

中国版本图书馆CIP数据核字（2019）第191555号

中小学培育和践行社会主义核心价值观　行有示范（案例篇）
ZHONG-XIAOXUE PEIYU HE JIANXING SHEHUI ZHUYI HEXIN JIAZHIGUAN XING YOU
SHIFAN（ANLI PIAN）

出版发行	教育科学出版社			
社　　址	北京·朝阳区安慧北里安园甲9号	**市场部电话**	010-64989009	
邮　　编	100101	**编辑部电话**	010-64989441	
传　　真	010-64891796	**网　　址**	http://www.esph.com.cn	
经　　销	各地新华书店			
制　　作	宗沅书装			
印　　刷	中煤（北京）印务有限公司			
开　　本	720毫米×1020毫米　1/16	**版　　次**	2019年9月第1版	
印　　张	19.25	**印　　次**	2019年9月第1次印刷	
字　　数	232千	**定　　价**	59.80元	

如有印装质量问题，请到所购图书销售部门联系调换。